AF238898

# Als der Fußball noch in den Kinderschuhen steckte ...

## FUSSBALL IN OWL
### zwischen 1918 und 1945

**Hubertus Grimm**

Bibliografische Information der Deutschen Nationalbibliothek

Die Deutsche Nationalbibliothek verzeichnet
diese Publikation in der Deutschen Nationalbibliografie;
detaillierte bibliografische Daten sind im Internet über
http://dnb.de abrufbar

ISBN 978-3-95954-169-5

Verlag Jörg Mitzkat, Holzminden 2024
www.mitzkat.de

# Als der Fußball noch in den Kinderschuhen steckte ...

## FUSSBALL IN OWL
zwischen 1918 und 1945

### Hubertus Grimm

# Inhalt

# Vorwort

Was haben der TSV Nürnberg Ost, die FT Jeßnitz, die DJK Sparta Nürnberg und der FC Bayern München gemeinsam? Wer die Antwort bereits kennt, der ist in diesem Buch sicher richtig, denn er weiß um die Vielfalt des Fußballs vor 100 Jahren. Wer die Antwort nicht weiß, erhält sie und viele andere Fakten zum Fußball in der Weimarer Republik und zur Zeit der nationalsozialistischen Schreckensherrschaft in Deutschland und ganz speziell im heutigen Ostwestfalen-Lippe im vorliegenden Buch. Die vier oben genannten Vereine waren allesamt Deutscher Fußballmeister im Jahre 1932. Von den Bayern aus München weiß man heute, dass es der Startschuss zu über 30 Meisterschaften bedeutete. Doch der TSV Nürnberg Ost? Das ist keine andere Bezeichnung für den 1.FC Nürnberg gewesen, der immerhin nach den Bayern mit 9 Meisterschaften auch heute noch der zweiterfolgreichste Verein des Deutschen Fußballbundes (DFB) ist. Der TSV gehörte dem Arbeiter-Turn- und Sportbund (ATSB) an, einer seit 1893 bestehenden Sportorganisation der Arbeiterklasse, die international vernetzt war und auch andere Sportarten neben Fußball betrieb. Die Freien Turner aus Jeßnitz kamen aus dem gleichen Milieu, spielten aber unter dem Dach der Kampfgemeinschaft für Rote Sporteinheit (kurz KG Rot Sport), dem Sportverband der Kommunisten, der sich 1928 vom ATSB gelöst hatte. Die DJK Sparta Nürnberg dagegen wurde Meister der Deutschen Jugendkraft (DJK), ein Verband, der von der Katholischen Kirche betrieben wurde. Wenn man dann noch die Kruppsche TG Essen hinzuzählt, die 1930 Meister der Deutschen Turner (D.T.) geworden war, hätte man den fünften fußballspielenden Verband dieser Zeit erfasst. Darüber hinaus organisierte auch die evangelische Kirche unter ihrem „Eichenkreuz" genannten Verband in manchen Regionen Fußballspiele, allerdings keine deutsche Meisterschaft.

1933 hatten die Nationalsozialisten im Rahmen ihrer Gleichschaltung zwar dafür gesorgt, dass mit dem DFB nur noch ein Fußballfachverband übrig blieb, sorgten aber gleichzeitig für eine erneute Spaltung, in dem sie jüdische Spieler ausschlossen. Diese waren damit gezwungen, eigene Meisterschaften zu gründen, was sie mit dem Makkabikreis und dem Sportverband Schild auch taten. Bar Kochba Hakoah Berlin war 1934 der Meister des Makkabikreises und die JSG 33 Berlin Meister des Sportverbandes Schild. Bereits seit 1925 hatten jüdische Vereine zudem im Westen die VINTUS-Meisterschaft ausgespielt.

Allein an dieser Einordnung zeigt sich die ganze Zerrissenheit des Fußballs während der Weimarer Republik und darüber hinaus. Der Fußball war somit ein eindrucksvolles Spiegelbild der Gesellschaft, die sich in verschiedene Milieus aufteilte. Nicht zuletzt auch durch diese Sportverbände wurde die Spaltung zementiert.

Neben dieser Verbändevielfalt mit ihren unterschiedlichen Bezeichnungen ergaben sich für die Aufgabenstellung dieses Buches aber weitere Schwierigkeiten, die für uns heute nur noch schwer nachvollziehbar sind. Seit der Gründung des Bundeslandes Nordrhein-Westfalen umfasst Ostwestfalen-Lippe einen klar umgrenzten Raum, der deckungsgleich mit dem Regierungsbezirk Detmold ist und die Kreise Minden, Herford, Gütersloh, Lippe, Paderborn und Höxter sowie die kreisfreie Stadt Bielefeld umfasst. 1918 mit Beendigung des Kaiserreiches und dem Entstehen der jungen Republik musste sich diese Region erst finden. Das zeigt sich auch sehr anschaulich in der wechselnden Zuordnung von Gebieten, ja manchmal sogar von Vereinen zum Westdeutschen Spielverband, der als Landesverband Westdeutschlands hier in Konkurrenz zum Norddeutschen Fußballverband und zum Mitteldeutschen Fußballverband stand. Diese Situation wird mit einem eigenen Kapitel näher zu beleuchten sein, um die Verhältnisse besser einordnen zu können.

In vielen Vereinschroniken tauchen Begriffe wie Gauliga, Bezirksliga, Einheitsliga, A-Klasse, erste Klasse, Verbandsliga, Kreisliga oder Aufnahmeklasse auf. Und oft werden diese Ligen dann als höchste Spielklasse tituliert und damit der eigene Verein in Höhen gehoben, die es so nicht gab. Zur Verwirrung haben die Sportverbände, insbesondere der WSV, aber selbst zur damaligen Zeit erheblich beigetragen, da die Bezeichnungen der einzelnen Spielklassen im Laufe der wenigen Jahre gleich mehrfach gewechselt haben. Deshalb ist es wichtig, von Spielzeit zu Spielzeit zu schauen.

Wer heute die Montagsausgaben der Tageszeitungen oder die etlichen Fachmagazine aufschlägt, erhält einen guten Überblick über alle Spielklassen bis hinunter zur C-Liga. Neben den Ergebnissen gibt es Woche für Woche die aktuelle Tabelle. Das war zwischen 1918 und 1945 nicht so. Zwar wurde die Berichterstattung im Laufe der Jahre immer aktueller und auch umfangreicher, doch gerade Tabellen blieben eine Rarität. Vor allem verlässliche, vom Staffelleiter berechnete Abschlusstabellen waren selten, oft gar nicht zu finden. Denn wenn die Tabellen nach der Durchführung von Wiederholungsspielen aufgrund ständiger Proteste irgendwann tatsächlich abgeschlossen werden konnten, interessierte es niemanden mehr, da entweder längst die Phase der Gesellschaftsspiele gegen namhafte Gegner begonnen hatte oder gar die neue Spielzeit. So blieb vieles leider auch in diesem Buch nur Stückwerk und musste mühevoll mit allen damit einhergehenden Unsicherheiten rekonstruiert werden. Das galt insbesondere für die unteren Klassen, nahm aber selbst die zweite oder dritte Liga nicht aus.

Und auch die Leidensgeschichte gerade der Anfangsjahre der Weimarer Republik wurde in der Fußballgeschichte ungeschminkt abgebildet. Während der Übergang vom Kaiserreich zur Republik und der gleichzeitige Waffenstillstand, der den 1. Weltkrieg beendete, noch ohne nennenswerte Auswirkungen blieben, wurde der Fußball zu einem Seismograph der politischen Entwicklungen, der jede Erschütterung der jungen Republik aufzeichnete. Ob Rheinlandbesetzung, Versailler Vertrag, die Putsche von rechts und links, die Streiks, die Verkehrssperren, die Ruhrbesetzung, die Hyperinflation oder am Ende die Massenarbeitslosigkeit und schließlich die Machtergreifung der Nazis, alles hatte unmittelbare Auswirkungen auf die Organisation des Fußballs und auf seine Akteure. Insofern möchte dieses Buch auch einen Beitrag

zur gesellschaftlichen Entwicklung dieser Zeit leisten, denn der Fußball kann hiervon nicht isoliert betrachtet werden.

Schließlich soll aber noch ein anderes Ziel verfolgt werden: den unzähligen Vereinen, die es Gott sei Dank auch heute noch gibt und hoffentlich noch lange geben wird, soll eine Möglichkeit eröffnet werden, sich besser mit ihrer Geschichte auseinanderzusetzen. Zeitzeugen sind kaum noch vorhanden, so dass Vereinschroniken nur noch bruchstückhaft rekonstruiert werden können. Vieles von dem, was überliefert wurde, hat Legendencharakter und hält einer Überprüfung nicht stand. In manchen Vereinen ist noch nicht einmal die eingangs beschriebene Thematik der unterschiedlichen Sportverbände bekannt, so dass eine richtige Einordnung der Gründungszeit nicht möglich ist. Deshalb sollen alle Vereine in OWL mit diesem Buch in die Lage versetzt werden, die Zeit von 1918 bis 1945 zu rekonstruieren. Es sollte aber ganz bewusst kein reines Tabellenbuch werden, da die Zeit einfach zu viel zu erzählen hatte. Und die intensive Recherche in den zur Verfügung stehenden Medien und Vereinschroniken hat ein so lebendiges Bild vermittelt, dass es wert war, es weiterzugeben.

Während der Arbeitersport inzwischen recht gut aufgearbeitet wurde und auch der jüdische Sport durch aktuelle Publikationen in diese Richtung geht, fehlt bisher eine tiefere Beschäftigung mit dem DJK-Sport der Katholischen Kirche. Das wäre ein Forschungsthema, das eine Intensivierung verdient hätte. Das vorliegende Buch konnte hier nur an der Oberfläche bleiben.

Beverungen, im Oktober 2024
*Hubertus Grimm*

7

# Das Gebiet von Ostwestfalen-Lippe

Wenn wir heute über Ostwestfalen-Lippe, kurz OWL, sprechen, dann ist allgemein bekannt, dass es sich dabei um den östlichen Teil des Bundeslandes Nordrhein-Westfalen (NRW) handelt. Da dieser Teil des Landes deckungsgleich mit dem Regierungsbezirk Detmold ist, hat sich in den vergangenen Jahrzehnten ein starkes Gemeinschaftsgefühl in der Region mit gemeinsamen Projekten, einheitlicher Verwaltung und starker Wirtschaft entwickelt. Und auch der Fußball hat mit Arminia Bielefeld als langjährigem Bundesligisten ein Aushängeschild, das spätestens mit dem zweimaligen Bundesligaaufstieg des SC Paderborn 07 noch verstärkt wird.

Heute gehören zu OWL die kreisfreie Stadt Bielefeld und die sechs Kreise (von Nord nach Süd) Minden-Lübbecke, Herford, Gütersloh, Lippe, Paderborn und Höxter. Insgesamt gibt es 70 Städte und Gemeinden, in denen insgesamt zwei Millionen Menschen auf einer Fläche von 6.500 qkm leben.[1] Diese Struktur ist im Zuge der kommunalen Neugliederung und einer Neueinteilung der Kreise Mitte der 1970er entstanden. Dabei wurden zuvor eigenständige Ortschaften zu größeren Gemeindeverbänden zusammengelegt oder bereits bestehenden Städten zugeordnet. Die kleineren Kreise Lübbecke, Büren und Warburg fielen der Kreisreform zum Opfer. Aus den Kreisen Wiedenbrück und Halle wurde schließlich der neue Kreis Gütersloh geschaffen.

Die unten stehende Abbildung zeigt die Situation 1918. Diese war im 19.Jahrhundert entstanden. Mit der Auflösung der Bistümer als weltliche Herrschaften durch den Reichsdeputationshauptschluss 1803, der anschließenden napoleonischen Besetzung und der sich aus dem Wiener Kongress 1815 ergebenden Neuordnung war auch das heutige Gebiet von OWL stark betroffen. Der größte Teil des Gebietes gelangte 1815 zum Land Preußen. Lediglich die Fürstentümer Lippe (Detmold) und Schaumburg-Lippe (Bückeburg) blieben eigenständig. Preußen bildete 1815 neue Kreise, die 1831 teilweise noch einmal im Rahmen der Revidierten Städteordnung verändert wurden. Danach gab es im östlichen Westfalen folgende 10 Kreise in Preußen: Minden, Lübbecke (zuvor Kreis Rahden), Herford, Bielefeld, Halle, Wiedenbrück, Paderborn, Büren, Höxter und Warburg. Diese Einteilung sollte bis 1945 weitgehend Bestand haben. 1878 wurde lediglich die Stadt Bielefeld kreisfrei und 1911 die Stadt Herford. 1930 wurde dann der Stadtkreis Bielefeld gegründet. Auch die Fürstentümer Lippe und Schaumburg-Lippe überstanden die Revolution 1918, in dem sie von Fürstentümern in Freistaaten umgewandelt wurden. 1932 wurden im Freistaat Lippe die beiden Kreise Detmold und Lemgo gebildet.

An diesen Kreisgrenzen orientierten sich ab 1918 auch weitgehend die Fußballverbände des DFB, indem sie dort ihre Gaue, Bezirke oder Kreise verorteten. Allerdings waren diese Grenzen gerade in den Anfangsjahren durchlässig und veränderbar. Die Vereine aus dem Freistaat Schaumburg-Lippe gehörten zunächst zum Westdeutschen Spielverband (WSV), wechselten dann aber 1933 auf Geheiß der Nationalsozialisten in den Norddeutschen Sportverband (NSV). Andererseits gehörten Mannschaften aus Boffzen (Freistaat Braunschweig) und Lauenförde (damals preußische Provinz Hannover) teilweise dem Sportkreis Höxter an. Vereine aus dem Kreis Lippstadt (heute Kreis Soest) wurden ebenfalls ab 1921 dem Bezirk Hellweg zugeschlagen. Der Kreis Warburg dagegen war südlich ausgerichtet. Die (wenigen) dortigen Vereine gehörten zwar zum Verbandsgebiet des WSV, spielten aber bis 1933 im Gau/Bezirk Kassel. Zudem gab es Überschneidungen, wo das Sauerland an den Kreis Büren grenzte. OWL war also Grenzregion und diese Grenzen mussten sich erst im Laufe der Jahre verfestigen. Das galt gleichermaßen für den WSV und die anderen Regionalverbände des DFB.

Das gesamte Gebiet von OWL gehörte zwischen 1918 und 1945 dem westfälischen Kreis (1918-1920) bzw. dem Westfalengau (1920-1945) des WSV an.

Der westfälische Kreis umfasste zunächst die Bezirke Ravensberg-Lippe, Münster-Osnabrück und Hamm (1918/19), dann die Bezirke Minden-Ravensberg, Hamm und Münster-Osnabrück (1919/20).

Unterhalb der neuen Bezeichnung „Westfalengau" (ab 1920) wurden Kreise gebildet. Zunächst mit dem Ost- und Westkreis nur zwei (1920-21), dann kam als dritter der Nordkreis hinzu (1921).

Diesen Kreisen waren die jeweiligen Bezirke zugeordnet. Das heutige Gebiet von OWL gehörte grundsätzlich dem Ostkreis an und war untergliedert in die Bezirke Hamm, Bielefeld-Lippe, Minden-Herford und Hellweg. 1921/22 war Minden kurzzeitig dem Nordkreis zugeschlagen worden und die dortigen Vereine spielten mit den Osnabrücker Vereinen in einer gemeinsamen A-Liga. Mit dem „Neuen Weg" ab 1922 kam dann aber auch Minden wieder zurück und bildete fortan den Bezirk Minden-Herford. Die höchste Spielklasse war die Gauliga, dann folgte die (Ost-) Kreisliga. Die drittklassigen A-Ligen wurden bezirksübergreifend gebildet. So spielten in der A-Klasse Hamm und Hellweg, Bielefeld und Lippe sowie Minden und Herford jeweils zusammen. Aber hier kam es immer wieder zu Wechseln, die in den jeweiligen Spielzeiten beschrieben sind. Im Großen und Ganzen kann jedoch festgehalten werden, dass das heutige Gebiet von OWL in drei Bezirke aufgeteilt war: 1. Hellweg (mit den Kreisen Paderborn, Höxter, Büren, Warburg und teilweise den damaligen Kreisen Wiedenbrück, Lippstadt und Brilon); 2. Bielefeld-Lippe (mit der kreisfreien Stadt Bielefeld und dem Kreis Halle sowie dem Freistaat Lippe); 3. Minden-Herford (mit den Kreisen Minden, Lübbecke und Herford sowie dem Freistaat Schaumburg-Lippe). 1933 kam es dann durch die Nationalsozialisten zu einer Neuorganisation, so dass Schaumburg-Lippe an den Niedersächsischen Verband abgetreten wurde. Die Bezirke wurden abgeschafft und durch die Kreise Bielefeld, Minden, Paderborn und Lippe ersetzt. Die Gauliga blieb die höchste Spielklasse, dann folgte die 1.Bezirksklasse (Minden) und schließlich die 1.,2. und 3. Kreisklassen. Die 1.Kreisklasse wurde in Paderborn für die Kreise Paderborn, Höxter, Büren und Warburg gebildet, in Biele-

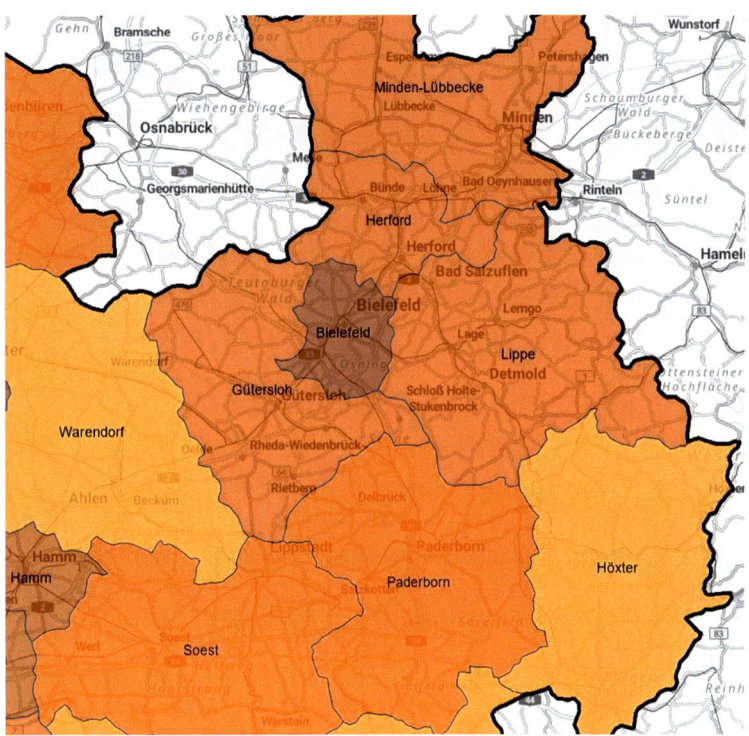

Abb.: https://statlas.westfalen.org

feld für die Stadt Bielefeld und die Kreise Halle und Wiedenbrück, in Lippe mit den Kreisen Detmold und Lemgo und in Minden für die Kreise Minden, Lübbecke und Herford.

Erst mit Kriegsbeginn und dem starken Rückgang von teilnehmenden Mannschaften wurden diese Grenzen wieder aufgegeben und die Ligen nach Erreichbarkeit zusammengestellt.

**Endnoten**

1   Stand: 10/2021: https://www.bezreg-detmold.nrw.de/wir-ueber-uns/organisationsstruktur/abteilung-3/dezernat-31/gemeindedaten und https://www.it.nrw/statistik/eckdaten/bevoelkerung-nach-gemeinden-93051

# Gliederung des Gaus Westfalen 1921

Der Gau Westfalen war 1921 einer von insgesamt zunächst 5 Gauen im Westdeutschen Spielverband. Der Gau gliederte sich aufgrund seiner Entfernungen und der stetig steigenden Anzahl an Vereinen, die sich mit ihren Mannschaften zum Spielbetrieb anmeldeten, in drei Kreise. Unterhalb der Kreise wurden Bezirke gebildet.

Die höchste Spielklasse war die Gauliga, in der sich die besten Mannschaften aus den drei Kreisen zusammenfanden. Direkt darunter waren die drei Kreisligen angesiedelt. Auch sie wurden als „Liga" bezeichnet, um damit den Stellenwert als zweithöchste Spielklasse zu unterstreichen. Bei Vereinen, die entweder in der Gau- oder der Kreisliga spielten, sprach man auch gerne von den „Ligavereinen". Die Verantwortung für die Gauliga lag beim Gauvorstand und wurde vom Gauspielausschuss organisiert. Die Kreisligen lagen dagegen in der Obhut der jeweiligen Kreise. Darunter bildeten die Bezirke je nach Bedarf A-, B, C- oder in einigen Bezirken sogar D-Klassen.

Dabei konnten sich auch Bezirke zumindest für eine A-Klasse zusammentun. Am Ende der Saison spielten die jeweiligen A-Klassenmeister den Meister des jeweiligen Kreises aus. Zudem gab es Aufstiegsrunden sowohl zur Gauliga als auch zu den Kreisligen.

Die untersten Spielklassen waren die B-, C- und D-Klassen, wobei letztere nur in großen Kreisen mit vielen Mannschaften gebildet wurden. Die unterste Spielklasse wurde auch als Aufnahmeklasse bezeichnet, da hier die Neulinge an den Start gingen.

Zudem gab es je nach Bedarf Ligen für Reservemannschaften. Oftmals spielten die Reservemannschaften aber auch in den regulären Klassen mit, mal mit und mal ohne Wertung. Für einen Sieg gab es stets zwei Punkte. Wenn ein Team nicht antrat oder es eine nachträgliche Wertung gab, wurden zwar die Punkte an den Sieger vergeben, aber keine Torwertung vorgenommen.

## GLIEDERUNG DES GAUS WESTFALEN 1921

| Gau Westfalen | | |
|---|---|---|
| | Gauliga | |
| Westkreis | Nordkreis | Ostkreis |
| Kreisliga West | Kreisliga Nord | Kreisliga Ost |
| Bezirk Münster | Bezirk Osnabrück | Bezirk Hamm |
| Bezirk Emsland | Bezirk Minden | Bezirk Hellweg |
| Bezirk Recklinghausen | Bezirk Bielefeld-Lippe | |
| A-D-Klasse | A-D-Klasse | A-D-Klasse |

# Die Zeit vor 1918

Wann genau der Fußball nach Ostwestfalen-Lippe gelangt ist, lässt sich nur schwer festmachen. Erkennbar ist, dass es schon deutlich vor den ersten nachweisbaren Meisterschaftsspielen erste Spiele gab, die von fußballbegeisterten zumeist Jugendlichen organisiert wurden, die entweder von Reisen oder vom Studienort das Fußballspiel mitgebracht hatten. Weder die Spielbälle noch die Sportplätze und erst recht nicht die Tore lassen sich an heutigen Maßstäben messen und waren regelkonform. Das war aber auch nicht entscheidend. Viel wichtiger war der Pioniergeist, etwas Neues anzufangen und dann auch durchzusetzen. Dabei war der Widerstand durchaus erheblich. Die „wilde Fußlümmelei" war zunächst weder im Elternhaus, noch bei Lehrern und Pfarrern gut angesehen. Und der neue „englische" Sport stand im Gegensatz zum „deutschen" Turnen und wurde entsprechend vom starken Verband der Deutschen Turner (D.T.) bekämpft. Die Startvoraussetzungen für den Fußball waren in Deutschland und damit auch im Gebiet des heutigen Ostwestfalen-Lippes alles andere als gut. Dass sich der Fußball trotzdem bereits deutlich vor dem Ausbruch des I. Weltkrieges etablieren konnte, war dem Enthusiasmus der Sportler geschuldet, die, einmal mit dem „Virus Fußball" infiziert, nicht mehr loslassen konnten.

Wenn man sich nun der Frage nähern möchte, wann und wo erstmals in OWL Fußball gespielt wurde, dann muss man den Weg über die Vereinschroniken gehen. Während im Rheinland, dem Ruhrgebiet und auch zum Beispiel in Kassel von Spielen noch vor der Wende zum 20. Jahrhundert berichtet wird, war in Bielefeld 1903 mit der Gründung des Sportklubs „Cheruskia" erstmals eine Grundlage geschaffen.[1] Im zweiten Jahr des Vereinsbestehens wechselten die Vereinsmitglieder vom Fechten zum Fußball. An den Sonntagnachmittagen wurden auf dem Kesselbrink Tore aufgestellt und stundenlang Fußball gespielt. Unterstützt wurden die jungen Fußballer von

Karl Israel, dem Inhaber des Restaurants „Unter den Linden", der großzügig die Unterstellung der benötigten Sportgeräte gewährte und anschließend auch für Umkleide- und Duschgelegenheiten sorgte. Aus „Cheruskia" wurde schließlich der VfB 03 Bielefeld, der bis 1943 neben Arminia Bielefeld der bekannteste und erfolgreichste Verein in OWL sein sollte. Mit der Gründung des „1. Bielefelder Fußballclubs Arminia" am 3.5.1905 gesellte sich schon bald ein weiterer Verein hinzu, der das neue Spiel in der Stadt nach und nach zu verbreiten half.[2]

So wie in Bielefeld beginnen viele Berichte aus der Anfangszeit des Fußballs in OWL. Die jungen Fußballer spielten zunächst „wild", organisierten sich dann aber recht bald, schufen sich feste Spielwiesen und gründeten schließlich einen Verein. Vieles war noch improvisiert, manches musste von Woche zu Woche, von Spiel zu Spiel neu organisiert werden. Doch fast immer erhielten sie Unterstützung von sportbegeisterten Unternehmern, Gastwirten, Landwirten oder gar Adeligen. Bielefeld entwickelte sich bis zum Ausbruch des I.Weltkrieges zu einem Zentrum des Fußballs in OWL. Neben dem VfB 03 und Arminia gesellten sich mit dem SC Ravensberg (1906), Eintracht (1908), Spiel und Sport (1909), Ballverein (1911), Westfalia Brackwede (1911), Teutonia (1911) und Concordia (1917) weitere Vereine aus dem Stadtgebiet hinzu, die unter dem Dach des Westdeutschen Spielverband (WSV) organisiert Fußball spielten.[3]

Und auch in den anderen größeren Städten Ostwestfalens wurde der Spielbetrieb noch vor Ausbruch des I.Weltkrieges aufgenommen. Keimzellen waren häufig die bestehenden Turnvereine, in denen eigene Abteilungen für Fußball gegründet wurden. Diese wiederum gliederten sich aber oftmals aus und gründeten eigenständige Vereine, um sich dann auch dem WSV und damit dem Deutschen Fußballbund (DFB) anschließen zu können. Zu den ersten Vereinen neben den Bielefelder Clubs gehörten im Kreis Minden Viktoria und Westfalia Minden sowie Viktoria Oeynhausen, im Kreis Lübbecke TuSPO Rahden 1909, der allerdings erst ab 1920 Fußball anbot, im Kreis Herford BV Union Herford, FC 1908 Bünde und FC 1909 Olympia Ennigloh, im Kreis Halle Merkuria und Viktoria 1908 Rheda, im damaligen Fürstentum Lippe Hermania Lemgo, FC 1912 Lage, TUS 1911 Helpup, der 1.Detmolder FC Teutonia und Teutonia Barntrup, im Kreis Höxter ein FC Höxter, über den aber nicht mehr bekannt ist als eine kurze Erwähnung in den Amtlichen Bekanntmachungen(AM) des WSV am 18.01.1912, im Kreis Paderborn Arminia 1907 Neuhaus, VfB Senne, FC Preußen 1908 Paderborn, BV 1910 Bad Lippspringe, TURA 1911 Elsen und SV 1913 Paderborn, im Kreis Warburg der VfB 1908 Warburg (zuvor kurzzeitig Borussia), im Kreis Büren der VfB 1910 Salzkotten und im Kreis Lippstadt schließlich Teutonia und Borussia Lippstadt (beide 1908) sowie der VfL 1909 Geseke. (Weitere Informationen zur Gründungsgeschichte siehe gesonderte Darstellungen der einzelnen Kreise.)

Die Vereine machten ihre ersten Gehversuche zumeist „wild", in dem sie Spiele auf ihren provisorisch eingerichteten Wiesen gegen Nachbarn vereinbarten, die sich ebenfalls dem Fußball zugewendet hatten. Sobald allerdings halbwegs feste Vereinsstrukturen vorhanden waren, meldeten sich die Vereine beim WSV an und nahmen den Spielbetrieb in den untersten Klassen auf.

Der WSV war vor dem 1.Weltkrieg kräftig gewachsen. Gegründet am 28.10.1898 als Rheinischer Spielverband hatte er sich bereits 1900 zum Rheinisch-Westfälischen Spielverband (RWSV) erweitert. 1902 wurden drei Bezirke gebildet, die das Rheinland und das Ruhrgebiet für den Spielbetrieb einteilten. 1905 trat der RWSV dem DFB als Regionalverband bei und im gleichen Jahr erweiterte man seinen Einzugsbereich mit der Schaffung eines 4.Bezirkes aus dem östlichen Teil des bisherigen 3.Bezirkes nach Osten und Norden in Richtung Hamm und Münster. Durch die Gründung von Vereinen im Raum Bielefeld und Osnabrück wurde am 29.07.1906 der Bezirk Ravensberg-Lippe gebildet, zuvor waren bereits die Kasseler Vereine aufgenommen worden. 1907 benannte sich der RWSV in Westdeutscher Spielverband (WSV) um. 1911 kam es zu einer Neueinteilung des Verbandsgebietes in zunächst vier Kreise, 1913 dann in folgende fünf Kreise: Rheinischer Südkreis (161 Vereine), Rheinischer Nordkreis (139), Ruhrkreis (183), Westfälischer Kreis (73) und Hessischer Kreis (53).[4] Den Westfälischen Kreis bildeten die Bezirke Hamm (mit Lippstadt), Ravensberg-Lippe (mit dem Kreis Paderborn) und Münster-Osnabrück. Der Hessische Kreis umfasste die Bezirke Kassel (mit den Kreisen Warburg und Höxter), Fulda, Oberhessen und Südhannover (1917/18 eingestellt).[5] Mit dieser Einteilung ging es schließlich auch in die Kriegszeit, in der man so gut es ging den Spielbetrieb aufrecht zu erhalten versuchte

**Endnoten:**

1   Jubiläumsschrift des Westdt. Spielverbandes e.V. 1899 -1924; Geschichte des VfB 03 Bielefeld

2   Jubiläumsschrift des Westdt. Spielverbandes e.V. 1899 -1924; Geschichte von Arminia Bielefeld

3   Daten aus den Vereinschroniken bzw. der WSV-Verbandszeitung „Fußball und Leichtathletik"

4   Jubiläumsschrift des Westdt. Spielverbandes e.V. 1899 -1924, S. 82 ff

5   FuL 24.07.1913

# Kriegszeit

Am 1.August 1914 brach der I.Weltkrieg aus. Nach der Ermordung des österreichischen Thronfolgers Franz Ferdinand und seiner Frau am 28.Juni 1914 in Sarajewo eskalierten die seit Jahren in Europa aufgebauten Spannungen und mündeten in einem Krieg von bis dahin unvorstellbarer Härte. Mit der schnellen Einberufung von jungen Männern kam der Fußballspielbetrieb im Herbst 1914 zunächst weitgehend zum Erliegen. Nur noch wenigen großen Vereinen gelang es, hin und wieder zu Spielen anzutreten. Im Bezirk Ravensberg-Lippe beteiligten sich am Ende noch 5 Mannschaften an der ersten Kriegsmeisterschaft, die der VfB 03 Bielefeld gegen den Lokalrivalen Arminia im Entscheidungsspiel mit 1:0 gewann. Zuvor waren beide Vereine punktgleich an der Tabellenspitze.[1] Über das Spieljahr 1915/16 liegen keine gesicherten Erkenntnisse vor. 1916/17 nahmen wieder mehr Mannschaften an den Meisterschaftsspielen teil. Im Bezirk Ravensberg-Lippe konnten insgesamt vier Klassen (A 1, A 2, B 1 und B 2) gebildet werden. Da die meisten Vereine auch eine 2.Mannschaft gemeldet hatten, waren die A-2- und B-2-Klasse notwendig geworden.

Arminia Bielefeld dominierte sowohl mit der 1. als auch mit der 2.Mannschaft und wurde Bezirksmeister. In der B-Klasse holte sich der SV Schildesche die Meisterschaft.[2] In der letzten Kriegssaison ging die Anzahl der Vereine dann wieder bedrohlich zurück. Mit Arminia, VfB 03, Teutonia und Concordia Bielefeld sowie dem Mindener SC hatten sich nur fünf Vereine zum Spielbetrieb angemeldet, bis auf Concordia allerdings mit zwei Mannschaften. So wurde eine A-1- und eine A-2-Klasse gebildet. Während der Saison kamen jedoch noch der SV Herford, Fortuna Minden und Olympia Ennigloh hinzu, die der A-2-Klasse zugeordnet wurden. Meister wurde überraschend der Mindener SC in beiden Klassen, der damit alle Bielefelder Vereine hinter sich ließ.[3] Dem Bezirk gehörten im Sommer 1918 noch insgesamt 10 Vereine an. Am 6.10.1918 begann schließlich die letzte Saison unter Kriegsbedingungen mit 12 Mannschaften aus folgenden 7 Vereinen: Arminia, VfB 03, Teutonia und Concordia Bielefeld, Mindener SC, Fortuna Minden und SpVg. Herford.[4] Mit Westfalia Paderborn trat schließlich ein achter Verein am 28.11.1918 hinzu, aber da war der Krieg schon beendet.[5]

**Endnoten:**

1  FuL 6.5.1915

2  FuL 3. und 31.5.1917

3  FuL 1.8.1918

4  FuL 29.8.1918

5  FuL 28.11.1918

# 1918/19

Als man in die Spielzeit 1918/19 ging, konnte man in den Verbänden des DFB nicht ahnen, dass einschneidende politische Veränderungen bevorstanden. Zwar wusste man um die prekäre militärische Situation an der Westfront, dass der Krieg jedoch am 11.November zu Ende ging, kam überraschend. Die Verbandszeitung des WSV „Fußball und Leichtathletik", kurz FuL, beschäftigte sich am 7.11.1918 in ihrer letzten Kriegsausgabe mit einer neuen Klasseneinteilung in einem neuen Spielsystem!

Es gab keine „Stunde Null" wie nach dem II.Weltkrieg, denn der Krieg fand nicht direkt auf deutschem Territorium statt. Das öffentliche Leben erlitt zwar im Laufe des Krieges immer stärkere Einschränkungen, die auch der Fußball zu spüren bekam. Insbesondere wurden Sportplätze für andere Zwecke gebraucht, oft als Kartoffelacker. Am Spürbarsten war der Krieg für die Fußballvereine aber dadurch, dass immer mehr Vereinsmitglieder zum Kriegsdienst herangezogen worden waren, oft kriegsversehrt zurückkehrten und ihren Sport damit nicht mehr ausüben konnten. So wechselten die Stärken der Mannschaften oft von Woche zu Woche, was maßgeblichen Einfluss auf die Ergebnisse hatte. Während man im DFB seit 1914 auf die Ermittlung eines Deutschen Meisters verzichtet hatte, wurde in den einzelnen Verbänden so gut es ging weitergespielt. Dabei wurden die Klassen möglichst so eingeteilt, dass man sich untereinander zu den Spielen erreichen konnte. Der Westdeutsche Spielverband (WSV) hatte sich in 5 Kreise (siehe oben) aufgeteilt. In den jeweiligen Kreisen wurden Bezirke je nach Anzahl der Mannschaften gebildet. In diesen Bezirken spielte man dann in den Klassen A bis C. Bis zum 7.9.1918 sollten im Bezirk Ravensberg-Lippe die Mannschaften für die neue Saison gemeldet werden, bis zum 15.9.1918 dann die Spieler unter gleichzeitiger Einreichung der Spielerpässe. Die ersten Spiele wurden für den 6.10.1918 angesetzt.[1] Alle Spiele sollten sonntags um 3 Uhr und 20 Minuten ausgetragen werden. Diese Anstoßzeit für die Hauptspiele am Sonntagnachmittag wurde auch in späteren Jahren beibehalten. Nur für Minden wurde eine Ausnahme gemacht. Hier sollten die Vereine die Anstoßzeit untereinander in Abhängigkeit von der Bahn verhandeln.

Verspätete sich ein Gastverein, da es Probleme bei der Zugverbindung gab, hatte

## Westdeutsche Rundschau.

Die Revolution hat nun auch den Westen des Reiches fast überall ergriffen. Damit werden aber für uns als Verband keinerlei umändernde Fragen aktuell. Wir arbeiten nach wie vor weiter an der Erreichung unserer feststehenden Ziele, unbeirrt der sich abrollenden Ereignisse. Alle Vereine müssen mit Hochdruck ihren Spielbetrieb aufrecht erhalten; die Meisterschaften müssen weiter geordnet nach den ergangenen Anordnungen ausgetragen werden. Größte Ruhe und Besonnenheit ist am Platze, gerade wir in Westdeutschland wollen zeigen, daß wir das Gedeihen und die Existenz des Verbandes mit eiserner Disziplin über alles stellen. Nur in diesem Sinne soll in unseren Vereinen weiter gearbeitet werden.

Revolution im Westen... Abb.: FuL 14.11.1918

die Heimmannschaft zu warten. Wiederholungsspiele sollten möglichst nicht angesetzt werden. Für die Spiele waren ein Reserveball und Eckfahnen vorzuhalten. Nur Spieler, die gemeldet waren, durften spielen. Erschien der Schiedsrichter nicht, dann musste Ersatz gefunden werden, damit die Meisterschaftsspiele durchgeführt werden konnten. Gesellschaftsspiele, die heutigen Freundschaftsspiele, waren zu vermeiden. Soweit die Vorgaben des WSV zu Beginn der Saison 1918/19.[2]

Die Spielzeit begann unter Kriegsbedingungen und wurde nach der Ausrufung der Republik mit dem Sturz des Kaisers und dem anschließenden Waffenstillstand nahtlos fortgesetzt. Der WSV rief dazu auf, den Spielbetrieb in geordneten Bahnen weiterlaufen zu lassen (siehe unten). Und so war man stolz darauf, dass auch am Tag nach der Revolution (10.11.1918) „allerorts die Spiele geordnet stattfanden".[3] Allerdings war man sich auch bewusst, dass „unser Verband durch die Waffenstillstandsbedingungen auf das Härteste betroffen" sein würde.[4] Die wirklichen Auswirkungen wurden dann erst später sichtbar.

Auch wenn längst nicht alle Kriegsgefangenen direkt nach der Vereinbarung des Waffenstillstandes in die Heimat entlassen wurden, so gab es doch ab Ende November 1918 zunehmend Mitteilungen aus den Vereinen über zurückgekehrte Mitglieder, die gerne wieder am Spielbetrieb teilnehmen wollten. Die Anmeldezahlen beim WSV bestätigten diesen Trend. Die Rückkehr führte jedoch auch zu Konflikten: die früheren Soldaten beanspruchten in ihren Mannschaften ihre alten Plätze, die zwischenzeitlich zumeist jüngere Spieler eingenommen hatten.

Mit dem ersten Nachkriegsjahr 1919 begannen die großen Schwierigkeiten im WSV. Ein geregelter Spielbetrieb, wie er bis Dezember 1918 noch weitgehend praktiziert werden konnte, war nicht mehr möglich. Vor allem die Verkehrsbeschränkungen führten dazu, dass viele Spiele abgesagt werden mussten. Im WSV kam hinzu, dass das linksrheinische Verbandsgebiet von Franzosen, Belgiern und Engländern besetzt wurde und diese den Spielbetrieb zunächst unterbanden bzw. die Sportplätze requirierten. Belgier und Englän-

## An die Mitglieder unseres Verbandes!

Politische Umwälzungen tiefgehender Art haben stattgefunden! Der Welt von gestern ist die von heute gefolgt. Ruhe, Besonnenheit und Ordnung sind zur Stunde als die wichtigsten Faktoren zu betrachten, soll nicht alles in einer vernichtenden Demoralisation und Anarchie zugrunde gehen. Auch auf uns fällt ein Teil dieser Aufgaben, auch wir müssen in Kreisen mit eiserner Disziplin Ordnung und Ruhe aufrecht erhalten, gleichviel in welcher Richtung sich unsere politische Orientierung bewegt. Unser Aufruf in der voraufgegangenen Nummer hat bereits erfreuliche Wirkungen gezeitigt.

Der Verbandsvorstand kann im Augenblick nicht handeln, da ihm die Möglichkeit einer Verständigung zur Ergreifung der nächsten notwendigen Maßnahmen infolge Verkehrsstockungen fehlt; unsere Zeitung aber ist das starke und sichere Bindeglied aller in unseren Reihen. Wir betrachten es deshalb als unsere selbstverständliche Aufgabe der Stunde, selbständig einzugreifen und für den ordentlichen Verlauf der Dinge solange allein zu sorgen, bis der WV einzugreifen vermag. Alle aber bitten wir um restloses Vertrauen zu unseren angeordneten Maßnahmen und alle bitten wir auch um weitgehendste Unterstützung unserer Schritte.

Was jetzt Not tut... Abb.:FuL 21.11.1918

der hatten ihren Truppen zudem verboten, gegen deutsche Mannschaften zu spielen. Am 16.01.1919 brüstete sich der WSV-Vorstand in der FuL allerdings damit, dass man auf deutscher Seite ein ähnliches Verbot ja bereits im November 1918 erlassen hätte. Hier zeigte sich die stramm national-konservative Haltung der Entschei-dungsträger in DFB und WSV, die in den gesam-ten Jahren der Weimarer Republik deutlich wurde.

Trotz dieser grundlegenden Probleme diskutierte man in den Verbänden des DFB intensiv über zukünftige Spielsysteme. Der Norddeutsche Fußballverband führte vorübergehend ein System ein, das alle Ergebnisse aller Mannschaften eines Vereins in eine Gesamtwertung einbrachte, die dann entscheidend für die Klassenzugehörigkeit der ersten Mannschaft war. Damit wurde den Reservemannschaften mehr Bedeutung beigemessen, die Spiele der ersten Mannschaften abgewertet und damit diesen Spielen auch etwas von ihrer Brisanz genommen. Im WSV stand man 1919 erst am Anfang der Diskussionen, die schließlich Ende 1920 in die Entscheidung zum „Neuen Weg" mündeten, der zukünftig die Meisterschaft über zwei Spieljahre strecken sollte.

## Bezirk Ravensberg-Lippe

### A-1-Klasse Errechnete Tabelle

|  | Verein | Sp | S | U | N | Tore | Punkte |
|---|---|---|---|---|---|---|---|
| 1. | Arminia Bielefeld | 10 | 7 | 3 | 0 | 32:6 | 17:3 |
| 2. | VfB Bielefeld | 10 | 5 | 1 | 4 | 29:14 | 11:9 |
| 3. | Mindener SC | 10 | 4 | 2 | 4 | 20:17 | 10:10 |
| 4. | Fortuna Minden | 9 | 4 | 1 | 4 | 19:24 | 9:9 |
| 5. | SpVg. Herford | 10 | 3 | 1 | 6 | 11:31 | 7:13 |
| 6. | Teutonia Bielefeld | 9 | 1 | 2 | 6 | 9:28 | 4:14 |
|  |  |  | 24 | 10 | 24 | 120:120 | 58:58 |

Konkordia Bielefeld hat am 07.11.18 Mannschaft zurückgezogen.
Es fehlt:
Fortuna Minden - Teutonia Bielefeld

### A-2-Klasse Errechnete Tabelle

|  | Verein | Sp | S | U | N | Tore | Punkte |
|---|---|---|---|---|---|---|---|
| 1 | Westfalia Paderborn | 7 | 7 | 0 | 0 | 25:3 | 14:0 |
| 2. | Arminia Bielefeld 2 | 7 | 4 | 0 | 3 | 17:10 | 8:6 |
| 3. | Mindener SC 2 | 8 | 2 | 2 | 4 | 10:22 | 6:10 |
| 4. | VfB Bielefeld 2 | 7 | 2 | 1 | 4 | 10:16 | 5:9 |
| 5. | Teutonia Bielefeld 2 | 9 | 2 | 1 | 6 | 7:22 | 5:13 |
| 6. | Fortuna Minden 2 | 2 | 1 | 0 | 1 | 6:2 | 2:2 |
|  |  |  | 18 | 4 | 18 | 75:75 | 40:40 |

### B-1-Klasse

|  | Verein | Sp | S | U | N | Tore | Punkte |
|---|---|---|---|---|---|---|---|
| 1 | SpVg. Gütersloh | 6 | 6 | 0 | 0 | 25:3 | 12:0 |
| 2. | Westfalia Brackwede | 3 | 1 | 0 | 2 | 17:10 | 2:4 |
| 3. | Konkordia Bielefeld | 3 | 1 | 0 | 2 | 10:22 | 2:4 |
| 4. | Teutoburg Gadderbaum | 4 | 1 | 0 | 3 | 10:16 | 2:6 |
| 5. | Eintracht Bielefeld | 4 | 1 | 0 | 3 | 7:22 | 2:6 |
|  |  |  | 10 | 0 | 10 | 42:42 | 20:00 |

### B-2-Klasse

|  | Verein | Sp | S | U | N | Tore | Punkte |
|---|---|---|---|---|---|---|---|
| 1 | FC Wacker Minden | 7 | 7 | 0 | 0 | 34:7 | 14:0 |
| 2. | Union Herford | 7 | 5 | 0 | 2 | 14:6 | 10:4 |
| 3. | VfB Bünde | 7 | 3 | 1 | 3 | 13:7 | 7:7 |
| 4. | BSV Oeynhausen | 7 | 3 | 0 | 4 | 11:15 | 6:8 |
| 5. | SC Olympia Enningloh | 6 | 2 | 1 | 3 | 11:13 | 5:7 |
| 6. | SC Westfalen Reesen | 8 | 0 | 0 | 8 | 4:39 | 0:16 |
|  |  |  | 20 | 2 | 20 | 87:87 | 42:42 |

**Sp:** Spiele
**S:** Siege
**U:** Unentscheiden
**N:** Niederlagen

Während immer mehr Mannschaften entweder wieder in den WSV zurückfanden oder sich neu anmeldeten, hatte der DFB mit seinen Verbänden kein Alleinvertretungsrecht für den Fußball. Als Konkurrenten traten zunächst die Deutschen Turner (D.T.) und der Arbeiter-Turn- und Sportbund (ATSB) in Erscheinung, der der SPD nahestand. 1920 gründete die Katholische Kirche die Deutsche Jugendkraft (DJK), später kamen mit dem Verband „Eichenkreuz" der evangelischen Kirche und dem jüdischen Verband VINTUS zwei weitere konfessionell geprägte Verbände hinzu. Und auch die KPD gründete schließlich 1928 einen eigenen Verband, die Kampfgemeinschaft für Rote Sporteinheit, da man sich durch den ATSB nicht mehr richtig vertreten fand. Nach der Machtergreifung bildeten sich die jüdischen Verbände Maccabi und Schild anstelle des VINTUS. Diese Vielfalt führte unweigerlich zu Konflikten, die sich über die gesamte Zeit der Weimarer Republik erstreckten und den beteiligten Verbänden viel Energie kosteten. Hierauf wird noch einzugehen sein.

Der erste Nachkriegsverbandstag des WSV am 2.3.1919 in Essen brachte aber noch keine grundlegenden Entscheidungen für die Zukunft. Die Interessen waren zu unterschiedlich und man verstrickte sich in die unfruchtbare Diskussion von Vor- und Nachteilen einzelner Vereine. Erst der zweite Verbandstag am 19./20.6.1919 beschloss dann die Neueinteilung des Verbandsgebietes und weitere Modalitäten für die neue Spielzeit.

Im Frühjahr 1919 lag das Hauptaugenmerk des Verbandes aber darauf, die rückständigen Spiele aus der Hinserie in den Klassen nachzuholen bzw. die Rückserie ordnungsgemäß zu beenden. Aufgrund der bestehenden Verkehrshindernisse wurden deshalb zunächst nur Ortsderbys angesetzt und den Vereinen zudem weitgehend freie Hand bei der Verabredung von Spielen gegeben. Viele Bahnstrecken waren unterbrochen, Züge fuhren nur unregelmäßig, wenn überhaupt. Hinzu kamen Streiks, die das öffentliche Leben weitgehend stilllegten. So konnte die Bahn nur nutzen, wer über eine entsprechende Erlaubnis verfügte. Einige Vereine waren hier sehr findig und so stellte der WSV bald fest, dass es Ver-

Die „Deutsche Turnzeitung" — ausgerechnet die DT — bringt für uns Fußballer frohe Kunde aus Kiel. Da wurde nämlich die neue Blase geboren, die bestimmt scheint, den Lederbällen neues Leben einzuhauchen. Unter D. R. G. M. 677 282 (Klasse 77 a) hat die Hanseatische Apparatebau-Ges. vorm. L. von Bremen u. Co., m. b. H., Kiel, eine aufblasbare, gasdichte Hülle für umkleidete, pneumatische Körper wie Fußbälle usw. angemeldet und wird die Gesellschaft diesen Artikel alsbald dem Vertrieb zuführen. Stimmt die Nachricht und erfüllen sich die daran geknüpften Hoffnungen, so dürften wir dem Ende der Blasennot gegenüberstehen und zugleich wiederum einen Sieg deutschen Wissens und deutscher Technik zu verzeichnen haben, diesmal aber ein Sieg, der den Sport im letzten Moment hilfreich dem Untergang entreißt.

Die neue Blase ist geboren... Abb.: FuL 26.09.1918

eine gab, die sich auf Umwegen Fahrerlaubnisscheine besorgt hatten und diese für die so beliebten Gesellschaftsspiele nutzten. Deshalb erging der Hinweis, dass Meisterschaftsspiele Vorrang hatten und die Fahrerlaubnisse entsprechend für diese Spiele eingesetzt werden sollten. Als Beispiel sei der VfB 03 Bielefeld genannt, dem es gelang, die Verkehrssperre zu durchbrechen und sein fälliges Spiel beim SC Minden durchzuführen. Der Hammer Verein Heeren-Werve dagegen erhielt keine Fahrbescheinigungen und musste deshalb Anfang März 1919 vom Spielbetrieb zurücktreten.[5] So entstand ein uneinheitliches Bild in den verschiedenen Klassen im WSV. Dort, wo Mannschaften weitgehend auf einen zentralen Ort beschränkt waren, wie zum Beispiel in Kassel oder im Ruhrgebiet, konnten die Spiele meist zu Ende geführt werden. Wo jedoch lange Strecken zu bewältigen waren, war das nicht möglich. Hiervon waren auch die Bezirke Minden-Ravensberg und Hamm in besonderer Weise betroffen. Hinzu kam im Frühjahr der verstärkte Wunsch der Vereine, wieder Gesellschaftsspiele zu ermöglichen. Diese hatten einen höheren Stellenwert als die Meisterschaftsspiele, da man sich hierzu attraktive Gegner einlud, die große Zuschauermengen anzogen. Auch finanziell war das lukrativer, zumindest wenn der Gast keine zu hohen Forderungen stellte. Als Negativbeispiel sei hier Minerva Berlin angeführt. Dieser Verein absolvierte im Juni 1919 eine Gastspielreise durch Westdeutschland. Da er unverschämt hohe Forderungen für seine Gastauftritte stellte, verbot der WSV kurzerhand seinen Vereinen Spiele gegen die Berliner.[6] Unter anderem hatte Fortuna Minden vor 2.000 Zuschauern gegen die Berliner gespielt (1:5). Dass allerdings auch Meisterschaftsspiele von großem Interesse waren, belegen die Zuschauerzahlen, die vor allem in Ortsderbys verzeichnet wurden. Im Mai 1919 fand das Derby Fortuna Minden gegen SC Minden (1:4) ebenfalls vor über 2.000 Besuchern statt.[7]

nen. Lediglich die beiden Spiele von Teutonia Bielefeld gegen die Mindener Vereine SC und Wacker kamen in dieser Gruppe nicht mehr zur Austragung. Konkordia Bielefeld hatte sich bereits frühzeitig zurückgezogen.[8] In den unteren Klassen A-2, B-1 und B-2 kam man aber nicht mehr so weit, so dass die bis zum Abbruch errechneten Tabellen keine endgültige Aussagekraft haben können. Im Bezirk Hamm war es aufgrund der Verkehrssituation noch gravierender. Hier konnte keine Klasse wesentlich mehr als die Hälfte der Spiele absolvieren. Tabellen wurden erst gar nicht veröffentlicht. Deshalb stand der WSV mit seinen Organen im Sommer 1919 vor einem Dilemma: sollte nach der Sommerpause die alte Saison noch zu Ende gebracht werden? Und falls nicht, welche Vereine sollten für die neue Saison welcher Klasse zugeordnet werden? Die Bezirksausschüsse wurden deshalb bereits am 22.5.1919 in der FuL aufgefordert, Vorschläge über die Anzahl und Namen der Vereine für die 1.Klasse zu benennen. „Es wird zu harten Diskussionen kommen!" war dem Berichterstatter klar. Aber bereits Anfang Juni war man sich im Bezirk Minden-Ravensberg bei der Bezirkstagung in Herford weitgehend einig, welche Mannschaften der höchsten Klasse zugeordnet werden sollten.[9]

> Leider waren nur wenig Zuschauer erschienen, um den Spielen beizuwohnen. Auf dem Platz des FC 03 standen sich die 1. Mannschaften des FC 03 und des Spiel- und Sportvereins Hamm gegenüber. Man konnte das Spiel nicht gerade interessant nennen, dazu fehlt es vor allem an spannenden Momenten. FC 03 war dauernd überlegen und gewann das Spiel leicht mit 10 : 0. Der Torwart vom Spiel- und Sportverein (im Mantel!) hätte bei klein wenig mehr Aufmerksamkeit sicher seinem Verein die hohe Niederlage ersparen können. Besser war der Sport, der auf dem Platz des Hammer Spielvereins gezeigt wurde.

Torwart im Mantel – 10 Gegentore. Abb.: FuL 6.2.1919

Einige Bezirke beendeten schließlich die Meisterschaftssaison im Mai, da die ausstehenden Spiele nicht mehr nachgeholt werden konnten. Das geschah auch auf Wunsch der Vereine, um Zeit für Gesellschaftsspiele zu erhalten. Im Bezirk Ravensberg-Minden holte Arminia Bielefeld sein letztes Spiel gegen die SpVg. Herford Ende Mai nach und konnte sich nach einem 7:0-Sieg Bezirksmeister nen-

| Vereine im WSV | |
|---|---|
| 1914 | 608 |
| 1919 | 803 |

| Mitglieder im WSV | |
|---|---|
| 1914 | 44.003 |
| 1919 | 77.946 |

Abb.: Westfälische Zeitung (WZ) Bielefeld 1.3.1919

**Endnoten:**

1  FuL 29.8.1918
2  FuL 26.9.und 3.10.1918
3  FuL 14.11.1918
4  FuL 21.11.1918
5  FuL 6.3.1919
6  FuL 26.6.1919
7  FuL 15.5.1919
8  FuL 29.5.1919
9  FuL 5.6.1919

**Neuaufnahmen im WSV:**

| | |
|---|---|
| 31.10.18 | FC Westfalia Paderborn |
| 02.01.19 | FC Wacker Minden |
| 09.01.19 | Westfalia Brackwede |
| 09.01.19 | Spiel u. Sport Bielefeld |
| 23.01.19 | SC Eintracht Bielefeld |
| 23.01.19 | Sportvereinigung Gütersloh |
| 30.01.19 | FC Union Herford |
| 30.01.19 | BV Oeynhausen |
| 20.02.19 | FC Olympia Enniglob |
| 20.02.19 | SC Teutonia Minden |
| 27.02.19 | Westfalia Reesen |
| 27.02.19 | FC Teutoburg Gadderbaum |
| 13.03.19 | BV Lemgo |
| 13.03.19 | SC Viktoria Bielefeld |
| 17.04.19 | SUS Geseke (früher VfJ) |
| 17.04.19 | Teutonia Lippstadt |
| 08.05.19 | SC Westfalia Wiedenbrück |
| 29.05.19 | FC Lage |
| 29.05.19 | FC Teutonia Minden |
| 29.05.19 | VfB Detmold |
| 05.06.19 | Löhner Sportklub 1919 |
| 12.06.19 | SC Westfalia Erwitte |
| 12.06.19 | Sportklub Petershagen |
| 19.06.20 | TV Soest |
| 19.06.19 | SV 13 Paderborn |
| 03.07.19 | FC SUS Lohauserholz |
| 03.07.19 | SC Werries |
| 03.07.19 | BV Bad Lippspringe |
| 03.07.19 | Gadderbaumer TV |
| 03.07.19 | FC Freya Reitzen |
| 10.07.19 | FC Germania Bölhorst |
| 17.07.19 | SV 1919 Paderborn |
| 31.07.19 | FC Bückeburg |
| 31.07.19 | RSV Herford |

## Brief aus Bielefeld-Minden.

### Bielefeld — Essen 3:1. Spiele des Sonntags; die unerläßliche Zigarette.

Die Platzeinweihung der Mindener FA Wacker am vorletzten Sonntag fiel in wörtlichster Bedeutung auf ungünstigen Boden. Infolge Schnee und Regen machte der Platz gerade keinen Eröffnungseindruck. Wacker führte gegen die VfR-Mannschaft aus Hamm, die sie zu Gaste hatte, anfangs 3:1, mußte es aber geschehen lassen, daß der gut zusammenspielende gegnerische Sturm ein unentschiedenes Ergebnis herausholte. — Diesen letzten Sonntag war in Bielefeld Spielverbot, es stieg der Städte-Fußballwettkampf Bielefeld — Essen. Nach schönem, offenem, von den zahlreichen Zuschauern mit Spannung verfolgtem Spiel siegte Bielefeld mit 3:1. Mehr solcher Spiele, und das Interesse am Rasensport wird sich bedeutend vermehren. — In Oeynhausen weilte Wacker zum Spiel gegen den Ballspielverein. Auch hier hieß das Ergebnis 3:1, allerdings für die besuchende Elf. Wackers Stürmer hatten anscheinend wenig Arbeit für den Tormann des Platzvereins, denn zigarettenrauchend waltete er seines Amtes. Es lebe der Sportgedanke! — Weitere Ergebnisse: Westfalen-Reesen 1 — Union-Herford 1 0:3; Fortuna 2 — MSC 2 6:0; Svgg. Herford 2b — MSC Jugend 1 6:2; Svgg. 2 — BV 2 1:5; Svgg. 3 — Arminia 3 1:5.                    Pawell.

Rauchender Torwart. Abb.: FuL 10.4.1919

# 1919/20

Der WSV teilte sein Verbandsgebiet in das unbesetzte und das von der Entente nach dem Krieg besetzte Gebiet links des Rheins. Die Kreise wurden beibehalten, allerdings auf 8 erhöht. Die beiden Kreise Rheinischer Westkreis und Rheinischer Südkreis umfassten dabei das besetzte linksrheinische Gebiet. Die anderen Kreise waren der Rheinische Nordkreis, der Ruhr-Emscher-Kreis, der Bergisch-Märkische Kreis, der Westfälische Kreis, der Hessisch-Hannoversche Kreis und der Lahn-Sieg-Kreis.[1] Die 10 stärksten Mannschaften jedes Kreises sollten in der neuen Saison in der Kreisliga als höchster Klasse spielen, dann folgten A-C-Ligen; hinzu kamen eigene Jugendklassen. Spieler bis 17 Jahre spielten in einer Jugendmannschaft, alle älteren bei den Senioren. Unterhalb der Kreise wurden 26 Bezirke mit insgesamt 803 Vereinen mit 77.946 Fußballer gebildet.[2] Der Kreis Westfalen bestand aus den Bezirken Hamm, Münster und nun Minden-Ravensberg (bisher Ravensberg-Lippe). Im Hessisch-Hannoverschen Kreis wurden die Bezirke Südhannover, Kassel und Fulda gebildet.

Die unter den Kreisligen eingerichteten A-Klassen wurden aufgrund der gestiegenen Anzahl der Mannschaften vergrößert. Im Hessischen Kreis gab es zwei A-Klassen, im Westfälischen Kreis ebenfalls, wobei die Bezirke Hamm und Münster sowie Ravensberg-Minden und Osnabrück jeweils zusammengefasst wurden. Erst die unteren Klassen bzw. die Spielgruppen der Reservemannschaften wurden ausschließlich auf der jeweiligen Bezirksebene durchgeführt.

Um weitere Ordnung in den Verband zu bringen, beschloss der Vorstand des WSV, dass alle Vereine, die während des Krieges eingeschlafen waren, sich bis zum 01.Juni 1919 wieder anmelden mussten, ansonsten gingen sie ihrer Mitgliedschaft im WSV verlustig.[3] Teutonia Lippstadt hatte diesen Termin verpasst und musste in den folgenden Monaten hart um die Wiederaufnahme kämpfen und beschäftigte dabei mehrmals die Instanzen.

Neu gegründete Vereine stellten dagegen ein formelles Aufnahmegesuch, das in aller Regel auch durch den Verbandsvorstand positiv beschieden wurde. Die Aufnahme wurde in den Amtlichen Bekanntmachungen des WSV, die als Beilage zur FuL an alle Vereine gingen, veröffentlicht. Als besonderen Fortschritt wurde die Einführung des 8-Stunden-Tages gefeiert, der am 23.11.1918 durch die neue Regierung per Rechtsverordnung erlassen wurde und sich 1919 etablierte.[4] Die 48-Stunden-Woche verteilte sich dabei zwar weiterhin auf 6 Tage, so dass als Spieltag wieterhin nur der arbeitsfreie Sonntag in Frage kam. Doch nun waren auch Trainingsabende möglich, die zu einer deutlichen Verbesserung des Niveaus im Fußball führten.

Da der WSV nicht nur Fußball im Repertoire hatte, sondern sich auch für die Leichtathletik zuständig fühlte, achtete man sehr darauf, dass diese Sportart nicht zu kurz kam. Immer wieder gab es Ermahnungen, dass sich Fußballer auch der Leichtathletik zuwenden und den Körper durch leichtathletische Übungen fit halten sollten. So war die Teilnahme an Wettkämpfen der Leichtathleten teilweise für die Fußballer obligatorisch. Um die Leichtathletik zusätzlich zu schützen, wurde im Sommer stets ein mehrwöchiges absolutes Spielverbot für Fußballer erlassen. Je nach Situation variierte dieses. 1919 wurde das Spielverbot am 15.Juni erlassen und erstreckte sich bis Ende August.[5]

Die Sommerpause nutzte der Verband aber für umfangreiche Sitzungen zur Vorbereitung der ersten Nachkriegssaison. Am 12.06.1919 tagte der Bezirkstag in Minden mit 19 Vereinen und am 16.06.1919 wurde in Lage der Rasensportverband Lippe neu gegründet. Seine erste Verbandsversammlung hielten die Lipper dann am 6. Juli ebenfalls in Lage ab, an der alle Vereine des Verbandes teilnahmen und mit dem Sportverein Horn, dem FC Brake und der Spielabteilung des Turnvereins Bad Oeynhausen drei weitere Kanndidaten ihr Interesse bekundeten.[6] Der WSV schließlich hatte sich

Die Bezirks- bezw. Meisterschaftsspiele erreichen mit dem 15. Juni ihr Ende. Alle noch restlichen Spiele werden als solche nicht mehr ausgetragen. Bis auf weiteres sind sämtliche Fußballspiele in der Zeit von vormittags 11 Uhr bis nachmittags 3 Uhr verboten. Jede Zuwiderhandlung werden wir strengstens bestrafen. Wir empfehlen den Vereinen, nachdem der große Erfolg durch Fortuna und Spielvereinigung bewiesen wurde, möglichst an den Wochentagen abends Wettspiele auszutragen.

„Der Fußball ist tot, es lebe die Leichtathletik" Abb.: FuL 19.6.1919

beim Verbandstag auf die eingangs aufgeführten Klasseneinteilungen und Spielbedingungen verständigt. Die Spielklasseneinteilung hatte der sog. Dreier-Ausschuss erarbeitet. Diesem gehörten mit Emil Becker, Gottfried Hinze und Dr. Peco Bauwens drei Persönlichkeiten an, die im WSV großes Gewicht hatten und hohes Ansehen genossen. Gottfried Hinze war von 1905 bis 1925 DFB-Vorsitzender, stammte aus Duisburg und hatte sich dort Meriten als Torwart, Schiedsrichter und Funktionär erworben. Der Kölner Dr. Peco Bauwens hatte es als Spieler sogar zu einem Länderspiel gebracht und war danach über viele Jahre der bekannteste deutsche Schiedsrichter. Nach dem II. Weltkrieg war er schließlich für 12 Jahre ebenfalls DFB-Präsident.

Hatte der WSV gedacht, sich mit der neuen Klasseneinteilung zu stabilisieren und dadurch auch die Integration immer neuer Vereine und von immer mehr Mannschaften erfolgreich zu bewältigen, so zeigte sich im Sommer 1919, wie labil das riesige Verbandsgebiet war. Ein besonderes Augenmerk legte man auf die linksrheinischen Kreise, die zum „Kernland" des WSV gehörten und bei dessen Gründung Keimzelle waren. Aufgrund der durch Franzosen, Belgier und Engländer betriebenen Abriegelung des Rheinlandes und den damit verbundenen Restriktionen

war es schon schwer genug, die Verbindung dorthin aufrecht zu erhalten. Jetzt kamen Separationsbestrebungen hinzu, die die Gefahr einer Abspaltung konkret werden ließen. Hier setzte der WSV alle (auch propagandistischen) Möglichkeiten ein, um die linksrheinischen Vereine weiter an sich zu binden und die Spielorganisation nicht abzugeben. So kam es zur Unzeit, dass sich auch im Hessisch-Hannoverschen Kreis Abspaltungsgedanken breit machten. Die Bezirke Kassel und Fulda führten Gespräche mit dem Mitteldeutschen Fußballverband. Der dritte zum Kreis gehörende Bezirk Südhannover liebäugelte dagegen seinerseits mit einem Anschluss an den Norddeutschen Fußballverband. Und der neugeschaffene Lahn-Sieg-Kreis mit Gießen und Wetzlar tendierte zum Süddeutschen Fußballverband.[7] Der Bundestag des DFB, der bezeichnenderweise in diesem Jahr in Kassel tagte, beschloss, dass Gebietsneuaufteilungen der Regionalverbände nur mit Zustimmung des abgebenden Verbandes zulässig seien. Damit waren die Abspaltungsbemühungen ohne vorherige Zustimmung des WSV erst einmal gebannt. Am 10.08.1919 lehnte der Verbandsvorstand des WSV dann auch den formellen Antrag der Kasseler ab.[8] Auch zukünftig wachte der WSV genau über sein Verbandsgebiet, das bis 1933 weitgehend erhalten blieb.

Eine eingehende Stellungnahme erforderte auch die systematische Werbe- und Wühlarbeit des ATB. Aus Zuschriften, wie auch aus eigenen Erfahrungen wissen verschiedene Herren zu berichten. Eine direkte Stellungnahme hierzu behält sich der VA für später vor. Herr Irrgang wird versuchen, auf dem Wege der Verhandlungen in seiner Eigenschaft als Vertreter des Bezirks im Jugendpflege-Ausschuß für den Reg.-Bezirk Minden die Tätigkeit der ATA auf sein ureigenstes Gebiet zu beschränken.

Wühltätigkeit des ATSB. Abb.: FuL 19.6.1919

Allerdings gab es weiterhin Verschiebungen zwischen den Kreisen sowie den Bezirken. Vereine in Grenzlage machten ihre Zugehörigkeit in erster Linie von den herrschenden Verkehrsverhältnissen abhängig, wobei Vereine in Ligen zusammengefasst wurden, die an gemeinsamen Bahnstrecken lagen. So gab es besondere Schnittstellen im Osten des Westfälischen Kreises mit dem Kreis Hessisch-Hannover. Die Lipper Vereine hatten sich durch den Zusammenschluss zum Lippischen Rasensportverband frühzeitig unter einem Dach gefunden und sich dem Bezirk Minden-Ravensberg angeschlossen. Im südlich davon gelegenen Kreis Höxter war dagegen 1919 die Situation noch nicht geklärt, zumal sich auch erst in diesem Jahr mit dem VfR Höxter, dem TV Ottbergen und dem TUS Godelheim die ersten Vereine meldeten. Verkehrstechnisch boten sich als Optionen sowohl die Aufnahme in den Bezirk Minden-Ravensberg als auch in den Bezirk Hamm (beide Westfälischer Kreis) oder in die Bezirke Südhannover oder Kassel (beide Hessisch-Hannoverscher Kreis) an. Und selbst der Norddeutsche Fußballverband war eine Option, die der 1921 gegründete SV Steinheim für neun Jahre wahrnahm. Der erste Fußballverein aus dem Kreis Warburg, der VfB Warburg, schloss sich dagegen 1919 zunächst dem Bergisch-Märkischen Kreis an, um in der C-Liga des Bezirkes Sauerland spielen zu können. Anfang 1920 nach Abschluss der Hinserie wechselte der Verein dann jedoch in den günstiger zu erreichenden Bezirk

Kassel des Hessisch-Hannoverschen Kreises. Und selbst für die Paderborner Vereine gab es unterschiedliche Zugehörigkeiten. TuSV Westfalia Paderborn, der sich im Januar 1920 in VfJ 08 Paderborn umbenannte, spielte die Saison 1918/19 im Bezirk Ravensberg-Lippe in der dortigen A-2-Klasse. Als sich Anfang Juli 1919 der SV 13 Paderborn wieder zum Spielbetrieb anmeldete, wurde er dem Bezirk Hamm zugeordnet, der SV 1919 Paderborn zur gleichen Zeit aber dem Bezirk Ravensberg-Lippe.[9] Dann wurde jedoch noch vor Beginn der neuen Saison 1919/20 grundsätzlich beschlossen, dass die Paderborner Vereine im Bezirk Hamm spielten.

Neben den Neuaufnahmen kam es in den Anfangsjahren nach dem I. Weltkrieg auch immer wieder zu Vereinsfusionen. Die beiden Bedeutendsten geschahen Ende Juli 1919: FC Arminia Bielefeld vereinigte sich mit der Turngemeinde zur TG 1905 Arminia Bielefeld und die Mindener Clubs FC Fortuna und Wacker bildeten ab sofort einen Verein mit dem Namen SpVg. Fortuna/ Wacker Minden.[10]

Auch für die Austragung der sogenannten Gesellschaftsspiele gab es einige Regelungen zu beachten. So war es üblich, den Gastvereinen, die die beschwerliche Reise auf sich genommen hatten, die Fahrtkosten zu erstatten, denn schließlich hatte der Heimverein ja Zuschauereinnahmen. Gleichzeitig gehörte es aber auch zum guten Ton, dass man sich dann für ein Rückspiel im Ort des Gastvereins verpflichtete. Im August 1919 berichtete die

## Bezirk Hamm.

C-Klasse. Resultate. 5. 10. Erwitte — Werne 2 : 1. Bergkamen — Kamen 0 : 3; vom 12. 10. Werne — Kamen, Bericht fehlt, Bergkamen 3 Mk. Strafe. Holzwickede — Oelde 1 : 0. Werries — Drensteinfurt, Bericht fehlt. Westfalen 3 Mark Strafe. Bergkamen — Lohauserholz 1 : 6. Gesecke — Königsborn, Schiedsrichter ausgeblieben, Paderborn 13 5 Mark Strafe. Nach Vereinbarung unter Schiedsrichter Hoffmann von Gesecke Meisterschaftsspiel ausgetragen, beim Stande 5 : 0 für Gesecke abgebrochen, weil vier Spieler wegen Zugverbindung Spielfeld verlassen hatten. Erledigung der Strafen an Postscheckkonto 17 505. Quittung bis 25. 10. an Koester.

Spieler müssen zum Zug... Abb.: FuL 16.10.1919

FuL, dass sich einige Vereine nach der neuen Klasseneinteilung nicht mehr an ihre Rückspielverpflichtungen hielten, da sie es jetzt unter ihrer Würde hielten, gegen unterklassige Mannschaften anzutreten.[11]

Eine zunächst unscheinbare Anzeige in FuL vom 5.6.1919, hinter der der VfB Warburg steckte, löste große Diskussionen im Verband aus. Denn wo Geld im Spiel war, führte dieses bei findigen Funktionären zur Versuchung, sich mit nicht statthaften Mitteln Vorteile für seinen Verein zu sichern. Neben der Beschaffung von Einnahmen ging es darum, gute Spieler für den eigenen Verein zu gewinnen. Da Spieler nicht offiziell bezahlt werden durften und der DFB und seine Verbände während der gesamten Weimarer Republik penibel darauf achteten, dass es keine Berufsspieler wie in England, Österreich, der Tscheslowakei oder Ungarn gab, mussten sich die Vereine einiges einfallen lassen, um das Berufsspielerstatut zu umgehen. Ein erster Versuch war dabei, gute Spieler im Verein anzustellen. Der Verbandsvorstand reagierte hierauf schnell und erließ bereits im August die Bestimmung, dass Angestellte eines Vereins nicht spielberechtigt seien.[12]

Im August 1919 legte auch die eigens gebildete Kommission des WSV für den Wiederaufbau des Verbandes ihren Tätigkeitsbericht vor. Mit der Schaffung von einheitlichen Spielklassen, beginnend mit den Kreisligen in den 8 Kreisen sowie den darunter folgenden A-D-Klassen, hatte man ein allgemein gültiges Spielsystem entwickelt. Dazu waren neben den neuen Kreisen auch etliche neue Bezirke gebildet worden, um der Flut an neuen Vereinen gerecht zu werden. Zudem wurden Jugend- und auch Schiedsrichterausschüsse gegründet. In der Organisation der Leichtathletik gab es deutliche Fortschritte und neue Satzungen bildeten eine verlässliche Rechtsgrundlage. Gleichzeitig wurde beschlossen, zukünftig Eltern und Schule stärker in die Entwicklung von Fußball und Leichtathletik mit einzubeziehen, da man hier noch auf wenig Gegenliebe stieß. Da zudem eine weitere Verrohung während der Spiele beobachtet wurde, die man auf die negativen Kriegseinflüsse zurückführte, wollte hier frühzeitig

**A-klassiger Verein,** in einer mittleren Stadt Westfalens, ist in der Lage Sportsleute, vorwiegend Fußballer und Leichtathleten **lohnende und dauernde Beschäftigung** zu beschaffen. In Frage kommen vorläufig gelernte Maschinenschlosser und Dreher. Gefl. Angebote unter Nr. **A. K. 457** an FuL-Expedition.

Abb.: FuL 5.6.1919

gegensteuern. Und nicht zuletzt war es dem WSV ein besonderes Anliegen, die Spielqualität zu fördern und weitere Vereine entstehen zu lassen. Deshalb sollten in allen Bezirken sportliche Mittelpunkte geschaffen werden. Für den Bezirk Ravensberg-Lippe wurde hier mit Bielefeld die größte Stadt ausgewählt. Insgesamt wollte sich der WSV in das gesellschaftliche Leben der gerade erst entstehenden Weimarer Republik einmischen und den Fußballsport in Westdeutschland etablieren.[13]

Für die erste Nachkriegssaison war alles vorbereitet, so dass in den einzelnen Klassen im September 1919 gestartet werden konnte. Im Bezirk Minden-Ravensberg musste zwar aufgrund der neu hinzu gekommenen Vereine noch kurzfristig die C-Liga in zwei Gruppen aufgeteilt werden, um die Anzahl der Spiele nicht zu hoch werden zu lassen, doch insgesamt war man hoffnungsfroh. Auch für den Jugendspielbetrieb war alles durchgeplant. Jugendspiele sollten 2x30 Minuten dauern und auf Plätzen mit einer Größe von nicht mehr als 90x50 Meter ausgetragen werden. Als Spielzeit wurde der Sonntagvormittag festgelegt, um nicht mit den Seniorenspielen zu kollidieren.[14]

Doch die ersten Spieltage zeigten in allen Klassen, dass es um viel ging. Denn die Saison sollte schließlich für die zukünftige Klassenzugehörigkeit bedeutend sein und entsprechend hart wurden die Spiele geführt. Auch das Betragen der Zuschauer ließ oftmals zu wünschen übrig. Die Schiedsrichter waren all dem kaum gewachsen. So sah sich Friedrich Grolms, der Schriftleiter der FuL, erneut veranlasst, über das Spielsystem und vor allem die festgelegte Auf- und Abstiegsregelung nachzudenken. Die Überlegungen mündeten schließlich in einem Vorschlag des Verbandsvorstandes an den Verbandstag, die Abstiegsfrage zu entschärfen. Statt 4 sollten in den einzelnen Klassen nur noch 1-2 Vereine absteigen.[15]

Das Lastauto im Dienste des Sports.

Wie die Kasseler sich bei ihrer Sportwoche zu helfen wußten.

Abb.: FuL 27.11.1919

Gravierender als diese Probleme aber wurden die erneuten chaotischen Verkehrsverhältnisse in Deutschland. Bereits im November 1919 konnten nicht mehr alle geplanten Spiele im Westfälischen Kreis stattfinden, in den folgenden drei Monaten kamen sie fast gänzlich zum Erliegen. Vom 5.-15.11. hatte die Reichsregierung eine 10tägige Stilllegung des Personenverkehrs verfügt, um die für den Bahnverkehr unbedingt notwendigen Kohleressourcen zu schonen. Dem Güterverkehr wurde Vorrang eingeräumt. Durch den im Juni 1919 dem Deutschen Reich auferlegten Friedensvertrag von Versailles mussten hohe Reparationen unter anderem in Form von Kohle an die Siegermächte abgeführt werden. Hinzu kamen wiederholte Streiks der Bergarbeiter, so dass der

wichtigste damalige Rohstoff Kohle nahezu aufgebraucht war. Und der Winter stand erst vor der Tür.

Um trotzdem weiterspielen zu können, wurden auf Bezirksebene Diplomspiele innerhalb von Städten wie Bielefeld oder Hamm angesetzt und dabei auch versucht, benachbarte Vereine mit einzubeziehen. Allerdings zogen hier nicht alle Vereine mit. So wird von Arminia und dem VfB, den beiden höchstspielenden Bielefelder Vereinen, berichtet, dass sie lieber gegen andere Vereine Gesellschaftsspiele austrugen, als sich der Stadtkonkurrenz zu stellen.[16] Wenn es jedoch zum Derby kam wie am 25.01.1920, strömten 3.000 bis 4.000 Zuschauer in die Pottenau, dem Sportplatz von Arminia.[17] Für die Paderborner Zuschauer waren dagegen die Spiele gegen die noch überall existierenden Freikorps von besonderer Attraktivität. So kamen Ende Januar 1920 1.200 Zuschauer zu den Spielen des SV 13 Paderborn gegen die beiden Mannschaften des „Freikorps Pfeffer", der als westdeutscher Militärmeister angekündigt wurde.[18] Einen Monat später sollte die gleiche Mannschaft gegen die Kürassierabteilung Münster spielen, doch die Kürassiere mussten kurzfristig wegen Alarmbereitschaft absagen. Für sie sprang dann die Sicherheitswehr aus Düsseldorf ein.[19] Und auch die Technische Hundertschaft der Polizeischule III aus Sennelager beteiligte sich an diesen Spielen. Schließlich blieben 5 Spieler des Freikorps Pfeffer in Paderborn und schlossen sich dem SV 13 an, der davon sportlich deutlich profitierte.

Ab März 1920 wurde versucht, die Meisterschaftsspiele, soweit es die Verkehrsverhältnisse zuließen, fortzusetzen. Dazu bediente man sich dann auch anderer Verkehrsmittel, da man sich nicht allein auf die Bahn verlassen wollte und sich auch kaum die deutlich erhöhten Fahrpreise leisten konnte. Aber erst mit der endgültigen Aufhebung der Verkehrssperre am 8.5.1920 nahm der Spielbetrieb wieder richtig an Fahrt auf.

Wie groß inzwischen die einzelnen Bezirke geworden und welch logistischer Aufwand betrieben werden musste, zeigten die Zahlen vom Bezirk Sauerland am 25.03.1920: 80 Vereine mit über 10.000 Spielern waren dort ak-

Hipp-Hipp-Hurra dem jungen Jahr'!

1919

1920

Abb.: FuL 1.1.1920

**Kreisliga Westfalen**
Meister: SpV. Hamm

| | Verein | Sp | Tore | Punkte |
|---|---|---|---|---|
| 1. | Hammer SpV. | 17 | 47:22 | 31:3 |
| 2. | Arminia Bielefeld | 15 | 36:20 | 20:10 |
| 3. | Preußen Münster | 19 | | 24:14 |
| 4. | TuSV 59/03 Hamm | 14 | 23:16 | 16:12 |
| 5. | Osnabrücker TV 61 | 16 | 42:37 | 17:15 |
| 6. | BV 05 Osnabrück | 12 | 22:19 | 12:12 |
| 7. | VfB Bielefeld | 11 | 19:35 | 9:13 |
| 8. | FC Osnabrück 1899 | 11 | 20:27 | 8:14 |
| 9. | SC Minden 05 | 10 | 15:26 | 5:15 |
| 10. | VfK Hamm | 12 | 21:39 | 3:21 |
| 11. | TSV 06 Münster | 12 | 1:37 | 1:23 |
| | | | | 146:152 |

tiv! Aber auch die Zahlen in den einzelnen Bezirken des Westfälischen Kreises konnten sich sehen lassen:

Hamm 43 Vereine, Minden-Ravensberg 31 Vereine, Münster-Osnabrück 25 Vereine mit insgesamt 14.430 Mitgliedern.[20]

Während die anderen Kreise ihre Meister rechtzeitig ermitteln konnten, musste der Westfälische Kreis seinen Meister am grünen Tisch festlegen, um diesen an den Westdeutschen Meisterschaften teilnehmen lassen zu können. Allerdings fiel den Verbandsoberen die Entscheidung leicht: die Hammer SpVg.

führte die Tabelle klar an und so gab es auch keine Proteste.

Danach sollten die Spiele zwar zu Ende geführt werden und noch Anfang Juni wurde den Vereinen ein Spielplan für alle Klassen im Westfälischen Kreis mitgeteilt, der Spiele bis Ende Juli vorsah. Doch in den Sommermonaten wurde es immer schwieriger, diese Spiele zu beenden, da die Leichtathletik zu ihrem Recht kommen wollte, viele Vereine lieber Gesellschaftsspiele durchführten und auch weiterhin viele Gründe vorlagen, die zu Spielabsagen führten. So gab es am Ende der ersten Nachkriegssaison im Westfälischen Kreis keine endgültigen Abschlusstabellen!

Die Ligamannschaft des Hammer Spielvereins, die im Westfälischen Kreis die Spitze der Tabelle hat. Die Mannschaft ist: Götze II, Brünnemann, Hegemann, Götze I, Bornheim, Vieregge, Wältermann, Versteeg, Menzel, Friemauth, Roth.

Meister Hammer SpVg. Abb.: FuL 22.1.1920

Neue Spielplätze werden gefordert...
Abb.: FuL 5.5.1920

### Endnoten

1  FuL 3.7.1919

2  Jubiläumsschrift des Westdt. Spielverbandes e.V. 1899 -1924, S.188/189

3  FuL 12.6.1919

4  FuL 19.6.1919

5   FuL 29.5.1919

6  FuL 26.6.1919 und 10.7.1919

7  FuL 3.7.1919

8  FuL 14.8.1919

9  FuL 17.7.1919

10  FuL 24.7.1919 und Westfälische Zeitung Bielefeld (WZ Bi) 9.7.1919

11  FuL 7.8.1919

12  FuL 14.8.1919

13  FuL 21.8.1919

14  FuL 9.10.1919

15  FuL 6.11.1919

16  FuL 5.2.1920

17  WZ Bi 26.1.1920

18  Westfälisches Volksblatt Paderborn (WV Pb) 28.1.1920

19  WV Pb 27.2.1920

20  FuL 15.4.1920

## A-1-Klasse Münster/Hamm

|     | Verein            | Sp | S | U | N | Tore    | Punkte |
| --- | ----------------- | -- | - | - | - | ------- | ------ |
| 1   | SC Münster 08     | 11 | 7 | 0 | 4 | 41:23   | 14:8   |
| 2.  | Sp. u. Sp. Hamm   | 8  | 6 | 0 | 2 | 29:14   | 12:4   |
| 3.  | Borussia Lippstadt| 7  | 4 | 0 | 2 | 18:8    | 12:2?  |
| 4.  | TV Unna           | 8  | 4 | 1 | 3 | 16:21   | 9:9?   |
| 5.  | Borussia Rheine   | 6  | 4 | 0 | 2 | 19:11   | 8:4    |
| 6.  | TuSV Paderborn*   | 7  | 3 | 1 | 3 | 14:15   | 7:7    |
| 7.  | Sp. u. Sp. Ahlen  | 8  | 3 | 0 | 5 | 11:19   | 6:10   |
| 8.  | Zollern Münster   | 7  | 0 | 0 | 7 | 4:38    | 0:14   |
| 9.  | SpVg. Hamm LR*    |    |   |   |   |         |        |
| 10. | SpVg. Münster*    |    |   |   |   |         |        |
|     |                   | 31 | 2 | 28|   | 152:149 | 68:58  |

Quelle: FuL 21.4.20
*ausgeschieden

## A-12-Klasse Minden/Osnabrück

|     | Verein               | Sp  | S  | U  | N  | Tore  | Punkte  |
| --- | -------------------- | --- | -- | -- | -- | ----- | ------- |
| 1   | Fortuna Minden*      | 12  | 9  | 2  | 1  | 33:16 | 20:6    |
| 2.  | SpVg. Gütersloh      | 13  | 6  | 3  | 4  |       | 15:11   |
| 3.  | SpVg. Herford        | 15  | 7  | 2  | 6  | 32:24 | 16:14   |
| 4.  | Rasenspiel Osnabrück | 13  | 7  | 1  | 5  | 21:18 | 15:11   |
| 5.  | SK Union 08 Herford  | 13  | 5  | 4  | 4  | 33:24 | 14:12   |
| 6.  | Eintracht Bielefeld  | 15  | 5  | 4  | 6  | 24:32 | 14:16   |
| 7.  | Westfalia Brackwede  | 15  | 4  | 2  | 9  | 20:33 | 10:20   |
| 8.  | Teutonia Bielefeld   | 14  | 3  | 3  | 8  | 19:34 | 9:19    |
| 9.  | SV 08 Osnabrück      | 10  | 2  | 3  | 5  | 26:23 | 7:13    |
| 10. | TV Osnabrück**       |     |    |    |    |       |         |
| 11. | Wacker Minden*       |     |    |    |    |       |         |
|     |                      | 116 | 46 | 24 | 46 |       | 116:116 |

10.6.20: Spiel SpVg. Herford – Fortuna/Wacker Minden wird für Minden gewertet (mit 2:0 Toren in die Tabelle eingeflossen).
10.6.20: Spiel SpVg. Gütersloh gegen Teutonia Bielfeld wird für Bielefeld gewerten (mit 2:0 Toren in die Tabelle eingeflossen).
*Fortuna und Wacker Minden haben fusioniert
**TV Osnabrück ausgeschieden
30.6.20 Fortuna/Wacker Minden ist Meister der A-Klasse.

### Neuaufnahmen 1919/20

| Datum    | Verein                   |
| -------- | ------------------------ |
| 07.08.19 | FC Brake                 |
| 07.08.19 | SC Horn i.L.             |
| 07.08.19 | TG 1861 Rheda            |
| 07.08.19 | Borussia Lippstadt       |
| 14.08.19 | Teutonia Lippstadt       |
| 14.08.19 | SV Neuhaus               |
| 28.08.19 | TSV 1876 Bad Salzuflen   |
| 22.09.19 | SV Arminia Paderborn     |
| 22.09.19 | BSV Neubeckum            |
| 02.10.19 | SpVg. Melbergen          |
| 06.11.19 | BSV Hiddenhausen         |
| 13.11.19 | Meiberger SpVg.          |
| 04.12.19 | VfB Bückeburg            |
| 04.12.19 | Rasensport „Hacketau" Bückeburg |
| 08.01.20 | SV 19 Kessebücken        |
| 08.01.20 | SV Wieschershöfen        |
| 26.05.20 | BSV Heidenoldendorf      |

27

# 1920/21

Als der WSV am Ende der ersten Nachkriegsspielzeit eine Bestandsaufnahme machte, war man unzufrieden. Einerseits hatte die unsichere politische Lage der Gründerzeit der Weimarer Republik mit Rheinlandbesetzung, den hohen Reparationsforderungen, verschiedenen Putschversuchen, immer wieder aufflammenden Streiks und zahlreichen Diskussionen über die zukünftige Ausrichtung der deutschen Politik unmittelbaren Einfluss auf das Spielgeschehen. Am schmerzlichsten zu spüren waren diese Auswirkungen durch den mangelhaften Zugverkehr während großer Phasen der abgelaufenen Saison. Andererseits gab es aber auch zunehmend fußballimmanente Probleme. Das Spiel drohte zu verrohen. Die Schiedsrichter waren weder den Spielern noch den Zuschauern gewachsen. Die einzelnen Kreise waren nur schwer zusammenzuhalten und der Spielplan konnte nur mit Mühe umgesetzt werden. Hinzu kam die Flut von Neuanmeldungen, die der WSV verwaltungstechnisch kaum bewältigen konnte. Zudem glaubte man im Vergleich zu den anderen Verbänden des DFB auch sportlich ins Hintertreffen geraten zu sein, da der Westdeutsche Meister VfTuR 89 Mönchengladbach gleich in der ersten Runde der Spiele um die deutsche Meisterschaft eine 0:7-Abfuhr gegen die SpVg. Fürth erfuhr. Somit gab es gute Gründe, über die Spielorganisation erneut gründlich nachzudenken. Friedrich Grolms hatte das im Frühjahr 1920 getan und präsentierte dem Verbandstag im Juni einen Plan, der dort eine Mehrheit fand. Das Verbandsgebiet wurde nun statt in Kreise in 5 Gaue aufgeteilt. Unterhalb der Gaue wurden Kreise gebildet, in den Kreisen je nach Bedarf zwei bis drei Bezirke. Die Saison 1920/21 sollte dazu genutzt werden, zunächst auf Kreisebene die besten Mannschaften zu identifizieren, die sich dann für eine der Gauligen qualifizierten. Eine Verbandsliga als höchste Liga im WSV wurde vom Verbandstag aufgrund der Entfernungen abgelehnt.

Die 5 Gaue waren folgende: **1. Rheingau** mit Rheinischer Westkreis und Rheinischer Süd-kreis; **2. Gau Hessen-Hannover** mit den Kreisen Hessen, Lahn und Südhannover; **3. Westfalengau** mit dem West- und dem Ostkreis; **4. Ruhrgau** mit den Kreisen Emscher, Hellweg und Niederrhein; **5. Bergisch-Märkischer Gau** mit den Kreisen Elberfeld-Barmen, Duisburg, Düsseldorf und Südwestfalen.

Im Westfälischen Gau wurde also eine Ost-West-Trennung vorgenommen. Zum Westkreis gehörten die neu entstandenen Bezirke Emsland, Münster, Osnabrück und Recklinghausen. Der Ostkreis setzte sich aus den Bezirken Bielefeld-Lippe, Hamm, Hellweg und Minden-Herford zusammen.[1]

Da die höchste Spielklasse auf Kreisebene gebildet werden sollte, mussten eine West- und eine Ostkreisliga zusammengestellt werden. Die 11 Mannschaften der bisherigen Kreisliga waren gesetzt. Jede Kreisliga sollte 10 Mannschaften umfassen. In die Ostkreisliga gelangten die drei Hammer Vereine, Arminia und VfB 03 Bielefeld sowie der SC Minden, die alle bereits 1919/20 der Kreisliga angehört hatten. Darüber hinaus wurden noch vier Aufsteiger gesucht. Diese wurden aus den jeweils 5 besten Mannschaften der A-Ligen der Bezirke Hamm und Minden ausgespielt, die zum Einzugsgebiet der künftigen Ostkreisliga gehörten. In einfacher Runde spielte jeder gegen jeden.

In der Gruppe Minden spielten SpV. Gütersloh, Fortuna/Wacker Minden, SpV. Herford, Eintracht Bielefeld und Union Herford um den Aufstieg. In der Gruppe Hamm waren es Sp.u.Sp. Hamm, Borussia Lippstadt, TV Unna, VfJ 08 Paderborn und Sp.u.Sp. Ahlen.

Schon diese Aufstiegsspiele wiesen ein Merkmal auf, das sich durch die komplette Spielzeit ziehen und dem Verband große Schwierigkeiten bis hin zur Meisterfrage bereiten sollte: es hagelte Proteste. Die Vereine hatten es sich inzwischen zu einem wahren Sport gemacht, gegen Entscheidungen der Schiedsrichter Protest einzulegen, wenn sie sich benachteiligt fühlten. Manche Proteste waren berechtigt, wenn der Schiedsrichter ein Spiel nachweislich zu früh abgepfiffen hatte oder wenn nicht spielberechtigte Spieler eingesetzt worden waren. Aber zumeist ging es um Tatsachenentscheidungen des Spielleiters. Und so wurden die meisten Proteste auch (oftmals erst nach Beratung mehrerer Instanzen) abgelehnt. Das führte jedoch dazu, dass Tabellen nicht zum Abschluss kamen. So zogen sich auch die Aufstiegsspiele ungebührlich lange hin, da allein das Spiel Union Herford gegen SpVg. Gütersloh zweimal wiederholt werden musste. Zunächst hatte Union Herford erfolgreich Protest eingelegt, dann Gütersloh. Wenn der Sieg für Union Herford Gültigkeit besessen hätte, wäre es zum Entscheidungsspiel zwischen SpVg. und Union Herford gekommen (beide 4:4 Punkte, SpVg. Gütersloh 3:5). Das Spiel war bereits angesetzt, doch dann wurde dem erneuten Protest von SpVg. Gütersloh stattgegeben. Im dritten Spiel gegen Union gewann Gütersloh mit 6:2.[2] Warum es dann aber am 27.09.20 zu einem weiteren Entscheidungsspiel zwischen SpVg. Gütersloh und Herford kam, ist nicht klar. Möglicherweise war einem erneuten Protest stattgegeben worden. Um bessere Chancen zu haben, fusionierten die Herforder Vereine Union und SpVg. kurzfristig, verloren jedoch das Spiel mit 1:2.[3] Damit war die SpVg. Gütersloh neben Fortuna/Wacker Minden in dieser Gruppe aufgestiegen. Aus dem Bezirk Hamm/Hellweg schafften VfJ 08 Paderborn und TV Unna den Aufstieg.

Nach der Saison wurde im August 1921 noch das fehlende Spiel VfB 03 Bielefeld gegen VfK Hamm (2:2) nachgeholt. Anschließend kam es in Bielefeld zu einem Entscheidungsspiel um die Qualifikation zur Gauliga. Hier bezwang der SC Minden 05 den VfK Hamm mit 2:1. Nach oben stehender Abschlusstabelle wäre eigentlich der TSV Hamm 59/03 qualifiziert gewesen.

Unterhalb der Kreisliga wurden zwei A-Klassen als 2.Liga gebildet. Diese umfassten

## Ostkreisliga

| | Verein | Sp | Tore | Punkte |
|---|---|---|---|---|
| 1. | TG Arminia Bielefeld* | 18 | 51:10 | 28:8 |
| 2. | SpVg. Hamm 04 (M) | 18 | 56:20 | 27:9 |
| 3. | VfB 03 Bielefeld | 18 | 43:29 | 22:14 |
| 4. | TSV Hamm 59/03 | 18 | 34:29 | 20:16 |
| 5. | SC Minden 05 | 18 | 26:38 | 20:16 |
| 6. | VfK Hamm | 18 | 31:30 | 19:17 |
| 7. | SpVg. Gütersloh 18 (N) | 18 | 26:51 | 15:21 |
| 8. | Fortuna/W. Minden (N) | 18 | 26:41 | 14:22 |
| 9. | VfJ 08 Paderborn 08 (N) | 18 | 20:31 | 13:23 |
| 10. | ATV Unna (N) | 18 | 14:48 | 2:34 |

Fußball als Weltherrscher. Abb.: FuL 8.9.1920

die Bezirke Bielefeld-Lippe und Minden-Herford einerseits sowie Hamm und Hellweg andererseits.

## Bezirke Bielefeld-Lippe und Minden-Herford

Hier waren Westfalia Brackwede, VfB Bünde, Teutonia Bielefeld und BV Oeynhausen gesetzt. Hinzu kamen die letzten 3 der Aufstiegsspiele zur Ostkreisliga. Das waren nach Beendigung der Aufstiegsspiele Eintracht Bielefeld, Union und SpVg. Herford. Da Union und SpVg. Herford zur SpVg. Union Herford fusioniert hatten, gab es einen Platz weniger als vorgesehen.

Der VfB Detmold, SUS Lage und Concordia Bielefeld spielten einen weiteren A-Ligisten aus:
VfB Detmold – SUS Lage **2:1**
Concordia Bielefeld – VfB Detmold **4:3**
SUS Lage – Concordia Bielefeld **2:2**
**Aufsteiger:** Concordia Bielefeld

### A-Klasse Bielefeld-Minden

|   | Verein | Sp | Tore | Punkte |
|---|---|---|---|---|
| 1 | SpVg. Union Herford | 11* | 39:9 | 21:1 |
| 2. | VfB Bünde | 11 | 20:18 | 14:8 |
| 3. | Teutonia Bielefeld | 10* | 28:12 | 12:8 |
| 4. | Westfalia Brackwede | 12* | 29:20 | 12:12 |
| 5. | TSV 1890 Bielfeld | 12* | 18:51 | 6:18 |
| 6. | BV Bad Oeynhausen | 11 | 13:22 | 7:15 |
| 7. | Concordia Bielefeld | 11 | 14:29 | 6:16 |
| * Es fehlen 3 Spiele | | 78 | 161:161 | 78:78 |

### Bezirke Hamm und Hellweg

In den Bezirken Hamm und Hellweg (laut Adressbuch des WSV 1921 spielten 26 Mannschaften im Bezirk Hellweg), gestalteten sich die Aufstiegsspiele zur A-Klasse unkomplizierter. BV Westfalia Wickede-Asseln, Westfalia Ahlen, SUS Soest und SC Unna waren aufgrund ihrer Vorjahresergebnisse für die A-Liga gesetzt. Hinzu kamen auch hier die drei in den Aufstiegsspielen unterlegenen Vereine Spiel und Sport Hamm, Spiel und Sport Ahlen und Borussia Lippstadt. Als letzter Verein qualifizierte sich der SV Kamen.

Aufstiegsspiele zur A-Klasse:
SV Kamen – Teutonia Lippstadt **4:0**
SV 13 Paderborn – Eintracht Hamm **3:2**
SV Kamen – SV 13 Paderborn **7:1**
SV Kamen – Eintracht Hamm **5:2**
(Teutonia Lippstadt – SV Kamen **0:3**)
Teutonia Lippstadt – SV 13 Paderborn
Eintracht Hamm – Teutonia Lippstadt
**Aufsteiger:** SV Kamen

Im Gau Hessen-Südhannover wurden im Kreis Südhannover die neuen Bezirke Göttingen und Harz-Weser eingerichtet. Zum Bezirk Harz-Weser sollten alle Vereine entlang der Bahnstrecke Brakel-Holzminden-Kreiensen-Bad Gandersheim-Seesen gehören. Doch im September 1920 wurde einem Antrag der Vereine VfR Höxter, TV Ottbergen und SUS Brakel aus dem Kreis Höxter stattgegeben, zum Bezirk Hellweg des westfälischen Ostkreises überwechseln zu dürfen. Es gab „begründete Einsprüche" hierfür womit nur die Entfernung zu den Spielen gemeint sein kann.[4] Das führte dazu, dass sich die Vereine aus dem Kreis Höxter, die in den kommenden Jahren gegründet und beim WSV angemeldet wurden, im Bezirk Hellweg wiederfanden (Ausnahmen: SV 21 Steinheim und SUS Höxter). Die Vereine aus dem Kreis Warburg folgten dagegen dem Beispiel des VfB Warburg und schlossen sich dem Bezirk Hessen im Gau Hessen-Südhannover an. Der VfB Warburg war dort 1920/21 erst im Entscheidungsspiel um die B-Klassenmeisterschaft mit 0:1 an Franken-

### A-1-Klasse Hamm und Hellweg

|   | Verein | Sp | S | U | N | Tore | Punkte |
|---|---|---|---|---|---|---|---|
| 1. | SC Unna | 13 | 10 | 1 | 2 | 39:16 | 21:5 |
| 2. | Sp. u. Sp. Ahlen | 14 | 9 | 2 | 3 | 40:21 | 20:8 |
| 3. | Borussia Lippstadt | 14 | 8 | 3 | 3 | 33:26 | 19:9 |
| 4. | SV 13 Kamen | 14 | 4 | 3 | 7 | 21:33 | 11:17 |
| 5. | SUS Soest | 13 | 3 | 4 | 6 | 20:27 | 10:16 |
| 6. | Sp. u. Sp. Hamm | 14 | 2 | 6 | 6 | 14:25 | 10:18 |
| 7. | Westfalia Ahlen | 13 | 3 | 3 | 7 | 26:35 | 9:17 |
| 8. | BV Wickede Asseln | 13 | 2 | 4 | 7 | 16:26 | 8:18 |
|   |   | 41 | 26 | | 41 | 208:209 | 108:108 |

04.05.21 FuL: Liga Aufstiegsspiel Borussia Lippstadt – Sp.u.Sp. Ahlen 2:0 in Hamm
04.08.21 FuL: SC Unna endgültig Meister. Von C-Liga bis zur Liga aufgestiegen

berg gescheitert. Eine Verbandskarte mit den Gau- und Bezirksgrenzen aus dem Jahre 1927 teilt das Gebiet des Kreises Warburg allerdings in die Bezirke Hessen (wie beschrieben) und Sauerland (Bergisch-Märkischer Gau) auf. Erschwerend kommt ein wieterer Faktor hinzu: 1920 gründete sich unter dem Dach der Katholischen Kirche die Deutsche Jugend-Kraft (DJK), die einen eigenen, vom DFB und damit auch vom WSV unabhängigen Spielverband aufbaute. Diesem schlossen sich in der Folgezeit die meisten Vereine im Kreis Warburg an. Gleiches gilt für den Arbeiter-Turn-und Sportbund und schließlich auch für die Deutschen Turner. Der ATSB baute sich eine starke Bastion in den Kreisen Lippe und Minden sowie in Bielefeld auf. Hierauf wird an gesonderter Stelle in diesem Buch eingegangen. Diese Verbände entzogen dem WSV etliche Vereine und Spieler in Ostwestfalen-Lippe. Gleichzeitig achtete der WSV aber auch penibel darauf, dass nur echte Vereine aufgenommen wurden. Deshalb lehnte der Gau Hessen-Südhannover die Aufnahme der Landesbaugewerbeschule Holzminden ab.[5]

Neben den ersten Mannschaften unterhielten die großen Vereine zahlreiche Reserveteams. Folgenden Vereinen wurde vom Verband eine sogenannte 1b-Mannschaft genehmigt: Hammer SpVg., VfK Hamm, ATV Unna, VfJ 08 Paderborn, TV Münster, TG Arminia Bielefeld, Mindener SC, Fortuna/Wacker Minden.[6] Diese Mannschaften stellten das Reservoir der Ersatzspieler für die I.Mannschaft dar und sollten in einer eigenen Klasse gegeneinander spielen. In weiteren Spielen sollten sie sich mit A-Klassenteams messen. Man bezeichnete sie auch als Ligareserve, da die I.Mannschaft zumeist in der „Liga", der höchsten Spielklasse aktiv war. Manchmal wurden sie auch als „Reisemannschaft" bezeichnet, die für den Verein Spielverpflichtungen gegen auswärtige Vereine wahrnahm. Die besondere Schwierigkeit für die Reservemannschaften bestand darin, dass sich ihre Spieler oftmals in der I.Mannschaft „festspielten" und dann lange aussetzen mussten, wenn sie für untere Mannschaften wieder spielberechtigt sein wollten.

Im Februar 1921 ging die Meisterschaft in ihre entscheidende Phase. Während sich in der Westkreisliga Preußen Münster durchsetzte, kam es in der Ostkreisliga zu einem Zweikampf zwischen dem vorjährigen (erklärten)

Der First Vienna Footballclub Wien, der gegenwärtig mit großem Erfolg in Westdeutschland spielt, ist von einem herben Geschick betroffen worden. Bei seinem Spiel in Ohligs stürzte Pekarna, der bekannte Torwächter der Elf, so unglücklich, daß er mit einer schweren inneren Verletzung vom Platz getragen werden mußte und an den Folgen dieses Unglücksfalles am Samstag im Ohligser Krankenhaus verstarb. Mit unseren Sportfreunden aus Deutsch-Oesterreich stehen wir in tiefer Trauer an der Bahre des Toten und beklagen das Geschick, daß den sympathischen und fairen jungen Sportkameraden so jäh aus dem Leben riß. Fern der Heimat und so blühend jung zu sterben ist unendlich bitter, die Herzen unserer westdeutschen Sportsleute pochen in warmem Mitempfinden und alle, alle möchten helfen und trösten, wo Trost und Hilfe von der Allmacht des Todes ein gebieterisches Halt empfangen. Den Hinterbliebenen Pekarnas gilt unser innigstes Mitgefühl, das Andenken des toten Freundes wird uns Westdeutschen heilig sein; möge ihm die Erde leicht werden.

Tod eines Torwarts... Abb.: FuL 4.8.1920

Meister Hammer SpVg. und der TG Arminia Bielefeld. Als Bielefeld Ende Januar in Hamm das vermeintlich entscheidende Spiel mit 2:1 gewonnen hatte, war man so übermütig und trug auf dem Weg vom Stadion zum Bahnhof ein beleidigendes Transparent vor sich her.[7] Damit machte man sich keine Freunde!

Dann der Schock: Ende Februar nach Beendigung der Meisterschaftsspiele beschloss der Kreisausschuss des Ostkreises, dass die letzten drei Spiele von Arminia für ungültig erklärt werden, da die Arminia auf unlautere Weise einen Spieler aus Hamm abzuwerben versucht hatte. Über einen Mittelsmann hatte man ihm eine Stelle als Kaufmann in Bielefeld angeboten. Arminia wurde beginnend ab dem 6.2.1921 für drei Monate disqualifiziert.[8] Beim Kreisausschuss hatte Arminia keine Möglichkeit zur Stellungnahme erhalten und wandte sich an

**Für Fußballspieler.**
**Sport-Knieschützer**
aus Gummi-Gewebe,
unentbehrlich für jeden Fußballspieler
empfiehlt
**Sanitätshaus B. Brinkmann,**
Paderborn, Kasselerstraße 3.

Abb.: WV 17.11.1920

den Gau. Dieser hob das Urteil gegen Arminia zunächst auf, doch schließlich musste sich das Verbandsgericht des WSV als letzte Instanz mit dem Fall beschäftigen. Das Verbandsgericht übernahm die Auffassung des Kreises und Arminia wurde für letztendlich zwei Monate gesperrt.[9] Nun stellte sich die Frage nach der Meisterschaft. Die Hammer SpVg. als Zweiter spekulierte, da Arminia nun ausfiel, auf das Entscheidungsspiel gegen Westkreismeister Preußen Münster um die Gaumeisterschaft und die damit verbundene Qualifikation zur Westdeutschen Meisterschaft. Der Gau setzte aber kein Entscheidungsspiel an, so dass Preußen Münster automatisch Gaumeister und Teilnehmer Westfalens an der Westdeutschen Meisterschaft wurde. Die Tabelle mit Arminia an der Spitze wurde aber nicht mehr korrigiert. Wieder war die Gaumeisterschaft am grünen Tisch entschieden worden, dieses Mal aber mit viel Beigeschmack!

Der Verband versuchte aber nicht nur beim Verdacht auf Berufsspielertum hart durchzugreifen. Auch bei Entgleisungen von Funktionären gab es Strafen. So wurde der Kreisvorsitzende des Ostkreises, Plös, zu 100 Mark Strafe verurteilt, da er in einer Sitzung einen Vereinsvertreter fälschlicherweise der Lüge bezichtigt hatte.[10]

### Endnoten

1 100 Jahre Fußball in NRW – Eine Chronik in Tabellen; Kassel 1997; S. 87

2 WZ Bi 10.und 13.9.1920

3 WZ Bi 27.9.1920

4 FuL 22.09.1920

5 FuL 9.2.1921

6 FuL 29.09.1920

7 FuL 2.2.1921

8 FuL 2. und 9.3.1921

9 WZ Bi 7.3.1921

10 FuL 23.3.1921

# 1921/22

Bereits deutlich vor Beginn der neuen Spielzeit gab es im WSV umfangreiche Diskussionen zur Neugestaltung sowohl der Klassen- als auch der Verbandseinteilung, wovon auch der westfälische Gau betroffen war. Im Mittelpunkt der Diskussionen standen die ungleiche Gewichtung der Gaue und die Einbeziehung der Randbezirke.

Im Westfalengau wurde schließlich im Juli 1921 mit dem Nordkreis ein dritter Kreis gebildet. Diesem wurden die Bezirke Osnabrück (bisher Westkreis), Bielefeld-Lippe und Minden-Herford (bisher Ostkreis) zugeschlagen. Im Westkreis waren die Bezirke Münster, Emsland und Recklinghausen vereinigt, im Ostkreis gab es nun die Bezirke Hamm und Hellweg.

Der Bezirk Hellweg umfasste den Einzugsbereich zwischen Soest/Geseke über Paderborn bis Höxter. Die neue Saison sollte auch zur Qualifikation der nach dem Willen des WSV dann endgültigen Klasseneinteilung im Rahmen des „Neuen Weges" dienen. Denn ab 1922 sollten vor allem die Auf- und Abstiegsregelungen entzerrt werden, da der Verband ein Grundübel im starken Konkurrenzkampf entdeckt zu haben glaubte. Grundlage des „Neuen Wegs" waren Spielzeiten, die sich über zwei Kalenderjahre erstreckten, so dass die Terminnot der Meisterschaftsspiele entzerrt wurde und Vereine mehr Gelegenheit für die so beliebten und lukrativen Gesellschaftsspiele hatten. Zudem erhoffte man sich auch mehr Entspannung, da mit Einführung der zweijährigen Spielzeit auch Auf- und Abstieg nur alle zwei Jahre anstanden. Lediglich die Tabellenführer der einzelnen Gauligen als höchster Klasse sollten den Westdeutschen Meister ausspielen. Die Besten der Westdeutschen Meisterschaft nahmen anschließend an den Ausscheidungsspielen zur Deutschen Meisterschaft teil.

**Bestandszahlen im Westfälischen Gau zum 1.1.21:**
185 Vereine, 20.937 Senioren, 6.277 Jugendliche

**Neuaufnahmen im WSV:**

| | |
|---|---|
| 09.02.21 | SV Menninghüfen<br>SV Obernkirchen<br>SV Westfalia Schweicheln<br>TSV Bellersen<br>SV Godelheim<br>FC Boffzen<br>Werne bei Salzkotten<br>SV Wasserfreunde Soest |
| 04.05.21 | VfB Hahlen |
| 01.06.21 | FC Westfalia Hillen |
| 08.06.21 | SK Westfalia Liesborn<br>SK Union Stromberg<br>BV Marienloh |
| 29.06.21 | FV Germania Eissen<br>TV Ravensberg Borgholzhausen |

Essen: Sportverein 99 — Preußen Wanne 2:0
Das Preußen-Tor in Bedrängnis.

Abb.: FuL 25.1.1922

Ursprünglich sollte die neue Saison Anfang September 1921 beginnen. Doch wieder hagelte es Proteste und so konnten die notwendigen Aufstiegsspiele nicht rechtzeitig zu Ende gebracht werden. Eine besondere Posse entspann sich um den Verein Spiel und Sport Hamm. Die Hammer hatten beantragt, der Ostkreisliga zugeordnet zu werden. Sie begründeten dies mit Versäumnissen des Verbandes aus der direkten Nachkriegszeit, wo der Verein aufgrund seiner Vorkriegsleistungen eigentlich einer höheren Spielklasse hätte zugeordnet werden müssen. Der Verband beschäftigte sich mehrfach mit dem Fall, gab dem Verein für die Vergangenheit sogar Recht, entschied dann aber, das Spiel und Sport Hamm aufgrund seiner derzeitigen Leistungsstärke und der Ergebnisse der abgelaufenen Saison nur in der A-Klasse spielen kann.[1] Auch für andere Vereine stand die endgültige Klassenzuteilung erst nach aufreibenden Aufstiegsspielen fest.

So holprig die neue Spielzeit begonnen hatte, so schwierig gestaltete sich ihr Fortgang. Zwar blieb man nun weitgehend von den großen Reisebeschränkungen des Vorjahres verschont, doch die deutliche Fahrpreiserhöhung der Bahn machte den Vereinen zu schaffen. Am 21.12.1921 wurde von fast allen Gauen dann der „Neue Weg" auch formell beschlossen, so dass die Vereine frühzeitig Klarheit über ihre Zukunft hatten (siehe Sonderkapitel).

Im Westfälischen Gau wurde dagegen eine erneute Diskussion von Gauvorstandsmitglied Dr. Pabst angezettelt. Im Februar 1922 machte er den Vorschlag, die Bezirke Dortmund und

Herne aus dem Ruhrgau dem Westfalengau zuzuordnen. Vordergründig wurde das mit den Verkehrsverbindungen begründet, tatsächlich versprach man sich davon aber eine Hebung des Leistungszustandes im Gau, da es in diesen Bezirken starke Mannschaften gab. Gleichzeitig schlug er vor, sich von den Rändern zu trennen. Im Norden sollten Meppen, Bückeburg und Stadthagen (das ehemalige Fürstentum Schaumburg-Lippe) sowie Halle an den Norddeutschen Fußballverband (NFV) abgegeben werden. Und auch der Kreis Höxter wurde als wenig attraktiv angesehen. Das Gebiet südlich und östlich von Brakel sollte dem Gau Hessen-Südhannover, der verkehrstechnisch ohnehin schon schlecht erschlossen war, zugeschlagen werden. Beim Bezirkstag des Bezirks Hellweg im Juni 1922 schien das auch beschlossene Sache zu sein, da sich die Teilnehmer von den Höxteraner Vereinen verabschiedeten.[2] Doch tatsächlich traten nur die Vereine rund um Meppen dann auch dem NFV bei, alle anderen Bereiche wehrten sich erfolgreich und blieben im WSV bzw. im Westfalengau. Und auch die Aufnahme von Dortmund und Herne scheiterte, nicht zuletzt am Widerstand der Betroffenen.

Die gesamte Spielzeit wurde zudem von der Auseinandersetzung zwischen „Turnen und Sport" begleitet. Damit waren die Gespräche zwischen dem Deutschen Turnerbund (D.T.) auf der einen Seite als etabliertem Platzhirsch im Sport vor dem I.Weltkrieg und den „neuen" Sportverbänden, also dem DFB, dem Deutschen Schwimmverband und der Deutschen Sportbehörde für Leichtathletik gemeint. Da es dabei um die grundlegende Zusammenarbeit bzw. Gegnerschaft zwischen Sportverbänden in der Weimarer Republik geht, ist diesem Thema ebenfalls ein Sonderkapitel gewidmet.

Fußballspiele im Winter. Abb.: FuL 25.1.1922

**Endnoten**

1  FuL 10.08.1921

2  FuL 27.6.1922

**Die westdeutsche Verbandsmannschaft**

die am letzten Sonntag Berlin 3 : 2 schlug.

Bremges, Pohl-M.-Gladbach, Claus-Oehler, Pohl-Köln, Risse, Helduser, Hürten, Knaup, Binder, Pohl-Bielefeld, Flink.

Westdeutsche Verbandsmannschaft mit den Arminen Claus-Oehler und Pohl. Abb.: FuL 3.5.1922

Hier starb der Schiedsrichter *Peter Sanft* als ihn das Unglück eine falsche Entscheidung zu fällen, traf. Der Entrüstungsschrei eines p.p. Publikums ließ ihn so erschrecken, daß ihn seine Pfeife im Halse stecken blieb und er elendiglich erstickte.

Abseits Regeln.

A. Schütz

Abb.: Tod eines Schiedsrichters FuL 27.4.1921

35

# *Sonderthema:* „Der neue Weg"

Der WSV war innerhalb des DFB dafür bekannt, immer mal wieder eigene Ideen zu produzieren, die auch Einfluss auf das Spielsystem nahmen. Als einziger Regionalverband folgte er dem „Neuen Weg", wie der Verbandsvorstand seine eigene Idee zukunftsorientiert nannte. Auslöser dafür waren die ersten Nachkriegsspielzeiten, die von Jahr zu Jahr neue Missstände hervorriefen. Die steigenden Zuschauerzahlen führten zu höheren Einnahmen, die wiederum eine Spirale in Gang setzten, der sich die Vereine nicht verschließen konnten (und viele auch nicht wollten). Der

Abb.: FuL 17.5.1922

Welche Richtung? Abb.: FuL 14.12.1921

sportliche Erfolg bedeutete nun gleichzeitig auch finanziellen Erfolg. Und mit den erhöhten Einnahmen konnten so manche Träume sowohl in sportlicher Hinsicht als auch bezüglich der Schaffung verbesserter Infrastruktur erfüllt werden. Neue Spieler konnten angelockt, die Plätze verbessert, ja in den Großstädten sogar erste Stadien gebaut werden, die wiederum weitere Zuschauermassen fassen konnten. Und auch die teilweise weiten Reisen mussten finanziert werden. Da die Mitgliedsbeiträge all diese Wünsche nicht finanzieren konnten, war man auf die vermehrten Zuschauereinnahmen angewiesen.

Doch die Zuschauer kamen nur, wenn es um etwas ging und wenn die Gegner attraktiv waren. Die attraktivsten Gegner aber bekam man nur in den höheren Ligen oder gegen gute Gagen. So setzten die Vereine zunehmend alle Mittel ein, um diesen Erfolg zu haben und eine möglichst hohe Ligazugehörigkeit zu sichern. Hinzu kam der Umstand, dass eine immer größer werdende Terminhatz, die auch attraktive Gesellschaftsspiele berücksichtigen musste, viele Mannschaften an ihr Limit brachte.

Bereits im Sommer 1919 hatte der WSV auf die Flut von Neuanmeldungen reagieren und neue Spielklassen bilden müssen. Vermehrte Spielklassen bedeutete zwangsläufig auch vermehrten Auf- bzw. Abstieg. Und schon zu dieser Zeit stand die Befürchtung im Raum, dass der Konkurrenzkampf stark zunehmen und die Spiele immer rauer geführt würden. Aber auch die im Krieg gemachten Erfahrungen der Spieler ließen eine Verrohung erahnen. In der FuL wurde das Für und Wider von Meisterschaftsspielen diskutiert.[1]

Mit diesen Begleiterscheinungen setzte sich der WSV-Vorstand nun intensiv auseinander. Friedrich Grolms, der Schriftleiter der Verbandszeitschrift „Fußball und Leichtathletik (FuL)", verfasste dazu mehrere Artikel und bereitete die Vereine behutsam auf Veränderungen vor. Erstmals nahm er das Thema bereits Anfang 1919 auf, fand aber zunächst kein Gehör. Am 4.12.1919 stellte er dann in der FuL fest, dass die Spiele aufgrund der Auf- und Abstiegsregeln immer härter wurden und mahnte nochmals eine Überdenkung des Spielsystems an. Am 22. und 29.1.1920 konkretisierte Grolms seine Vorschläge in der FuL und schlug die kommende Saison erneut als Übergangssaison vor. Gleichzeitig sollten über die Ligazugehörigkeit nicht allein die Ergebnisse der jeweiligen Mannschaft eines Vereins entscheiden, sondern die Zugehörigkeit der ersten Mannschaft zu einer Spielklasse würde an verschiedenen Faktoren und Ergebnissen aller Mannschaften eines Vereins festgemacht. Das war ebenso revolutionär wie nicht durchsetzbar. Die Vereine rebellierten und der Verband verfolgte die Vorschläge nicht weiter.

Trotzdem blieben die Probleme. Das Verbandsgebiet wurde neu aufgeteilt, um insbesondere im Hinblick auf die vermehrten Verkehrsprobleme den Vereinen die Durchführung von Spielen zu ermöglichen. Auch die Abstiegsfragen wurden entschärft, indem die Anzahl der Absteiger verringert wurde. Zur neuen Saison 1920/21 wurden die Spielklassen erweitert, um der erhöhten Anzahl an gemeldeten Mannschaften gerecht zu werden. Doch die Spielweise änderte sich kaum. Am 29.12.1920 konstatierte ein Berichterstatter in

der FuL, dass „die Gladiatorenkämpfe aus dem alten Rom" im Fußball eine „Wiedergeburt" erfahren würden.

Der vom DFB und insbesondere vom WSV propagierte „reine Sport" verkam aus Sicht der Offiziellen immer mehr zu einer Show für die Massen und auch der Amateurstatus der Fußballer geriet dabei in Gefahr. Im Sommer 1921 kam es auf den einzelnen Gautagen innerhalb des WSV zu hitzigen Diskussionen, wie zukünftig gespielt werden sollte. Die Sitzung des Westfälischen Gaus in Osnabrück dauerte allein acht Stunden. Das veranlasste Friedrich Grolms, in seinem Bemühen nicht nachzulassen und weiter nach „neuen Wegen" zu suchen. In einem sehr persönlichen Aufruf brandmarkte er den Fanatismus der Vereine, das verkappte Berufsspielertum, die „Zieherei von Spielern" und vor allem auch die Protestflut der Vereine, die dermaßen überhandnahm, dass Abschlusstabellen kaum noch erstellt werden konnten. Der WSV-Vorstand brachte daraufhin am 3.12.1921 einen Neun-Punkte-Plan in die Verbandsausschusssitzung ein. Als Kernpunkt sollte es zum Ende der laufenden Spielzeit keinen Auf- und Abstieg geben. Eine Kommission sollte die Spielklassen neu einteilen und ab der Spielzeit 1922/23 sollte eine Saison über zwei Jahre gestreckt werden.

## Der Anfang vom Ende.

### Von Eduard Brüggemann, Duisburg

Die erste Serie unserer diesjährigen Spielzeit neigt sich ihrem Ende zu. Wer nun die Erfahrungen und Beobachtungen der hinter uns liegenden Wochen überschaut, wird mit Besorgnis an die kommenden Spiele denken, die uns mit großer Wahrscheinlichkeit noch viel Bitteres bringen werden, als wir bisher zu erfahren das Unglück hatten. Was früher vereinzelte Ausnahme war, ist zur Regel geworden: Unsere ehedem so friedlichen und freudespendenden Fußballkämpfe sind in ihrer ganzen Aufmachung geeignet, die entnervten Sinne eines sensationshungrigen Publikums zu kitzeln. Die Gladiatorenkämpfe der alten Römer, übertragen in eine unserem „humaneren" Zeitalter mehr entsprechenden Form, erleben ihre Wiedergeburt; der Körper, nicht der Geist triumphiert.

Gladiatorenkämpfe. Abb.: FuL 29.12.1920

Damit würde es erst wieder 1924 zu Auf- und Abstiegen kommen und den Vereinen damit im Konkurrenzkampf viel Luft gewährt werden. Das wiederum sollte den Konkurrenzkampf entschärfen.

1. In der Saison 1921=22 findet ein Auf= und Abstieg nach dem Stande der Tabelle in keiner Klasse statt.
2. Die Spiele dieser Saison werden jedoch mit der üblichen Punktwertung weitergeführt.
3. Die in diesem Jahr von der Wahlversammlung bestimmte Neueinteilungskommission des Verbandsgebietes nimmt sofort ihre Tätigkeit auf, und verfolgt bei ihren Beratungen das Grundprinzip, daß die Neueinteilung so beschaffen ist, daß die nach der Tabelle Aufstiegberechtigten auch in die ihnen zustehende Klasse eingereiht werden können.
4. Die neue Spielzeit mit Auf= und Abstieg beginnt im Herbst 1922. In der Saison 1922=23 wird in allen Klassen nur die erste Serie der Meisterschaft ausgetragen. Die Spitzenführer der 1. Serie in der Gauliga ermitteln die beste Mannschaft, die den WSV im Kampfe um die Deutsche Meisterschaft vertritt.
   In der Saison 1923=24 wird die Meisterschaft in allen Klassen zu Ende geführt in Gestalt der Austragung der zweiten Serie.
5. Nach Abschluß dieser Spiele wird der Auf= und Abstieg in der üblichen Weise durchgeführt.
6. Das neue Spielsystem basiert in der Punktwertung auf der Grundlage der Wertung mehrerer Mannschaften, deren Anzahl für die einzelnen Klassen noch bestimmt wird. Den ersten Platz in der Tabelle, d. h. die Meisterschaft, kann nur der Verein gewinnen, der mit seiner ersten Mannschaft die meisten Punkte erzielt. Im übrigen wird das System der Punktwertung als Vorschlag noch näher festgelegt.
7. Im Falle der Annahme dieser Vorschläge durch den Verbandsausschuß sollen am 17. Dezember in jedem Gau außerordentliche Gautage stattfinden, die über Annahme oder Ablehnung der Vorschläge entscheiden müssen.
8. Haben die Gautage ihre Zustimmung ausgesprochen, so wird die Wahlversammlung im Wege der schriftlichen Abstimmung endgültig entscheiden.
9. An die Vereine geht gleichzeitig die Aufforderung, das Bemühen des Verbandes um die Gesundung der Verhältnisse anzuerkennen, und dafür Sorge zu tragen, daß alle unzuverlässigen Elemente ausgeschlossen werden. Da die Vereine durch die obigen Vorschläge in diesem Jahre vor dem Abstieg bewahrt sind, und in der neuen Meisterschaft auf Grund der Einführung der neuen Wertung ihren unzuverlässigen Spielern gegenüber eine starke Handhabe besitzen, so erwartet der Verband, daß die Vereine die Wahrung ihrer sportlichen Ehre mit allem Nachdruck durchführen. Vereinen, die dergestalt vorgehen, ist der unbedingte Schutz des Verbandes sicher.

Neun-Punkte-Programm. Abb.: FuL 23.11.1921

Kurz vor Weihnachten 1921 konnte in der FuL stolz verkündet werden, dass der „Neue Weg" von allen der 5 Gaue des WSV auf den Gautagen fast einstimmig angenommen worden sei.[2] Damit konnte der „Neue Weg" wie von Grolms vorgesehen zur Spielzeit 1922/23 starten.

Doch hat sich der „Neue Weg" tatsächlich bewährt? Der WSV feierte in seiner Festschrift anlässlich des 25jährigen Bestehens 1925 den „Neuen Weg" als Erfolg.[3] Das Spielsystem kam in ruhigeres Fahrwasser. Die Terminflut für die Vereine hatte sich deutlich reduziert. Spiele, die aufgrund des Wetters oder aufgrund der nach wie vor problematischen Verkehrsverhältnisse oder anderer Unwägsamkeiten ausgefallen waren, konnten ohne Not nachgeholt werden. Und da die Vereine für zwei Jahre an ihre Klasse gebunden waren, hatten sie eine gewisse Sicherheit, so dass sie Niederlagen gelassener hinnehmen konnten. Die Protestflut ebbte ab, wenngleich sie immer noch vorhanden blieb. Gesellschaftsspiele rückten deutlicher in den Mittelpunkt und wurden insbesondere an den Feiertagen, die hierfür freigehalten wurden, ausgetragen.

Nach dem 15. Juni

Fußball in der Sommerpause. Abb.: FuL 8.6.1921

1924 äußerten aber erste Vereine gerade aus den unteren Klassen ihren Unmut über die lange Spielzeit. Doch der WSV-Vorstand schaffte es erneut, die Mehrzahl der Vereine vom „Neuen Weg" zu überzeugen, so dass sich auch die 1924 beginnende neue Spielzeit über zwei Jahre erstreckte. Erst im Frühjahr 1925 setzte der WSV die sogenannte „Neuko" ein, eine Kommission, die sich mit einer Neueinteilung der Spielklassen beschäftigen sollte. Am 12.8.1925 schlug schließlich die „Neuko" eine Neubezeichnung der Spielklassen und die Rückkehr zum einjährigen Spielsystem vor,[4] was am 26.8.1925 dann auch vom Verbandstag angenommen wurde. Der „Neue Weg" endete mit der zweijährigen Spielzeit nach vier Jahren am Ende der Saison 1925/26. Damit war ein einmaliges Experiment im deutschen Fußball abgeschlossen. Der „Neue Weg" hatte seine Wurzeln in den großen Schwierigkeiten der ersten Nachkriegsspielzeiten und den Zeitum-

ständen der Weimarer Republik. Er war aber auch eine Antwort auf die stetig steigenden Mitgliederzahlen im WSV. Hatte der Verband 1919 noch 631 Vereine mit 63.330 Mitgliedern umfasst, erhöhte sich die Anzahl der Vereine 1924 auf 1.467 und die Mitgliederzahl vervierfachte sich auf 214.203.[5] Er steht heute auch als ein Symbol für die große Eigenständigkeit der Regionalverbände innerhalb des DFB in der damaligen Zeit. Manche Sporthistoriker sehen im „Neuen Weg" aber in erster Linie das Bemühen des WSV, sich abzugrenzen und einen eigenen Weg zu gehen.

**Endnoten**

1  FuL 4.9.1919

2  FuL 21.12.1921

3  Jubiläumsschrift des Westdt. Spielverbandes e.V. 1899 -1924, S. 104

4  FuL 12. und 19.8.1925

5  Jubiläumsschrift des Westdt. Spielverbandes e.V. 1899 -1924, S. 142

# Fortsetzung 1921/22

Zum Ende der Saison tauchte ein Phänomen auf, das heute undenkbar wäre: die Berichterstattung sowohl im Verbandsorgan des WSV „Fußball und Leichtathletik" als auch in den Tageszeitungen interessierte sich nicht mehr für die Meisterschaftsspiele, sondern nahm vielmehr die Gesellschaftsspiele in den Blick. So wurden Ergebnisse der noch offenen Spiele nur noch vereinzelt oder gar nicht publiziert, von Tabellen ganz zu schweigen. Da es zudem in fast allen Klassen wieder unzählige Proteste hagelte, gab es nach der Saison keine einzige schlüssige Abschlusstabelle im gesamten westfälischen Gau! Selbst in der Gauliga fehlte am Ende ein Spiel, was jedoch darauf zurückzuführen war, dass die Vereine Hammer SpVg. und TSV 59/03 im Frühjahr 1922 fusionierten und dadurch auf das noch fehlende Meisterschaftsspiel gegeneinander verzichteten. Dafür war endlich einmal die Meisterfrage in der Gauliga eine klare Sache: die TG Arminia Bielefeld gewann alle 18 Spiele. Absteiger gab es keine, da in der kommenden Spielzeit die Gauliga Westfalen auf 16 Vereine aufgestockt wurde, die dann in zwei Gruppen spielte.

Umso aufregender ging es für die TG Arminia Bielefeld beim Kampf um die Westdeutsche Meisterschaft weiter. Nach Abschluss der Entscheidungsspiele gegen die anderen Gaumeister hatte Arminia genauso wie der Kölner BC 01 7:3 Punkte, aber das schlechtere Torverhältnis. Der Essener TB hatte jedoch gegen die Wertung des Spiels gegen die Kölner (2:2) Protest eingelegt, da Köln mit dem Schotten Gregor Smith einen angeblich nicht spielberechtigten Spieler eingesetzt hatte. Dem Protest wurde stattgegeben und ein Wiederholungsspiel angesetzt, zu dem Köln aber nicht antrat, da sie auf einen wichtigen Spieler, der zuvor in einem Auswahlspiel des Verbandes verletzt worden war, verzichten mussten und ohne ihn keine Erfolgsaussichten sahen. Somit erhielt Essen die Punkte und Arminia Bielefeld war Westdeutscher Meister. Bereits im Vorfeld hatte es eine Pressekampagne gegen den Einsatz des „feindlichen Ausländers Gregor" gegeben, an dem sich auch die Westfälische Zeitung in Bielefeld beteiligte.[1] Hierbei wurde eine deutliche Fremdenfeindlichkeit geäußert und alte Ressentiments gegen Großbritannien wiederholt.

Bei den Deutschen Meisterschaften scheiterte der „Verein der Ostwestfalen" dann allerdings gleich in der ersten Runde deutlich in Karlsruhe an Wacker München mit 0:5. Die Münchener schieden dann im Halbfinale mit 0:4 klar gegen den Hamburger SV aus. Im Endspiel um die Deutsche Meisterschaft standen sich schließlich der Hamburger SV und der 1.FC Nürnberg gegenüber. Die erste Begegnung wurde nach über vier(!) Stunden am 18. Juni in Berlin beim Stand von 2:2 abgebrochen. Aufgrund der Sommerpause und dem damit verbundenen Spielverbot fand das Wiederholungsspiel erst am 6.August in Leipzig statt und hatte wieder keinen Sieger (1:1). Der DFB erklärte dann den HSV zum Meister, da die Nürnberger beim Abbruch der Partie nur noch 7 Spieler auf dem Feld hatten, 8 aber vorgeschrieben waren. Schließlich lehnte der HSV die so gewonnene Meisterschaft ab und

## Gauliga Westfalen

|  | Verein | Sp | Tore | Punkte |
|---|---|---|---|---|
| 1. | Arminia Bielefeld | 18 | 57:10 | 36:0 |
| 2. | Viktoria Recklinghausen | 18 | 12:10 (?) | 22:14 |
| 3. | SUS Osnabrück | 18 | 24:18 | 21:15 |
| 4. | SpVg. Hamm 04 | 17 | 31:23 | 19:15 |
| 5. | Preußen Münster | 18 | 28:25 | 19:17 |
| 6. | FC Gronau 09 | 18 | 17:28 | 16:20 |
| 7. | BV Osnabrück 99 | 18 | 23:26 | 15:21 |
| 8. | TSV Hamm 59/03 | 17 | 19:25 | 15:19 |
| 9. | VfB Bielefeld | 18 | 16:31 | 10:26 |
| 10. | SpVg. Minden 05 | 18 | 12:43 | 5:31 |
|  |  |  | 239:239 | 178:178 |

der DFB hatte 1922 keinen Fußballmeister! Das passte irgendwie in das Bild, das bereits der westfälische Gau und der WSV zuvor abgegeben hatten!

In den unterhalb der Gauliga spielenden Klassen ging es nicht weniger dramatisch zu. In den drei Kreisligen, die als 2.Liga fungierten, ergab sich folgendes Bild:

**Nordkreisliga**

Zuletzt wurde Mitte März in der FuL und in der Westfälischen Zeitung Bielefeld eine Tabelle veröffentlicht. Danach fanden noch weitere Spiele statt, so dass sich im Juni folgendes (unvollständiges) Bild ergab:

Alles stand jedoch unter dem Vorbehalt von umfangreichen Protesten, die Vereine gegen verlorene Spiele eingelegt hatten. So hatte der VfR Osnabrück am 16.05.1922 gegen Fortuna/Wacker Minden das vermeintlich entscheidende Spiel um die Meisterschaft mit 0:1 verloren. Gleichzeitig lief aber ein Protest des Vereins gegen die Niederlage im Spiel gegen SpVg. Union Herford. Hiergegen wiederum protestierte Herford. Erst am 24.6.1922 berichtete die Westfälische Zeitung, dass die „Protestschlange endlich unschädlich gemacht" sei. Offen blieb nur noch das für die Meisterschaft entscheidende Spiel zwischen den punktgleich an der Tabellenspitze stehenden Vereinen Fortuna/Wacker Minden und dem VfR Osnabrück. Das Entscheidungsspiel um die Meisterschaft wurde in Bielefeld ausgetragen. Dieses gewann der VfR Osnabrück mit 2:1 und war damit Kreismeister Ost im Westfälischen Gau. So glaubte man jedenfalls in Osnabrück. Am 11.08.1922 teilte das Mindener Tageblatt dann mit, dass jetzt neben dem VfR Osnabrück und Fortuna/Wacker Minden auch die SpV. Union Herford 20 Punkte erreicht habe und es daher eine Entscheidungsrunde um die Meisterschaft geben müsste. Minden gewann das erste Spiel in Herford nach Verlängcrung mit 1:0 und Herford gewann gegen Osnabrück mit 2:0. Das bereits ausgetragene Spiel Minden gegen Osnabrück (1:2) wurde für diese Runde gewertet. Doch auch darüber sowie über die anberaumte Verlängerung im Spiel Herford-Minden gab es Streit und erneute Proteste. Schließlich muss der Verband

Das überlegen Spiel. Abb.: FuL 7.12.1921

wohl so entschieden haben, dass der VfR Osnabrück und die SpVg. Union Herford Erster und Zweiter wurden und damit direkt in die Gauliga aufstiegen, während Fortuna/Wacker Minden an einer Aufstiegsrunde der Dritten teilzunehmen hatte, wo man scheiterte. Da nützte auch ein Protestbrief des Vorsitzenden von Fortuna/ Wacker Minden wenig, den er am 16.09.1922 im Mindener Tageblatt veröffentlichte.

**Nordkreisliga**
**Kreisliga Nordkreis** Errechnete Tabelle

| | Verein | Sp | Tore | Punkte |
|---|---|---|---|---|
| 1. | VfR Osnabrück | 14 | 33:12 | 20:8 |
| 2. | SpVg. Fort./w. Minden | 13 | 39:18 | 18:8 |
| 3. | SpVg. Union Herford | 10 | 31:11 | 16:4 |
| 4. | Westfalia Brackwede | 13 | 16:19 | 11:15 |
| 5. | SpVg. 06 Osnabrück | 14 | 24:49 | 10:18 |
| 6. | SpV. Gütersloh | 11 | 14:19 | 9:13 |
| 7. | SpV. 08 Osnabrück | 12 | 26:32 | 9:15 |
| 8. | VfB Bünde | 13 | 15:36 | 7:19 |
| | | | 198:196 | 100:100 |

Nach Protesten sind Fortuna/Wacker Minden und der VfR Osnabrück punktgleich an der Tabellenspitze. Entscheidungsspiel in Bielefeld:
Fortuna/Wacker Minden – VfR Osnabrück 1:2
An den Aufstiegsspielen zur Gauliga nahm SpVg. Fortuna/Wacker Minden teil.

41

Abb.: FuL 19.10.1921

### Westkreisliga

In der Westkreisliga fehlten am Ende nur zwei Spiele von Borussia Rheine. Aber die Meisterschaftsfrage war ungeklärt, da Union Recklinghausen und Westfalia Scherlebeck gemeinsam an der Tabellenspitze standen. Da mit Beginn der neuen Spielzeit 1922/23 die Gauliga jedoch aufgestockt und in die Gruppen West und Ost geteilt wurde, stiegen beide Vereine auf.

### Ostkreisliga

In der Ostkreisliga ergab sich in etwa das gleiche Bild wie in der Nordkreisliga. Die letzte Tabelle wurde in der FuL am 1.2.1922 veröffentlicht. Aufgrund der danach stattfindenden Spiele ergibt sich folgende unvollständige Tabelle: (siehe Seite 39)

Auch hier gab es wieder Proteste, deren Entscheidungen sich bis in den Sommer hinzogen. Eigentlich sah Spiel und Sport Ahlen wie der sichere Meister aus. Doch der Ortsrivale Westfalia hatte gegen das gegen TV Unna verlorene Spiel erfolgreich Protest eingelegt und im Wiederholungsspiel ein 0:0 erreicht. Dadurch war man mit Spiel und Sport punktgleich und ein Entscheidungsspiel musste die Kreismeisterschaft entscheiden. Das fand Ende Juni 1922 in Hamm statt und sah Westfalia mit 5:2 als deutlichen Sieger. Im Nachgang beschloss der Westfälische Gau jedoch aufgrund der Aufstockung der Gauliga, dass

beide Ahlener Vereine aufsteigen konnten. Nach der obigen Tabelle ist der VfK Hamm Dritter. An den Aufstiegsspielen der Drittplatzierten nahm allerdings der SC Unna 08 teil. Es ist nicht auszuschließen, dass die Tabelle aufgrund von Protesten nachträglich geändert wurde, da es keinen Hinweis gibt, dass der VfK Hamm freiwillig auf die Aufstiegsspiele verzichtet hat. Aus Unna wird zudem noch im August berichtet, dass man gespannt auf die Entscheidung des DFB wartet, ob drei Meisterschaftsspiele wiederholt werden müssen. Hier war Unna also über die Instanzen des WSV hinausgegangen, da man sich ungerecht behandelt fühlte. Ob und wie der DFB letztendlich entschied, ist nicht bekannt.

Die neue zweigleisige Gauliga setzte sich nun aus den bisherigen Vereinen und folgenden sieben Aufsteigern zusammen:

**Aus dem Nordkreis:** VfR Osnabrück,
SpV. Union Herford
**Aus dem Westkreis:** Westfalia Scherlebeck,1.SV
Union 1905 Recklinghausen, SV 1909 Greven
**Aus dem Ostkreis:** Westfalia Ahlen, SuS Ahlen

Da die Hammer Gauligavereine SpV. 04 und FC 03 Hamm überraschend im August 1922 fusionierten, wurde der dadurch freigewordene Platz in einer Aufstiegsrunde zwischen den Drittplatzierten der jeweiligen Kreisligen ausgespielt:

## Westkreisliga

|  | Verein | Sp | S | U | N | Tore | Punkte |
|---|---|---|---|---|---|---|---|
| 1. | Union Recklinghausen | 14 | 9 | 2 | 3 | 45:17 | 20:8 |
| 2. | Westfalia Scherlebeck | 14 | 9 | 2 | 3 | 43:23 | 20:8 |
| 3. | SC Münster 08 | 14 | 6 | 5 | 3 | 35:26 | 17:11 |
| 4. | SpVg. Greven 09* | 13 | 7 | 2 | 4 | 33:27 | 16:10 |
| 5. | Borussia Rheine | 12 | 5 | 4 | 3 | 28:17 | 14:10 |
| 6. | Union Burgsteinfurt | 13 | 2 | 3 | 8 | 13:26 | 7:19 |
| 7. | SpVg. Rheine 09 | 14 | 3 | 1 | 10 | 19:52 | 7:21 |
| 8. | FC Schüttdorf | 14 | 3 | 1 | 10 | 17:41 | 7:21 |
|  |  |  | 44 | 20 | 44 | 233:229 | 108:108 |

*SpVg. Greven 09 muss im letzten Spiel gegen Borussia Rheine unentschieden gespielt haben, da es ein Entscheidungsspiel um den dritten Platz gegen den SC Münster 08 gegeben hat, dass Greven mit 2:0 in Osnabrück gewann (FuL 12.9.22).

## Ostkreisliga

|  | Verein | Sp | S | U | N | Tore | Punkte |
|---|---|---|---|---|---|---|---|
| 1. | Sp. u. Sp. Ahlen | 15 | 11 | 2 | 2 | 37:13 | 24:6 |
| 2. | Westfalia Ahlen | 14 | 10 | 2 | 2 | 32:18 | 22:6 |
| 3. | VfK Hamm | 13 | 9 | 2 | 2 | 31:17 | 20:6 |
| 4. | Sportclub Unna 08 | 14 | 7 | 1 | 6 | 26:24 | 15:13 |
| 5. | TV Unna | 15 | 5 | 3 | 7 | 25:34 | 13:17 |
| 6. | SV 13 Kamen | 15 | 6 | 1 | 8 | 25:27 | 13:17 |
| 7. | VfJ 08 Paderborn | 14 | 5 | 1 | 8 | 26:26 | 11:17 |
| 8. | Borussia Lippstadt | 15 | 3 | 3 | 9 | 22:29 | 9:21 |
| 9. | Lünen 62 | 14 | 1 | 2 | 11 | 11:42 | 4:24 |
|  |  |  | 57 | 17 | 55 |  | 131:127 |

**In Gütersloh:** Fortuna/W. Minden – SC Unna 08 4:1
**In Hamm:** SpVg. Greven 09 – Fortuna Wacker/ Minden 2:2 n.V.
**In Osnabrück:** Greven – Minden 2:1 (FuL 12.9.1922)
Unna – Greven fehlt!

### A-Klassen

Unterhalb der Kreisligen folgten die A-Klassen, die in den jeweiligen Bezirken gebildet worden waren. Für das Untersuchungsgebiet waren dies in der Spielzeit 1921/22 die A-Klassen Bielefeld-Lippe (Nordkreis), zu dem auch Vereine aus dem Bezirk Minden-Herford gehörten, und Hamm/ Hellweg in zwei Gruppen (Ost-

kreis). Auch hier ergab sich das gleiche Dilemma wie bei den Kreisligen: die letzten veröffentlichten Tabellen stammten aus dem März, nachfolgende Spiele waren nur rudimentär zu ermitteln. In der A-Klasse Bielefeld-Lippe gab es allerdings mit dem SV 06 Bielefeld, der aus einem Zusammenschluss von Teutonia und Concordia vor der Saison entsprungen war,[2] einen klaren Meister, der sich dann auch die A-Meisterschaft des Nordkreises im Entscheidungsspiel gegen den VfB Osnabrück sicherte. Die Bezirke Hamm und Hellweg hatten jeweils eine Gruppe gebildet. In der Gruppe A setzte sich der SUS Soest knapp gegen den SV 13 Paderborn durch, was aber auch nicht ohne Proteste ablief. Das vermutlich entscheidende

Spiel gewann SUS Soest gegen den SV 13 Paderborn mit 2:0. Paderborn legte Protest ein, da der angesetzte Schiedsrichter nicht erschienen war. Da sich beide Vereine aber vor der Partie auf einen Schiedsrichter geeinigt hatten, lief der Protest ins Leere.

In der Gruppe B, in der die Hammer Vereine spielten, war nur eine Tabelle zur Halbzeit zu ermitteln und danach leider auch keine Spielergebnisse. Spiel und Sport Hamm, die sich vor der Saison so benachteiligt gefühlt hatten, wurden schließlich Meister und gewannen auch das Entscheidungsspiel um die A-Meisterschaft des Ostkreises gegen SUS Soest mit 1:0 n.V.

### B-Klasse

Tabellen und Ergebnisse der B-und C-Klassen waren noch schwieriger zu finden. Während andere Gaue für eine Veröffentlichung in der FuL sorgten, war das Interesse hierzu im Westfälischen Gau zu dieser Zeit noch nicht besonders ausgeprägt. Erschwerend kam hinzu, dass die Spiele in den unteren Klassen deutlich im Hintertreffen waren. Die B-Klasse Bielefeld-Lippe hatte Ende April 1922 noch nicht einmal die Hinrunde komplett abgeschlossen.

### Endnoten

1  WZ Bi 5.4.1922
2  WZ Bi 13.08.1921

Sämtliche Sportartikel

Eduard Adams jun. Paderborn
jetzt: Riemekestraße 9

Abb.: WV 3.3.1922

### A-Klasse-Bielefeld-Lippe

| | Verein | Sp | S | U | N | Tore | Punkte |
|---|---|---|---|---|---|---|---|
| 1. | SV 06 Bielefeld | 12 | 12 | 0 | 0 | 56:4 | 24:0 |
| 2. | TSV 1890 Bielefeld | 12 | 8 | 2 | 2 | 29:18 | 18:6 |
| 3. | VfB Detmold | 9 | 4 | 1 | 4 | 26:21 | 9:9 |
| 4. | BV Oeynhausen | 10 | 3 | 2 | 5 | 18:20 | 8:12 |
| 5. | BV Lemgo | 9 | 3 | 1 | 5 | 16:26 | 7:11 |
| 6. | SUS Lage | 8 | 2 | 2 | 4 | 14:21 | 6:10 |
| 7. | VfR Herford | 9 | 3 | 0 | 6 | 13:25 | 6:12 |
| 8. | VfL Salzuflen | 9 | 1 | 0 | 8 | 2:37 | 2:16 |

### A-Klasse-Hellweg, Gruppe A

| | Verein | Sp | S | U | N | Tore | Punkte |
|---|---|---|---|---|---|---|---|
| 1. | SUS Soest | 9 | 7 | 0 | 2 | 25:4 | 14:4 |
| 2. | SV 13 Paderborn | 10 | 7 | 0 | 3 | 31:16 | 14:6 |
| 3. | SUS Geseke | 8 | 3 | 2 | 3 | 11:14 | 8:8 |
| 4. | Oelde | 10 | 3 | 1 | 6 | 14:33 | 7:13 |
| 5. | Preußen Werl | 8 | 2 | 1 | 5 | 15:18 | 5:11 |
| 6. | Teutonia Lippstadt | 7 | 2 | 0 | 5 | 10:13 | 4:10 |
| | | | 24 | 4 | 24 | 106:98 | 52:52 |

# Sonderthema: „Die reinliche Scheidung" – Der Streit mit den deutschen Turnern

Deutsche Turner (D.T.) betrachteten sich als Platzhirsch des deutschen Sports. Zu Beginn der Weimarer Republik konnten die Turner auf eine 100jährige Tradition zurückblicken, die mit den Befreiungskriegen gegen Napoleon begonnen hatte und durch Turnvater Jahn einen ersten Höhepunkt erlebte. Danach mussten die Turner mit der gescheiterten Revolution von 1848 einen Rückschlag hinnehmen, erholten sich aber im neuen Kaiserreich ab 1871 und wurden dort von einer liberalen zu einer stramm konservativen, dem deutschen Nationalismus folgenden Bewegung. Das Turnen sollte in erster Linie der Körper- und damit auch der Wehrertüchtigung dienen. Internationale Wettkämpfe wurden von dem D.T. abgelehnt, freundschaftlicher Vergleich war nicht vorgesehen.

Wenn sich bis zur Jahrhundertwende im Deutschen Reich Sportvereine gründeten, so waren dies fast ausnahmslos Turnvereine. Und so haben sich ganz oft aus diesen Turnvereinen heraus Fußballabteilungen gebildet. Ein berühmtes Beispiel ist hierfür die TG 1848 Arminia Bielefeld. Die Fußballer bildeten eine eigene Abteilung im Verein und gehörten dem D.T. an. Um an den Meisterschaftsspielen im Fußball teilnehmen zu können, meldeten sie sich zusätzlich im WSV an. Das war bis 1919 geübte Praxis und bereitete soweit keine Probleme. Zwischen dem DFB und dem D.T. kam es sogar zu einem Rahmenvertrag, der genau dieses schriftlich fixierte. Alle weiteren Verhandlungen sollten jedoch den Regionalverbänden oder sogar den darunter liegenden Ebenen überlassen werden. Doch genau dort setzten die Schwierigkeiten ein, denn die DFB-Regionalverbände waren nicht einheitlich konstruiert, was sich der D.T. zunutze machen wollte. Im WSV sowie dem Süddeutschen Fußballverband, dem Südostdeutschen Verband und dem Baltenverband wurde neben Fußball auch Leichtathletik betrieben. Die Leichtathleten sollten ausschließlich dem D.T. an-

gehören, aber kostenfrei an Veranstaltungen dieser Regionalverbände teilnehmen. Allein aus finanziellen Erwägungen heraus lehnten das die DFB-Regionalverbände ab und es kam zu einem langwierigen Streit.

Aus Sicht des D.T. kam hinzu, dass immer mehr Sportler (so nannte man alle Nichtturner) ein weitgehend eigenständiges Vereinsleben führten und sich nach und nach aus ihren Turnvereinen lösten, eigene Vereine ins Leben riefen und damit dem D.T. als Mitglieder verlorengingen. Am 12.05.1920 kam dennoch ein weiteres Abkommen zwischen dem DFB und der D.T. zustande, in dem der D.T. seinen Vereinen weiterhin das Fußballspielen im DFB und seinen Verbänden erlaubte. Dieser „Burgfrieden" währte aber nicht lange. Der DFB und auch andere inzwischen gegründete Fachverbände wie der Deutsche Schwimmverband strebten ein Fachverbandssystem an. Danach sollte für jede Sportart nur ein Verband zuständig sein und die Wettbewerbe organisieren. Dem widersprach der D.T. energisch, da man sich nach wie vor nicht als Spartenverband, sondern als für alle Sportarten zuständig erachtete. Der D.T. verfolgte weiterhin seinen so lange gewahrten Alleinvertretungsanspruch in Sachen Sport. Damit musste der D.T. zwangsläufig scheitern, da die reale Entwicklung inzwischen über diesen Anspruch hinweggegangen war. Im Herbst 1920 kam es zu erneuten intensiven Verhandlungen zwischen dem DFB, dem Schwimmverband und der Deutschen Sportbehörde für Athletik auf der einen Seite und dem D.T. auf der anderen Seite. Einen Lichtblick in dieser Zeit der Auseinandersetzung sendeten die Bielefelder Sportler, die trotz dieser Konkurrenzsituation am 24.11.1920 einen gemeinsamen Stadtverband für Leibesübungen gründeten, um ein gemeinsames Sprachrohr aller Sportler der Stadt vor allem gegenüber der Politik zu schaffen.[1]

Nachdem im Januar 1921 die Verhandlungen sogar abgebrochen worden waren, einigte man sich dann im März doch noch. Die FuL vermeldete: „Turner und Sportler geeinigt!"[2] Der D.T. verzichtete darin auf eigene Meisterschaften im Schwimmen, der Leichtathletik und im Fußball.

Abb.: FuL 23.3.1921

Doch die Übereinkunft erwies sich auf Dauer für nicht tragfähig. Der D.T. büßte immer mehr Mitglieder ein und stellte schließlich seine Mitglieder Ende 1922 vor die Wahl, sich bis zum 1.9.1923 entweder für eine Mitgliedschaft im D.T. oder in einem anderen Verband zu entscheiden. Was man als **„reinliche Scheidung"** zwischen Turnen und Sport ansprach, war ein letzter Versuch, den nach wie vor nicht aufgegebenen Alleinvertretungsanspruch zumindest für einen beachtlichen Teil der Sportler durchzusetzen. Der DFB reagierte prompt und verbot seinen Vereinen Spiele gegen Vereine des D.T.

Es wird geschätzt, dass rund 25.000 Fußballer in dieser Zeit vom D.T. endgültig zum DFB gewechselt sind.[3] Den bedeutendsten Wechsel für die weitere deutsche Fußballgeschichte vollzog man in Gelsenkirchen, wo sich aus dem TUS Schalke 1877 die Fußballabteilung löste und fortan als Fußballklub Schalke 04 von sich reden machte. Und auch in Bielefeld waren die Fußballer der Arminia gezwungen, einen eigenen Verein zu gründen und aus der Turngemeinde auszuscheiden.

Die D.T. richtete fortan eigene Fußballmeisterschaften aus und ermittelte zwischen 1925 und 1930 auch eigene Deutsche Meister: 1925 und 1926 MTV Fürth, 1927: TV 1861 Forst, 1928: Harburger TB 1865,1929: TV 1846 Mannheim und 1930: Kruppsche TG Essen.

Erst 1930 kam es wieder zu einer Annäherung zwischen D.T. und DFB und man einigte sich schließlich darauf, dass die Fußballabteilungen der D.T. –Vereine (1930 699 Fußballabteilungen mit rund 12.000 Mitgliedern)[4] wieder in den Verbänden des DFB mitspielen konnten. Mit der Einführung von „Fachämtern" durch die Nationalsozialisten wurde der D.T. endgültig zu einem Fachverband (für Turnen).

### Endnoten

1   WZ Bi 24.11.1920

2   FuL 23.03.1921

3   Zeitschrift Zeitspiel; Ausgabe 18/2020, S. 68

4   Zeitschrift Zeitspiel, Ausgabe 18/2020, S. 68

✗ Die Trennung der Turngemeinde-Arminia war am Sonnabend abend wieder Beratungsgegenstand einer Mitgliederversammlung. Die vom Vorstand vorgelegten Bedingungen fanden die Zustimmung der Versammlung. Danach wird der Besitzstand der alten Vereine wiederhergestellt. Die Turngemeinde übernimmt die Halle, der Fußballklub tritt in das Pachtverhältnis mit dem Platzinhaber. Die finanzielle Auseinandersetzung erfolgte zur Zufriedenheit der Mitglieder-Versammlung. Da aber vorerst eine Satzungsänderung notwendig ist, konnte die offizielle Trennung noch nicht beschlossen werden. Sie fand aber auch diesmal die grundsätzliche Zustimmung der Versammlung. Im Laufe dieser Woche wird eine letzte Versammlung der T.-A.-B. stattfinden, die dann die Trennung endgültig beschließen wird.

Trennung TG-Arminia. Abb.: Bielefelder Generalanzeiger 16.10.1922

## Sport vom Sonntag.

### Der neue 1. Bielef. Fußballklub! — Das Unentschieden! — Spielvereins Lorbeeren!

Bielefeld im Zeichen der Verbandsspiele. Von morgens 8 Uhr ab sind beide Sportplätze von den unteren Mannschaften bevölkert. Neuer Kampfgeist durchwebt ihre Reihen. Geht es doch um die Punkte. Nachmittags betreten die Matadoren Bielefelds die Plätze.

### 1. B. F. C. Arminia — Hannover 96
### 1 : 2 (1 : 1).

Abb.: WZ 16.10.1922

# 1922/23

Mit dem „Neuen Weg" glaubte man im WSV das richtige Mittel gefunden zu haben, um den Fußball im Verbandsgebiet in ruhigere Bahnen zu lenken. Durch die beim Verbandstag am 23.07.1922 in Elberfeld beschlossene Erweiterung des Verbandes um die Gaue Niederrhein und Südwestfalen stellte man sich zudem angesichts der weiter rasant wachsenden Vereins- und Mitgliederzahlen noch breiter auf, was insbesondere die Verbandsorgane entlasten sollte. Für den Westfalengau hatte die „Neuko", die vom WSV gebildete Kommission zur Neueinteilung, vier Kreise vorgeschlagen, die nach den Himmelsrichtungen benannt werden sollten. Der Vorschlag wurde laut Protokoll des Verbandstages des WSV auch angenommen.[1] Doch im Gegensatz hierzu veröffentlichte die Westfälische Zeitung in Bielefeld am 31.07.1922 nachstehenden Artikel, der nur eine Dreiteilung vorsah, die dann auch tatsächlich umgesetzt wurde.

Der „Hammer Brief" in der FuL vom 8.8.1922 brachte Aufklärung: Um die Kreiseinteilung hatte es Auseinandersetzungen gegeben, die sich vor allem an der Verkehrsfrage entzündet hatten. In erster Linie ging es um die Erreichbarkeit mit Hilfe der Bahnlinien. Schließlich einigte man sich darauf, dass Hamm und Recklinghausen den Südkreis bildeten und der Westkreis dadurch entfallen konnte. Die Bezirke Münster, Osnabrück und Emsland spielten im Nordkreis zusammen, während die Bezirke Bielefeld-Lippe, Minden und Hellweg den Ostkreis bildeten. Dieser Ostkreis deckte damit weite Teile des heutigen Ostwestfalen-Lippe (Regierungsbezirk Detmold) ab. Die Ostkreisliga wurde das Aushängeschild dieses Kreises und die Bezeichnung setzte sich fest, so dass selbst nach einer erneuten Umbenennung der Spielklassen ab 1924 dieser Begriff in den Veröffentlichungen noch oftmals verwendet wurde.

## Die Neueinteilung des westfälischen Gaues

wurde am Sonnabend von der in Hamm tagenden internen „Neuko" wie folgt vorgenommen:

Nordkreis: (Bezirke Münster, Osnabrück, Emsland): 1. S. C. Münster, 2. S. V. Gronau, 3. Borussia-Rheine, 4. Burgsteinfurt, 5. Schüttorf, 6. S. V. Rheine, 7. 06 Osnabrück, 8. 08 Osnabrück, 9. Sparta Nordhorn, 10. V. f. B. Osnabrück; ferner zwei weitere Vereine. Lingen, Zollern, Münster und G. M.-Hütte tragen demgemäß Ausscheidungsspiele aus. Für den Fall des Nichtaufsteigens V. f. R.-Osnabrück in die Gauliga rückt nur 7er beste dieser Anwärter auf.

Ostkreis (Bezirke Bielefeld, Minden, Hellweg): 1. Union Herford, (vorläufig), 2. Brackwede, 3. Sp.-Vg.-Gütersloh, 4. V. f. B. Bünde, 5. Borussia-Lippstadt, 6. Paderborn 08, 7. 06 Bielefeld, 8. 1890 Bielefeld, Teutonia-Lippstadt, 10. Paderborn 13.

Südkreis (Bezirke Hamm, Recklinghausen): 1. V. f. R.-Hamm, 2. S. C.-Unna, 3. T. V.-Unna, 4. Kamen 13, 5. Lünen 62, 6. S.S.-Hamm, 7. S. S.-Soest, 8. Heeren-Werve, 9. Herten, ferner V. f. B.-Waltrop oder S. S.-Recklinghausen nach Ausscheidungsspiel.

Die Zuteilung der A- und niederstufigen Klassen wurde vorbereitend den Kreisen überlassen, über deren Vorschläge der Gauvorstand im Benehmen mit dem Gaufußballausschuß endgültig befindet. Die Gruppeneinteilung für die Meisterschaftsspiele der Gauliga wurde wie folgt festgesetzt: 1. Recklinghausen, Scherlebeck, Münster, Osnabrück, Gronau. 2. Minden, eventl. Herford, Bielefeld, Hamm, Ahlen. Damit wurde dem Wunsche der Bielefelder, die Bahnlinien ausschlaggebend sein zu lassen, entsprochen.

Abb.: WZ Bi 31.7.1922

Fußballblasen. Abb.: FuL 15.8.1922

Nachdem die Aufstiegsfragen im September 1922 endlich gelöst waren, freute man sich auf die erste Saison im „Neuen Weg". Nun standen nicht mehr jeden Sonntag Meisterschaftsspiele an, da bis zum März bei einer Klassengröße von maximal 10 Vereinen nur 9 Spiele zur Austragung gelangten. Die Vereine konnten sich auch mal ausruhen oder sich attraktive Gegner für die beliebten Gesellschaftsspiele einladen.

Zudem fanden vermehrt Auswahlspiele statt. Zur Findung einer Gaumannschaft lud man die besten Spieler zu einem Vergleichsspiel ein. Die Gaumannschaft spielte dann gegen andere Gaue und auch der WSV hatte eine Auswahlmannschaft, die gegen die anderen Verbände des DFB um den Bundespokal, dem früheren Kronprinzenpokal, kämpfte.

Allerdings gab es auch immer wieder kritische Stimmen. So ließ sich der Verband Zeit mit der Veröffentlichung der Spielpläne, so dass die Spielansetzungen oft zu kurzfristig bekannt wurden. Das hatte neben der nun geringeren Bedeutung der Meisterschaftsspiele auch Auswirkungen auf die Anzahl der Zuschauer, die zunächst zurückging. Aus Minden kam Kritik zum Umgang mit den Reservemannschaften, die lieber gegen A-1-Klassenmannschaften gespielt hätten.[2] Zum Ende des Jahres 1922 wirkte sich dann die zunehmende Teuerung erheblich auf alle Vereine aus, so dass Bahnfahrkarten kaum noch bezahlbar waren. Während Spiele in unmittelbarer Nachbarschaft zu Fuß, mit dem Fahrrad, dem Pferdewagen oder immer öfter auch auf der Ladefläche eines Lastwagens erreicht wurden, waren gerade die höherklassigen Vereine für die Fahrten zu Auswärtsspielen zwingend auf die Bahn angewiesen. Als am 11.1.1923 das Ruhrgebiet von den Franzo-

WSV-Verbandsmannschaft. Abb.: FuL 21.11.1922

sen besetzt wurde, da Deutschland den Reparationsforderungen der Siegermächte nicht mehr nachkommen konnte, führte dieses innerhalb des WSV und auch im Westfälischen Gau zu erheblichen Problemen. Der Bezirk Recklinghausen war abgeschnitten, da die Franzosen das Ruhrgebiet verkehrstechnisch abbanden. Auch Verbandsversammlungen waren nur unter großen Schwierigkeiten möglich und wurden teilweise im Laufe der Ruhrbesetzung ganz eingestellt. Mit der Ruhrbesetzung einher ging eine galoppierende Inflation, die ab August 1923 ihren Höhepunkt erreichte und erst mit der Einführung der Rentenmark beendet werden konnte. Die Verbandszeitung FuL kostete am 31.7.1923 noch 6.000 Mark, am 7.8.1923 schon 18.000 Mark und am 28.8.1923 200.000 Mark. Danach musste ihr Erscheinen bis April 1924 eingestellt werden. Zuvor waren bereits Tageszeitungen vorübergehend nicht erschienen. Davon waren im März 1923 auch in Bielefeld und Paderborn herausgegebene Zeitungen betroffen.

Ein weiteres Thema, das viele Vereine vor allem in kleinen Ortschaften betraf, war die Spielplatznot.[3] Der WSV hatte bereits mehrfach versucht, auf den Gesetzgeber einzuwirken und die Kommunen verbindlich zur Schaffung von Spielplätzen zu verpflichten. Aufgrund der allgemein herrschenden Not in den Anfangsjahren der Wiemarer Republik setzte die öffentliche Hand hier verständli-

ES IST EHRENPFLICHT

Ihre Nachzahlung für August in Höhe von

**400000 MARK**

sofort zu leisten. Legen Sie 400000 Mk. in einen Briefumschlag, adressieren Sie Fr. Grolms, Elberfeld, Königstraße und schreiben Sie Ihre genaue Anschrift auf der Rückseite. In drei Minuten sind Sie diese Sorge los, wir haben unser Geld, und Sie haben die Sicherheit Ihre Zeitung fortlaufend zu erhalten.

Inflation. Abb.: FuL 28.8.1923

49

cherweise andere Prioritäten. So waren die Vereine darauf angewiesen, dass sie geeignete Wiesen von Landwirten oder anderen Grundstückseigentümern zur Verfügung gestellt bekamen. Dabei konnte es sich auch schon einmal um Sumpfland handeln oder Entwässerungsgräben durchzogen die Spielwiese. Als Rasenmäher mussten Schafe und Ziegen einschließlich ihrer Hinterlassenschaften dienen. Und dafür mussten die Vereine dann auch noch Pachtzahlungen leisten. Nur wenige hatten das Glück, dass der Ortspfarrer wie in Haarbrück (Kreis Höxter) für die Pacht aufkam[4] oder wie in Bellersen der ansässige Baron von Haxthausen großzügig eine Fläche zur Verfügung stellte.[5] Und auch die Tore mussten oft vor jedem Spiel aufs Neue

Die Spielplatznot macht sich hier für die Landvereine recht übel bemerkbar. Nicht allein, daß diese Vereine sehr oft von Wiese zu Wiese wandern müssen um dort ihre Spielplätze aufzubauen — sie sind der Willkür der Besitzer ohnehin erbarmungslos preisgegeben — in verschiedenen Fällen sind die Plätze kurzerhand weggenommen worden. Für die betr. Vereine ist dies ein sehr harter Schlag und zum Unglück trifft es nun auch noch die rührigsten unserer Verbandsvereine, die eine Hilfe unserer Verbandsbehörden sehnlichst erwarten. Die betr. Vereine, es kommen hier zwei in Frage, tuen gut, sich umgehend mit dem WB in Verbindung zu setzen. Vielleicht kann man von dort aus diese Angelegenheit zur Zufriedenheit der Beteiligten regeln. — Der Spielplatzwerbetag rückt immer näher heran. Allen Verbandsvereinen sei es zur Ehrenpflicht gemacht, an diesem Tage (27. Mai) die Bestrebungen der deutschen Sportwelt tatkräftig zu unterstützen, um mit Aufbietung aller Kräfte nachdrücklich zu beweisen, daß der Sportgedanke in Deutschland noch immer marschiert.

Spielplatznot im Bezirk Hellweg. Abb.: FuL FuL 8.5.1923

Der feine Herr Schiedsrichter... Abb.: FuL 5.12.1922

errichtet und der Platz abgekreidet werden. Wer das nicht ordnungsgemäß tat, musste mit Strafen des Verbandes rechnen.

Unter diesen Rahmenbedingungen ging der Westfälische Gau in eine vergleichsweise ruhige Saison. Die Gauliga sah in der Gruppe Ost eine souveräne TG Arminia Bielefeld, die ihren Siegeszug fortsetzte und auch das Entscheidungsspiel um die Teilnahme an der Westdeutschen Meisterschaft gegen Preußen Münster in Hamm deutlich mit 7:0 gewann. Im Laufe der Saison benannte sich die TG Ar-

**Gauliga Westfalen Gruppe Ost**

| | Verein | Sp | Tore | Punkte |
|---|---|---|---|---|
| 1. | Arminia Bielefeld | 7 | 32:12 | 14:0 |
| 2. | SpVg. Hamm 04 | 7 | 12:11 | 10:4 |
| 3. | VfB Bielefeld | 7 | 17:8 | 9:5 |
| 4. | BV Osnabrück 99 | 7 | 15:12 | 7:7 |
| 5. | SUS Ahlen | 7 | 5:11 | 5:9 |
| 6. | SpVg. Minden | 7 | 10:17 | 6:8 |
| 7. | SpVg. Union Herford | 7 | 10:17 | 4:10 |
| 8. | BV Westfalia Ahlen | 7 | 7:20 | 1:13 |
| | | | 108:108 | 56:56 |

minia wie beschrieben in 1.DFC Arminia um, da es zur Trennung der Turner und Fußballer gekommen war. Bei der Westdeutschen Meisterschaft wiederholte Arminia den im vergangenen Jahr noch am grünen Tisch errungenen Erfolg und holte sich die Meisterschaft im Entscheidungsspiel gegen TURU Düsseldorf mit 2:1 n.V. in Essen vor der Rekordkulisse von 30.000 Zuschauern.[6] Diese Zahl war umso erstaunlicher, da das Spiel inmitten der Ruhrbesetzung stattfand. Allerdings ging auch diese Meisterschaft nicht ohne Streit ab. TURU legte nachträglich Protest gegen das Spiel ein, weil einige spielentscheidende Entscheidungen des Schiedsrichters nicht korrekt gewesen seien. Am Ende wurde der Protest aber abgewiesen, da es sich um Tatsachenentscheidungen gehandelt hatte. Die Bielefelder Presse verurteilte das Vorgehen von TURU scharf.[7] Bei den Spielen um die Deutsche Meisterschaft verkaufte sich die Arminia nun deutlich besser, schied aber trotzdem in der 1. Runde gegen Union

Oberschöneweide, dem Berliner Meister, im Wiederholungsspiel unglücklich mit 1:2 aus.

Am Ende der Spielzeit, die aufgrund des „Neuen Weges" ja nur Halbzeit war, zog der WSV ein erstes Zwischenfazit, das insgesamt positiv ausfiel.[8] Dabei konstatierte der Verbandsvorstand, dass mal wieder ein ausgesprochen schwieriges Jahr mit der Ruhrbesetzung und der Hyperinflation hinter dem WSV lag und nur mit Hilfe des „Neuen Weges" es überhaupt möglich gewesen sei, die Verbandsspiele geordnet zu Ende zu bringen. Als wichtigste Erkenntnis hob man aber hervor, dass die Rückkehr zum reinen Amateursport gelungen sei. Auswüchse wie Spielerkauf oder unlautere Zahlungen an Spieler konnten nicht mehr festgestellt werden. Und auch die Terminhetze hatte ein Ende gefunden. Einzig die rückläufige Zuschauerzahl machte Sorgen. Für die neue Saison sah man die größten Herausforderungen in der galoppierenden Inflation und den damit verbundenen Auswirkungen auf die Finanzlage sowohl des Verbandes als auch der Vereine und die Verkehrssperre in Folge der Ruhrgebietsbesetzung.

## Kreisligen

In den Kreisligen zeigte sich das schon bekannte Bild: Abschlusstabellen nach Beendigung der 1.Serie waren schwer zu finden. So musste für die Ostkreisliga wieder nach der letzten Veröffentlichung in der Ful am 6.2.23 das Bild rekonstruiert werden und hatte folgendes Aussehen:

### Endnoten

1   FuL 1.8.1922
2   FuL 10.10.22
3   FuL 8.5.1923
4   Fußballgeschichte des Kreises Höxter, S. 17
5   Beverunger Zeitung 3.3.1921
6   FuL 24.4.1923
7   Westfälische Neueste Nachrichten(WNN) Bi 30.4.1923
8   FuL 21.8.1923

Abb.: FuL 1.5.1923

## Ostkreisliga

| | Verein | Sp | S | U | N | Tore | Punkte |
|---|---|---|---|---|---|---|---|
| 1. | SpV. Bielefeld 06 | 9 | 5 | 2 | 2 | 17:9 | 12:6 |
| 2. | VfJ 08 Paderborn | 9 | 6 | 0 | 3 | 17:14 | 12:6 |
| 3. | SpV. 13 Paderborn | 9 | 6 | 0 | 3 | 18:15 | 12:6 |
| 4. | Fortuna/Wacker Minden | 9 | 5 | 1 | 3 | 24:11 | 11:7 |
| 5. | Borussia Lippstadt | 9 | 5 | 1 | 3 | 16:12 | 11:7 |
| 6. | TSV 1890 Bielfeld | 10 | 5 | 0 | 5 | 16:9 | 10:10 |
| 7. | SpV. Gütersloh | 9 | 3 | 2 | 4 | 14:20 | 8:10 |
| 8. | Teutonia Lippstadt | 8 | 4 | 0 | 4 | 20:13 | 8:8 |
| 9. | Westfalia Brackwede | 9 | 2 | 1 | 6 | 5:16 | 5:13 |
| 10. | VfB Olympia Bünde | 10 | 0 | 1 | 9 | 5:26 | 1:19 |
| | | | 41 | 8 | 42 | 152:145 | 90:92 |

Abb.: FuL 5.5.1923

51

# 1923/24

Auch im dramatischen Jahr 1923 begann die neue Fußballsaison trotz Hyperinflation und Ruhrbesetzung wie gewohnt im August mit den Vorbereitungsspielen auf die neue Saison und einem Gautag des westfälischen Gaus in Hamm unmittelbar vor dem Beginn der Meisterschaftsspiele, die Verbandsspiele genannt wurden. Während der Vorstand im Amt bestätigt wurde, wählte die Gauversammlung den Gaufußballobmann, der für die Spielorganisation zuständig war, ab. Dr. Pabst, der frühere Gauvorsitzende, wurde als Nachfolger gewählt. Und er brachte gleich einen neuen Vorschlag mit: die Vereine der Gau- und der Kreisliga, also der ersten und zweiten Spielklasse, sollten eine Einheitsliga bilden, die sich auf vier Kreise aufteilte, um in dieser schwierigen Situation weite Fahrten zu vermeiden. Als Vorbild diente der Gau Hessen-Südhannover, wo man aus dem gleichen Grunde so verfahren war. Allerdings sahen die Gauligavereine den Vorschlag kritisch, da sie zurecht darauf hinwiesen, dass der Gaumeister nur aus den Vereinen der Gauliga gestellt werden könne und man sich aufgrund der zweijährigen Spielzeit des „Neuen Weges" ja eigentlich mitten in der Saison befand. Trotz dieser Einwürfe wurde der Vorschlag zunächst mit Mehrheit angenommen. Allerdings wollte man erst die Spielzeit in den Ligen zu Ende führen und dann mit den Spielen der Einheitsliga beginnen.[1] Aus dem Gedanken der Einheitsliga wurde schließlich eine Pokalspielserie gemacht, in der die Kreisligavereine und die A-Klassenvereine in Gruppenspielen gegeneinander antraten. Diese Spiele begannen im Januar 1924 und überbrückten schließlich für diese Klassen die Zeit bis zum Beginn der neuen Serie, da die Doppelspielzeit dort bereits im Dezember 1923 abgeschlossen war. Die Gauligisten dagegen hatten sich erfolgreich gegen eine Teilnahme am Pokalwettbewerb gewehrt und es vorgezogen, attraktive Gesellschaftsspiele durchzuführen. Zudem kam es vermehrt zu Auswahlspielen, zu denen die Gauligisten Spieler abstellen mussten.

**Erstklassiger Trainer Leichtathletik und Fußball**

sofort gesucht. Meldungen mit Bedingungen unter Postfach 10, Oberhausen.

Abb.: FuL 5.6.1923

Für den Westfälischen Gau nicht zu lösen war die über den Bezirk Recklinghausen verhängte Verkehrssperre der Besatzungsmächte. So sah der Gauverbandstag diesen Bezirk als verloren an und beschloss, dass die Recklinghausener ausschließlich in ihrem Bezirk untereinander die Verbandsspiele austragen sollten. Im Februar 1924 durfte dann jedoch der Recklinghausener Bezirksmeister BV Westfalia Scherlebeck ein Entscheidungsspiel gegen den Gauligameister Arminia Bielefeld um die Gaumeisterschaft austragen. Allerdings war Scherlebeck nicht konkurrenzfähig und verlor in Hamm mit 0:9.

Die in der Spielzeit 1922/23 noch in eine Gruppe West und in eine Gruppe Ost geteilte Gauliga wurde nun allerdings (ohne die drei Recklinghausener Vereine) zusammengelegt. Die Vereine, die bisher nicht gegeneinander gespielt hatten, trugen Hin- und Rückspiel aus, während die Vereine der gleichen Klasse nur noch das Rückspiel bestritten. Da die Ergebnisse gegen die Recklinghausener Vereine mitgenommen wurden, ergab sich am Ende dann allerdings aufgrund der unterschiedlichen Anzahl von Spielen eine Unwucht, die mit Hilfe eines Punktquotienten bereinigt wurde. Mal wieder war man einen komplizierten und kaum nachvollziehbaren Weg gegangen, der aber den Verhältnissen der Zeit geschuldet war. Nach Beendigung der Spiele war jedoch Arminia Bielefeld der unumstrittene Gaumeister und damit für die Spiele um die Westdeutsche Meisterschaft qualifiziert.[2]

**Gauliga Westfalen**
Hin- und Rückrunde 1922-24

| | Verein | S | Tore | Q |
|---|---|---|---|---|
| 1. | 1. DFC Arminia Bielelfeld | 24 | 17:20 | 1,75 |
| 2. | Hammer SpVg. 03/04 | 24 | 67:21 | 1,50 |
| 3. | SC Preußen Münster | 24 | 50:32 | 1,41 |
| 4. | VfB 03 Bielefeld | 24 | 59:36 | 1,25 |
| 5. | SUS Osnabrück | 24 | 42:41 | 1,22 |
| 6. | BV 1899 Osnabrück | 24 | 47:37 | 0,96 |
| 7. | FC Gronau 1909 | 24 | 14:49 | 0,89 |
| 8. | SpVg. Union 1908 Herford | 24 | 38:44 | 0,83 |
| 9. | SpVg. Greven 09 | 24 | 15:35 | 0,74 |
| 10. | SpVg. Minden 1905 | 24 | 14:49 | 0,71 |
| 11. | BV Westfalia 1906 Ahlen | 24 | 33:45 | 0,58 |
| 12. | SUS 1905 Ahlen | 24 | 34:46 | 0,42 |
| 13. | VfR Osnabrück 1906 | 24 | 25:58 | 0,33 |
| | | | 513:513 | |

Hier kam es mal wieder zu Streitigkeiten, in deren Mittelpunkt erneut Arminia Bielefeld allerdings zunächst unverschuldeterweise stand (Einzelheiten siehe nebenstehenden Bericht). Dem Protest wurde stattgegeben, doch SW Essen trat zum Wiederholungsspiel nicht an, da dieses genau auf den Tag der Reichstagswahl terminiert worden war. Der WSV wertete es schließlich für Arminia, was am Ende aber keine Bedeutung mehr hatte, da der Duisburger SpV. Westdeutscher Meister war. Arminia selbst hatte noch versucht, gegen das gegen den Duisburger SpV. verlorene Spiel (0:1) Protest einzulegen, war damit aber gescheitert. So blieb es bei der Vizemeisterschaft.

Durch die Erfolge der Arminia wurden natürlich auch die Bielefelder Spieler bekannt. So standen mit Leeker, Pohl, Kolbow, Dünker und Claus-Oehler gleich fünf Arminen in der Auswahlmannschaft des Gaues Westfalen.

In die WSV-Verbandsmannschaft wurden Pohl und Claus-Oehler regelmäßig berufen und schließlich krönte Walter Claus-Oehler, der überragende Stürmer der Arminen, 1923 seine Laufbahn mit zwei Spielen in der deutschen Nationalmannschaft. Er spielte am 10. Mai gegen Holland (0:0) und am 12. August 1923 gegen Finnland (1:2). Hier war er der Schütze

Abb.: Westf. Neueste Nachrichten Bielefeld 26.3.24

Abb.: Bielefelder Abendzeitung 25.01.24

des einzigen deutschen Tores.[3] Leider reichte es nicht zu weiteren Berufungen.

Dramatisch ging es auch in der zweithöchsten Spielklasse, der Ostkreisliga, zu. Bereits im November 1923 wurden die letzten Verbandsspiele angekündigt. Doch vermutlich aufgrund von Protesten kam es auch noch im Frühjahr 1924 zu vereinzelten Spielen der Ostkreisliga. Meister wurde schließlich der SV 06 Bielefeld, der bereits zur Hinrunde in Führung gelegen hatte. Er erhielt aber in der Spielzeit 1923/24 starke Konkurrenz durch den TSV 1890 Bielefeld, der achtmal in Folge ungeschlagen geblieben war.

## Ostkreisliga
Abschlusstabelle Hin- und Rückrunde
Saison 1922-24

| | Vereine | S | Punkte |
|---|---|---|---|
| 1. | Fortuna/Wacker Minden | 18 | 24:12 |
| 2. | TSV 1890 Bielefeld* | 18 | 24:12 |
| 3. | SpV. 06 Bielefeld | 18 | 23:13 |
| 4. | SpV. 13 Paderborn | 16 | 17:15 |
| 5. | VfJ 08 Paderborn | 15 | 17:13 |
| 6. | Teutonia Lippstadt | 16 | 15:17 |
| 7. | SpV. Gütersloh | 14 | 14:14 |
| 8. | Borussia Lippstadt | 14 | 14:14 |
| 9. | Westfalia Brackwede | 17 | 12:22 |
| 10. | VfB Olympia Bünde | 14 | 1:27 |

Abb.: FuL 21.11.1922

Am 14.1.1924 traten die Fußballer aus dem TSV 1890 aus und gründeten den 1.BSC Eintracht 07 Bielefeld, unter dem sie weiterspielten. Sie waren ein Opfer der vom DT geforderten „reinlichen Scheidung" geworden (siehe auch Sonderkapitel „Turnen und Sport"). Doch für den TSV 1890/Eintracht Bielefeld reichte es am Ende nicht ganz. Wohl punktgleich landeten SV 06 Bielefeld und SpVg. Fortuna/Wacker Minden auf Platz 1. Am 2.6.1924 kam es jedenfalls in Herford zu einem Entscheidungsspiel, aus dem der SV 06 mit 4:1 als Sieger hervorging.[4] Und auch der erstmals ausgespielte Pokal ging an den gleichen Verein. Der SV 06 setzte sich im Endspiel vor 1.000 Zuschauern gegen Teutonia Lippstadt mit 4:0 durch. Die Kunde vom Sieg überbrachten Brieftauben nach Bielefeld![5]

Mit der Frühjahrsverbandstagung am 1.März 1924 flammte im WSV die Diskussion über den „Neuen Weg" wieder auf und vieles wurde infrage gestellt. Doch mit Mehrheit sprach man sich weiterhin dafür aus, den „Neuen Weg" weiterzuverfolgen. Endgültig bestätigt wurde dieses bei der Wahlversammlung des WSV am 21.7.1924 in Elberfeld, als sich eine hauchdünne Mehrheit von 88:84 für das zweijährige Spielsystem fand. Der Bezirk Minden-Ravensberg hatte sich im Vorfeld bei seiner Tagung für das einjährige Spielsystem ausgesprochen, gehörte damit aber zur Minderheit. Bei der Bezirkstagung kam es zudem zu einer intensiven Aussprache, in der es um die Ansetzung von Schiedsrichtern und die Unterstützung der größeren gegenüber den kleineren Vereinen ging. Der bisherige Bezirksobmann Beckmann wurde von Heitmann (VfB Bielefeld) abgelöst.[6]

**Der Flötenmann war dem Spiele ein sehr gerechter Leiter. Seine Entscheidungen waren pünktlich und sicher.**

Der „Flötenmann"... Abb.: Bielefelder Abendzeitung 28.01.24

### Endnoten

1   WZ Bi 3.9.1923 mit Bericht vom Gautag in Hamm

2   100 Jahre Fußball in NRW, S. 118/119

3   Kicker-Almanach 1998, S.57

4   WZ Bi 3.6.1924

5   WZ Bi 1.7.1924

6   WZ Bi 19.5.1924

# 1924/25

Mit der Fortsetzung der zweijährigen Spielzeit waren die Weichen für die Saison gestellt. Gerne hätte der WSV im Sommer 1924 auch sein 25jähriges Jubiläum gefeiert, doch man hatte aufgrund der bestehenden Verhältnisse bereits frühzeitig entschieden, das Jubiläum um ein Jahr zu verschieben. Die Freigabe des Ruhrgebietes und der schrittweise Rückzug der Entente aus dem Rheinland sowie die Beendigung der Inflation erleichterte den Verantwortlichen im WSV und seinen Gauen aber erheblich ihre Aufgabe. Die Spielzeit begann wie vorgesehen im September und sollte eigentlich bis Ende Februar 1925 abgeschlossen werden. Die besten Mannschaften konnten nun auch wieder in einer einheitlichen Gauliga zusammenspielen, die durch die Rückkehr der Recklinghausener Vereine und der im „Neuen Weg" vorgegebenen Aufstiegsregelungen allerdings auf 15 Vereine hochgeschnellt war.

Die Gauliga sah nach Beendigung der Hinserie im Frühjahr 1925 mit Arminia Bielefeld und dem VfL Osnabrück, der vor der Saison aus SUS und BV 99 Osnabrück entstanden war, zwei Mannschaften punktgleich an der Tabellenspitze. Im Entscheidungsspiel setzte sich die Arminia in Minden mit 4:1 durch und verteidigte damit erneut ihre Spitzenstellung. Bei den Westdeutschen Meisterschaften reichte es allerdings nur noch zum dritten Platz hinter der Duisburger SpV. und SW Essen.

Die verbesserten Rahmenbedingungen führten dazu, dass sich die Anzahl der Vereine und damit auch die Zahl der am Spielbetrieb teilnehmenden Mannschaften deutlich erhöhte. An der Basis mussten immer mehr Spielklassen gebildet werden, was den Aufwand für den Verband deutlich vergrößerte. 1925 sprach der WSV von 1.425 „Verbandsbeamten", die den Fußball organisierten.[1] Das waren allerdings keine Festangestellten, sondern Ehrenamtler, die in den einzelnen Gauen, Kreisen und Bezirken Verantwortung übernommen hatten. Einen schmerzlichen Verlust musste der WSV allerdings im März 1925 hinnehmen, als der allseits anerkannte Schriftleiter der Verbandszeitung „Fußball und Leichtathletik", Friedrich Grolms, nach 10 Jahren seinen Abschied verkündete. Er war nicht nur Schriftleiter, sondern auch Vor- und manchmal auch

## 1. Bezirksklasse

|  | Vereine | Sp | S | U | N | Tore | Punkte |
|---|---|---|---|---|---|---|---|
| 1. | Arminia Bielefed | 14 | 11 | 2 | 1 | 52:8 | 24:4 |
| 2. | VfL Osnabrück | 14 | 11 | 2 | 1 | 60:13 | 24:4 |
| 3. | Hammer SpVg. | 14 | 9 | 2 | 3 | 49:15 | 20:8 |
| 4. | VfB 03 Bielefeld | 14 | 8 | 3 | 3 | 30:18 | 19:9 |
| 5. | Union Recklinghausen | 14 | 8 | 1 | 5 | 28:39 | 17:11 |
| 6. | SC Greven 09 | 14 | 7 | 2 | 5 | 34:26 | 16:12 |
| 7. | Viktoria Recklinghausen | 14 | 7 | 1 | 6 | 26:18 | 15:13 |
| 8. | Preußen Münster | 14 | 6 | 2 | 6 | 31:28 | 14:14 |
| 9. | Union Herford | 14 | 4 | 5 | 5 | 21:35 | 13:15 |
| 10. | Westfalia Ahlen | 14 | 4 | 4 | 6 | 20:36 | 12:16 |
| 11. | Westfalia Scherlebeck | 14 | 4 | 3 | 7 | 22:27 | 11:17 |
| 12. | VfR 06 Osnabrück | 14 | 2 | 5 | 7 | 14:40 | 9:19 |
| 13. | FC Gronau 09 | 14 | 3 | 2 | 9 | 18:27 | 8:20 |
| 14. | SpVg. Minden 05 | 14 | 2 | 1 | 11 | 14:35 | 5:23 |
| 15. | SUS Ahlen | 14 | 0 | 3 | 11 | 10:62 | 3:25 |
|  |  |  | 86 | 38 | 86 | 439:447 | 210:210 |

Querdenker im Verbandsvorstand. Ihm folgte Guido von Mengden nach.

Aber Fußball wurde nicht nur im DFB und seinen Verbänden wie dem WSV gespielt. Der endgültige Bruch mit den Turnern führte dazu, dass diese nun einen eigenen Fußballwettbewerb ins Leben riefen. Der Arbeiterturn- und Sportbund (ATSB) weitete sich immer stärker aus und mit dem DJK-Verband erwuchs dem WSV Mitte der 1920er Jahre vor allem in den katholisch geprägten Regionen im Rheinland, im Ruhrgebiet und in Ost- und Südwestfalen ein ernstzunehmender Konkurrent. In den nächsten Jahren sollten mit dem jüdischen Verband VINTUS, dem Eichenkreuz der evangelischen Kirche und dem Rot-Sport-Bund der Kommunisten weitere fußballspielende Organisationen hinzukommen (siehe hierzu die entsprechenden Kapitel). Entsprechend mussten sich die DFB-Verbände wappnen und erließen hierzu ein besonderes Regelwerk. Vor allem der Wechsel von Spielern in die Verbände oder auch nur das probeweise Mitwirken in den neu entstehenden Vereinen der anderen Verbände sah man als großes Übel an, das von Beginn an ausgemerzt werden sollte. Entsprechend wurden Spieler hart bestraft, wenn sie für einen Verein eines anderen Verbandes aufgelaufen waren.

Während vieles nun langsam besser wurde, blieb jedoch ein Missstand erhalten: die Protestflut. Immer wieder mussten Spiele wiederholt werden, da unterlegene Vereine erfolgreich gegen Spielwertungen vorgegangen waren. In der Ostkreisliga führte das dazu, dass der „Halbzeitmeister" erst im August 1925 in einem Entscheidungsspiel zwischen VfJ 08 Paderborn und der SpVg. 06/07 Bielefeld ermittelt wurde. Paderborn gewann das Spiel mit 4:3. Die Bielefelder, die erst im Laufe der Spielzeit durch die Fusion der beiden Kreisligisten SV 06 und Eintracht 07 (Januar 1925)

entstanden waren, was die Tabelle zusätzlich durcheinanderbrachte, hatten jedoch zuvor an den Entscheidungsspielen um die Kreismeisterschaft des Westfalengaues teilgenommen und diese in auch dort notwendig gewordenen zwei Spielen gegen VfR Hamm gewonnen (6:6 und 4:1). Darüber hinaus waren sie dann auch bei den erstmals angesetzten Spielen zur Westdeutschen Kreismeisterschaft erfolgreich. Und auch die Ligareserve von VfB 03 Bielefeld konnte durch einen 5:1-Sieg gegen die gleiche Elf der SpVg. Hamm im Westfalengau den gleichen Erfolg verbuchen und sich Westfalenmeister der Ligareserven nennen.

Genauso gab es bei den A-Klassenmeistern eine Ausscheidungsrunde auf Kreisebene. Im Ostkreis setzte sich der SV Bückeburg als Sieger der A-Klasse Bielefeld-Lippe-Minden mit 3:2 n.V. gegen den Sieger der A-Klasse Hellweg, SV Neuhaus, durch und spielte mit FV Vorwärts Osnabrück (Nordkreis) und BV 09 Hamm (Südkreis) um die A-Klassenmeisterschaft des Westfalengaues.

Vom 27. bis 29. Juni 1925 holte dann der WSV zum Ende der Spielzeit vor Eintritt in die fußballerische Sommerpause in Köln sein 25jähriges Jubiläum nach. An drei Tagen veranstaltete der WSV mit einem beeindruckenden Programm sein Fest, bei dem auch die sportlichen Wettkämpfe im Kölner Stadion nicht zu kurz kamen.[2] In einer Festschrift hatte Friedrich Grolms zudem die Verbandsgeschichte aufgezeichnet und damit einen wertvollen Beitrag geliefert, der einen tiefen Einblick in die Gründerzeit des WSV vermittelt.[3]

### Endnoten

1    65 Jahre WfV, S. 77

2    FuL 17. u.24.06.1925

3    Jubiläumsschrift des Westdt. Spielverbandes e.V. 1899 -1924

75 Mt., pro Stück 100 Mk. 14. Spielberechtigung Koch 08 Paderborn kann erst nach Einholung weiterer Unterlagen erledigt werden. Koch wird mit 3 Monaten Disqualifikation ab 5. 10. bestraft, da Koch in der DJK mitgewirkt hat. Spiel 08 Pader-

Fall Koch: Bezirk Hellweg: Spieler Koch von 08 Pb wird für 3 Monate gesperrt, da er bei DJK mitgewirkt hat! Abb.: AM 21.10.24

## Ostkreisliga

|  | Vereine | Sp | S | U | N | Punkte |
|---|---|---|---|---|---|---|
| 1. | SpVg. 06/07 Bielefeld | 10 | 9 | 0 | 1 | 18:2 |
| 2. | VfJ 08 Paderborn | 11 | 8 | 0 | 3 | 16:6 |
| 3. | VfB Bünde | 11 | 6 | 2 | 3 | 14:8 |
| 4. | SV 13 Paderborn | 11 | 5 | 3 | 3 | 13:9 |
| 5. | Teutonia Lippstadt | 12 | 5 | 3 | 4 | 13:11 |
| 6. | Sp. u. Sp. Oeynhausen | 12 | 5 | 3 | 4 | 13:11 |
| 7. | Borussia Lippstadt | 12 | 4 | 2 | 6 | 10:14 |
| 8. | Fortuna-Wacker Minden | 10 | 4 | 1 | 5 | 9:11 |
| 9. | Westf. Brackwede | 10 | 3 | 2 | 5 | 8:12 |
| 10. | Eintracht Bielefeld | 9 | 2 | 2 | 5 | 6:12 |
| 11. | Spielv. Gütersloh | 9 | 2 | 1 | 6 | 5:13 |
| 12. | SC Oelde(N) | 11 | 2 | 0 | 9 | 4:18 |
|  |  |  | 55 | 19 | 54 | 129:127 |

# 1925/26

Um sich den DFB-Bezeichnungen anzupassen, wurden zu Beginn der neuen Saison, die ja die zweite Serie der zweijährigen Spielzeit 1924-26 bedeutete, die Spielklassenbezeichnungen geändert. Die Gauliga wurde in 1. Bezirksklasse umbenannt, was allerdings in den Tageszeitungen zunächst kaum Anklang fand. Folgerichtig wurden die Kreisligen in 2. Bezirksklasse geändert, doch auch hier hielt sich noch lange der alte Name „Kreisliga". Darunter wurde in den jeweiligen Bezirken wie zuvor in den A- bis D-Klassen gespielt. Allerdings setzte sich hier ab 1926 der Begriff „I. und II. Gauklasse" durch. Die unterste Liga wurde als „Aufnahmeklasse" bezeichnet. In heutigen Festschriften von Vereinen gehen diese Klassenbezeichnungen oft wild durcheinander oder werden zeitlich nicht richtig eingeordnet. Wer ab 1926 in der „Gauklasse" spielte, hatte nichts mit der bis 1925 gebräuchlichen „Gauliga" als erster Liga gemein. Gleichzeitig erhielten die bisherigen Gaue folgerichtig die Bezeichnung „Bezirke". Aus dem Westfalengau wurde also der Westfalenbezirk, der sich weiterhin in die drei Kreise Nord, Süd und Ost gliederte. Innerhalb der Kreise wurden aus den früheren Bezirken nun die Gaue. Im Ostkreis waren dies die Gaue Hellweg, Ravensberg-Lippe und Minden-Herford.

Neben dieser Neuausrichtung befasste sich der Verbandstag des WSV am 23.8.1925 in Essen in erster Linie mit der Finanznot.[1] Um zu Einsparungen zu kommen, versuchte man das „Heer an Verbandsbeamten" in immer neuen Instanzen einzudämmen. 1.425 Ehrenamtler wurden im WSV gezählt, die für ihre Zusammenkünfte zumindest Fahrtkostenersatz geltend machten. Sowohl die Anzahl als auch die Fahrtkosten sollten deutlich reduziert werden. Dafür wurde das „Vorortsystem" erfunden, in dem festgelegt wurde, dass die Gremien möglichst mit Funktionären besetzt werden sollten, die dort wohnen sollten, wo in der Regel getagt wurde. Das führte zu erheblichen Diskussionen und etliche Gaue und Bezirke setzten sich auch darüber hinweg. Gerade im Westfalenbezirk mit den weiten Entfernungen hielt man eine Umsetzung für nicht durchführbar. Aber wenn der Verbandsvorstand gefragt war, folgte er konsequent seinem Weg. So verbot er einen außerordentlichen Bezirkstag im Bezirk Westfalen, den Arminia Bielefeld im April 1926 beantragt hatte, um Kosten zu sparen.[2]

Durch die Vielzahl an Spielen war es auch zu einer Ausweitung der Spielzeiten auf den Sonntagvormittag gekommen. Hier wurden in erster Linie Jugendspiele angesetzt, was

Die Begrüßungsansprache des Oberbürgermeisters Dr. Adenauer.

Adenauer beim 25-jährigen Jubiläum des WSV. Abb.: Ful 8.7.25

dazu führte, dass die Spieler die Sonntags-gottesdienste nicht mehr besuchen konnten. Nach Gesprächen mit den Kirchen wies der WSV seine Spielansetzer darauf hin, sich mög-lichst an den örtlichen Gottesdienstzeiten zu orientieren und währenddessen keine Spie-le zu terminieren. Auch die Spiele an hohen kirchlichen Feiertagen wurden inzwischen kritisch gesehen. Allerdings war es hier der Oberpräsident der Provinz Westfalen, der erstmals Spiele am Karfreitag 1926 verbot. Allerdings: „Dem Spielverbot wurde man-ches Schnippchen geschlagen."[3] Und auch der Volkstrauertag, in der Weimarer Republik im März terminiert, sowie der Buß-und Bettag und der Totensonntag im November sollten zukünftig spielfrei bleiben.[4]

Im Westfalenbezirk kam es im Herbst 1925 zu einer Revolte gegen den bisherigen Kreisob-mann Schohaus (SpV. Bielefeld). Dieser hatte nach einer mehr als 10(!)stündigen Sitzung einen Funktionär des BV Bad Oeynhausen, der ihn beleidigt hatte, tätlich angegriffen. Auf einem extra einberufenen außerordentlichen Kreistag wurde Schohaus, der sein Amt zu-vor niedergelegt hatte, durch Banze aus Enger ersetzt, der 174 Stimmen auf sich vereinigte, während Drewes aus Paderborn nur 92 Stim-men erhielt.[5]

\*

## Der D. f. B. verfügt amtlich die Änderung der Abseitsregel.

Der Bundesspielausschuß gibt nachstehende Abseitsregel bekannt, die mit Wirkung vom 1. August 1925 in Kraft tritt.

„Wird der Ball gespielt, so ist jeder Spieler der gleichen Partei abseits, der der gegnerischen Torlinie näher ist als der Ball, wenn sich zwischen ihm und der gegnerischen Torlinie im Augenblick des Spielens nicht mindestens zwei Spieler der Gegenpartei befinden.

Der abseitsstehende Spieler darf weder den Ball selbst spielen, noch in irgend einer Weise auf den Gegner einwirken, bis der Ball wieder gespielt worden ist. Kein Spieler ist abseits:

1. wenn der Ball zuletzt von einem Gegner gespielt wurde,
2. beim Eckstoß,
3. in seiner eigenen Spielhälfte,
4. beim Einwurf,
5. beim Abstoß vom Tor.

Änderung der Abseitsregel. Abb.: FuL 5.8.25

Nach dem Verbandstag begann die neue Spiel-zeit zunächst mal wieder mit dem Aufholen rückständiger Spiele aus der Vorsaison. Am zweiten Septemberwochenende feierte zudem Arminia Bielefeld sein 20jähriges Bestehen mit einem großen Sportfest. 1905 hatte man, wie so viele Vereine, mit dem Fußball unter dem Dach der Turngemeinde Bielefeld begonnen. Am 1.November 1925 war Arminia dann Teil eines besonderen Ereignisses: erstmals wurde in Deutschland ein Fußballspiel live im Rund-funk übertragen und zwar die Begegnung der Arminia bei Preußen Münster. Reporter war

Richtstein, der rechte Verteidiger von Siegen hält den anstürmenden Pohl zurück

Abb.: FuL 24.2.1926

59

der 26jährige Bernhard Ernst, der hinter dem Tor stehend den 5:0-Sieg der Arminia an die Zuhörer kommentierte. In Deutschland gab es 1925 erst 14.000 Radiogeräte.[6]

*Endlich ist es auch einmal den sonst so bedächtigen Westfalen vorbehalten, mit einer aufsehenerregenden Neuigkeit voranzugehen. Wird man doch im Lande der roten Erde das erste Fußballspiel durch den Rundfunk erleben. Das Meisterschaftstreffen zwischen Preußen-Münster und Arminia-Bielefeld, das für den 1. November anberaumt ist, soll erstmalig im Original auf den Münsterschen Sender übertragen werden. Sollte dieser erste derartige Versuch in Deutschland glücken, so werden wir armen Schlucker, die im Dienste einer wißbegierigen Sportpresse den Stift zücken oder die Tasten schlagen, in absehbarer Zeit brotlos sein.*

*Fürs erste aber ist die Außenwelt noch auf unseren Fleiß angewiesen, und darum will ich in altgewohnter Weise meine Chronik über die Ereignisse auf der Szene des Sportes fortsetzen.*

Fußball erstmals im Rundfunk... Abb.: FuL 23.9.1925

Der WSV erinnerte bei allen Spielen in seinem Verband am ersten Oktoberwochenende mit einer zweiminütigen Gedenkzeit an sein 25jähriges Jubiläum und gedachte dabei auch der Opfer des Krieges.[7]

Je mehr es dem Ende dieser Doppelspielzeit zuging, desto nervöser wurde das Spielgeschehen. Immer wieder wurde von Zuschauerausschreitungen berichtet und gegen etliche Spielausgänge Protest eingelegt. Denn erstmals seit 1922, als der „Neue Weg" eingeführt wurde, würde es am Ende der Saison wieder Absteiger geben. Aus der auf 15 Vereine angewachsenen

1.Bezirksklasse, der früheren Gauliga, sollten im Westfalenbezirk drei Vereine absteigen und den drei Meistern der 2. Bezirksklasse, der früheren Kreisligen, Platz machen. Die Abstiegskandidaten versuchten auf allen möglichen Wegen, den Niedergang zu vermeiden. Der Mindener SC fusionierte sogar mit dem klassentieferen Rivalen Fortuna/Wacker zur neuen SpVg. Minden. Doch auch das nutzte am Ende nicht. Da zudem durch die Fusion der Osnabrücker Vereine ein weiterer Platz in der 1.Bezirksklasse frei wurde, gab es intensive Diskussionen, wie dieser Platz besetzt werden sollte. Er wurde sowohl von den potentiellen Absteigern als auch den Zweitplatzierten der 2.Bezirksklassen reklamiert. Letzteren wurde er schließlich zugesprochen und hier setzte sich nach einem Wirrwarr von Aufstiegsspielen der SC Münster 08 durch. Im Südkreis hatte es zuvor Proteste gehagelt, welcher Verein denn tatsächlich an den Aufstiegsspielen als Tabellenzweiter teilnehmen sollte. Am Ende war es die SpVg. Herten, die aber genauso wie der Ostkreiszweite SpV. 06/07 Bielefeld den Kürzeren gegen die Münsteraner zog. Um die Protestflut einzudämmen, hatte übrigens der Verbandstag zu Beginn der Spielzeit sehr kontrovers einen Antrag beraten, der gefordert hatte, Proteste gänzlich abzuschaffen. Allerdings hatte der Antrag keine Mehrheit gefunden.

### 1. Bezirksklasse Westfalen

|     | Vereine | Sp | S | U | N | Tore | Punkte |
|-----|---------|----|----|----|----|------|--------|
| 1.  | Arminia Bielefed | 28 | 23 | 4 | 1 | 108:18 | 50:6 |
| 2.  | VfL Osnabrück | 28 | 22 | 2 | 4 | 111:41 | 46:10 |
| 3.  | Hammer SpVg. | 28 | 21 | 3 | 4 | 117:39 | 45:11 |
| 4.  | VfB 03 Bielefeld | 28 | 13 | 7 | 8 | 62:44 | 33:23 |
| 5.  | Viktoria Recklinghausen | 28 | 14 | 4 | 10 | 63:42 | 32:24 |
| 6.  | Union Herford | 28 | 13 | 6 | 9 | 52:62 | 32:24 |
| 7.  | SC Greven 09 | 28 | 13 | 2 | 12 | 63:58 | 29:27 |
| 8.  | Preußen Münster | 28 | 10 | 6 | 12 | 63:66 | 26:30 |
| 9.  | VfR 06 Osnabrück | 28 | 8 | 9 | 11 | 57:73 | 25:31 |
| 10. | Union Recklinghausen | 28 | 11 | 1 | 16 | 51:85 | 23:33 |
| 11. | Westfalia Scherlebeck | 28 | 9 | 4 | 15 | 50:66 | 22:34 |
| 12. | Westfalia Ahlen | 28 | 8 | 6 | 14 | 46:74 | 22:34 |
| 13. | FC Gronau 09 | 28 | 6 | 3 | 19 | 34:79 | 15:41 |
| 14. | SpVg. Minden 05 | 28 | 4 | 4 | 20 | 30:89 | 12:44 |
| 15. | SUS Ahlen | 28 | 2 | 4 | 22 | 25:96 | 8:28 |
|     |         |    | 177 | 66 | 177 | 932:932 | 420:420 |

Bei der Besetzung der 2.Bezirksklassen in den drei dem Westfalengau angehörenden Kreisen wurde darauf geachtet, dass die jeweiligen Spielgruppen nicht mehr als 8 Vereine umfassten, um nicht wie in früheren Jahren in Terminnot zu geraten. Hier ging die Gruppeneinteilung am Ende der Saison dann verhältnismäßig geräuschlos vonstatten. Lediglich beim Feststellen des Meisters der I.Gauklasse (früher A-Klasse) des Gaues Hellweg gab es noch Irritationen. Hier hatte SUS Geseke das entscheidende Spiel gegen den SV Neuhaus mit 3:1 gewonnen, doch Neuhaus hatte zunächst erfolgreich Protest eingelegt, da bei Geseke ein nicht spielberechtigter Akteur mitgewirkt haben sollte. Erst in zweiter Instanz wurde dieser Protest dann abgelehnt und Geseke Meister und Aufsteiger zur 2.Bezirksklasse. Zuvor war der SV Neuhaus bereits als Meister in den Zeitungen verkündet worden.[8]

Arminia Bielefeld hatte sich erneut als Meister des Westfalenbezirks durchgesetzt und nahm an den Westdeutschen Meisterschaften teil. Doch die Arminia hatte Teile ihrer alten Stärke eingebüßt und landete hier nur auf dem 5.Platz.

**Endnoten**

1  FuL 26.8.1925

2  FuL 21.4.1926

3  FuL 14.4.1926

4  Westfälische Neueste Nachrichten Bielefeld 1.3.1927

5  FuL 18.und 25.11.1925

6  Kicker: https://www.kicker.de/1925_ein_sport-journalist_schreibt_radio_geschichte-768461/artikel

7  WZ Bi 6.10.1925

8  So beschrieben im WV Pb 19.2.1926

## 2. Bezirksklasse

| | Vereine | Sp | S | U | N | Tore | Punkte |
|---|---|---|---|---|---|---|---|
| 1. | VfJ 08 Paderborn | 18 | 15 | 0 | 3 | 47:31 | 30:6 |
| 2. | SpVg. 06/07 Bielefeld | 18 | 13 | 2 | 3 | 43:23 | 28:8 |
| 3. | Teutonia Lippstadt | 18 | 9 | 3 | 6 | 66:27 | 21:15 |
| 4. | Spielvg. Gütersloh | 18 | 7 | 4 | 7 | 32:38 | 18:18 |
| 5. | BV Oeynhausen | 18 | 7 | 3 | 8 | 36:38 | 17:19 |
| 6. | Westf. Brackwede | 18 | 7 | 3 | 8 | 34:39 | 17:19 |
| 7. | SV 13 Paderborn | 18 | 7 | 2 | 9 | 38:34 | 16:20 |
| 8. | VfB Bünde | 18 | 6 | 2 | 10 | 35:40 | 14:22 |
| 9. | SC Oelde | 18 | 5 | 1 | 12 | 27:53 | 11:25 |
| 10. | Borussia Lippstadt | 18 | 3 | 2 | 13 | 30:56 | 8:28 |
| | | | 78 | 22 | 78 | 388:379 | 180:180 |

Spiele gegen Fortuna/ Wacker Minden (inzwischen mt SpVg. Minden verschmolzen) wurden nicht mitgewertet (8.3.26). Bereits in der Hinserie 1924/25 haben SV 06 und Eintracht Bielefeld zur SpVg. 06/07 fusioniert.

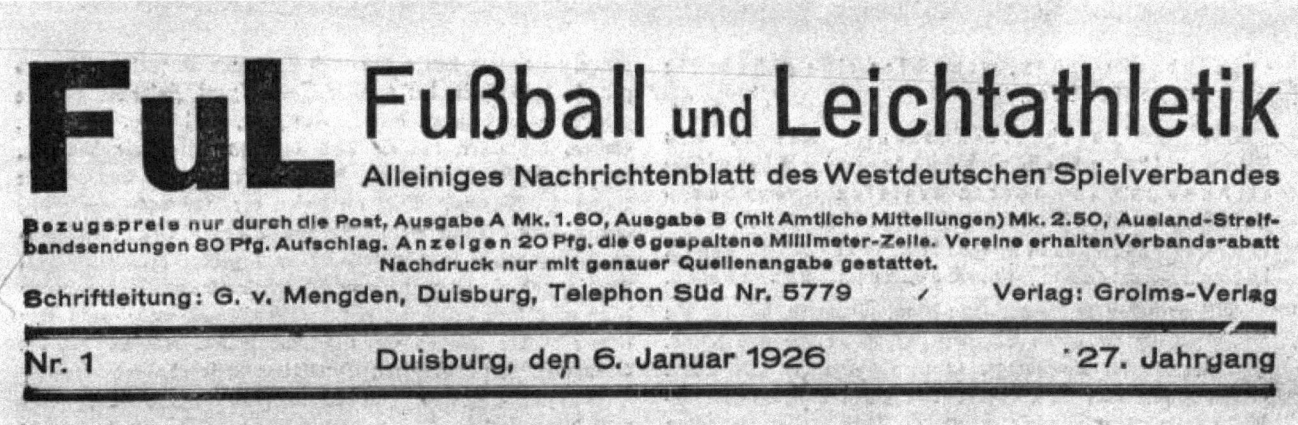

Die neue Verbandszeitung... Abb.: FuL 6.1.1926

# 1926/27

Mit den weitreichenden Entscheidungen in der Vorsaison gelangte das Spiel- und Verbandsgeschehen im WSV in ruhigeres Fahrwasser und war mal wieder ein Spiegelbild der Gesellschaft, erlebte doch die instabile Weimarer Republik ihre „Goldenen Zwanziger Jahre". Die Verkleinerung der Spielklassen, in der Regel spielten nur acht Mannschaften gegeneinander, sorgte für Entspannung. Verbindliche Auf- und Abstiegsregeln, die vor der Saison festgelegt wurden, waren zudem eine klare Grundlage. Allerdings war der Weg dorthin wie immer umstritten und führte zu etlichen Eingaben und langen Beratungen.

Der große Arminensieg.

Wagner schießt das 5. Tor.

Abb.: WB 14.6.1927

In der Sommerpause gab es verschiedene Modelle, die diskutiert wurden. So hofften die Absteiger noch immer, weiterhin der 1.Bezirksklasse angehören zu dürfen, wenn die Anzahl der Mannschaften auf insgesamt 18 erhöht würde. Doch daraus wurde nichts. Die 1. Bezirksklasse spielte wie beschlossen mit 16 Vereinen in zwei Gruppen, die 2. Bezirksklasse im Ostkreis mit 14 Vereinen in zwei Gruppen und auch die 1.Gauklassen wurden zumeist in zwei Gruppen aufgeteilt, so dass (fast) keine Spielklasse im Westfalenbezirk mit mehr als 8 Mannschaften an den Start ging. Allerdings blieb noch bis eine Woche *nach* dem Saisonstart unklar, welche Vereine der 1. Bezirksklasse der Gruppe West und welche der Gruppe Ost angehören sollten. Am Ende siegte die Geografie und damit die Kostenfrage über

die Spielstärke. Der Westfalengau hatte zudem angeregt, dass am Ende der Saison die jeweils beiden Ersten der Gruppen in Finalspielen den Westfalenmeister ausspielen. Das wurde vom Verbandsvorstand aber abgelehnt.

Am 31.Juli 1926 ging im WSV scheinbar eine Ära zu Ende. Beim Verbandstag trat Constans Jersch, der Rechtsanwalt aus Bochum, aus gesundheitlichen Gründen zurück. Er war am 21.Juni 1908 an die Spitze des WSV gewählt worden und hatte 18 Jahre den Verband umsichtig durch die bewegte Zeit gebracht. Neuer Vorsitzender wurde Paul Klose, ein enger Wegbegleiter von Jersch, der bereits zuvor langjähriger Vorsitzender des Spielausschusses des WSV gewesen war und Jersch bereits im Krieg vertreten hatte. Zum engeren Vorstand gehörten zudem Paul Fugmann (Duisburg), Roderich Becker, Dr. Josef Klein und Werner Klosterhalfen (Elberfeld).[1] Constans Jerschs Funktionärskarriere war damit aber nicht beendet. Als Paul Klose berufsbedingt Ende 1929 nach Berlin wechselte, übernahm er erneut den WSV-Vorsitz.

Der Verbands-Vorstand des Westdeutschen Spielverbandes. Von links nach rechts: Becker-Essen, Fugmann-Duisburg, Grulms-Elberfeld, Klose-Krefeld, Jersch-Bochum.

WSV-Vorstand 1924.
Abb.: Jubiläumsschrift WSV 1925

Die Saison verlief endlich einmal planmäßig. Lediglich die Spielrunde der Reservemannschaften erfreute sich keiner besonderen Beliebtheit. Der VfB 03 Bielefeld hatte sich erst gar nicht beteiligt und Arminia Bielefeld bereits im Oktober seine Mannschaft zurückgezogen. Bis Mitte März wurde die Saison bis auf wenige Ausnahmen wie vorgesehen in der Spielserie abgeschlossen und die „Klassenübergangsspiele", mit diesem neuen Begriff waren die notwendigen Entscheidungsspiele gemeint, konnten beginnen.

Arminia Bielefeld sicherte sich erneut die Meisterschaft des Westfalenbezirkes durch zwei deutliche Siege (4:0 und 5:0) gegen den Tabellenersten der Gruppe West, Borussia Rheine. Beim Kampf um die Westdeutsche Meisterschaft kam die Arminia aber erneut nicht über den 5.Platz hinaus. Als dritten Absteiger aus der 1. Bezirksklasse erwischte es neben VfK Hamm und Union Recklinghausen den VfJ 08 Paderborn, der gegen Westfalia Scherlebeck in zwei Entscheidungsspielen den Kürzeren zog. Dafür stiegen die drei Meister der 2.Bezirksklassen auf. Im Norden stand frühzeitig Sparta Nordhorn fest. Im Süden setzte sich im Spiel der Gruppenmeister die SpVg. Herten gegen SUS Ahlen durch (4:0 und 5:1) und der Ostkreis stellte mit Teutonia Lippstadt den Aufsteiger.

Die Teutonen hatten zuvor in ihrer Gruppe das Entscheidungsspiel gegen den punktgleichen SUS Geseke mit 4:1 gewonnen und sich dann auch gegen den Meister der Gruppe B SpV. Minden mit 2:2 und 2:1 durchgesetzt. In der Abstiegsfrage der Ostliga kam es dagegen zu undurchsichtigen Beschlüssen. Am Ende musste der VfB Beckum absteigen, während der Tabellenletzte Borussia Lippstadt in der Klasse blieb. Beckum wurden nachträglich 3 Punkte abgezogen, was dem Verein und der Öffentlichkeit aber wohl erst zur neuen Saison auffiel. Da war jeder Protest zu spät. In der FuL sprach man sogar von einem Rechenfehler am grünen Tisch! Daraufhin stellte der Verband aber richtig, dass bei Beckum ein Spieler mitgewirkt hatte, der nicht spielberechtigt gewesen sei und der Punktabzug deshalb in Ordnung war.[2]

Bevor es am 15.Juni in eine achtwöchige Sommerpause für die Fußballer ging, wurde noch einmal kräftig über die Spielgruppeneinteilung und das Verbandsgebiet diskutiert. Vor allem die „Außenkante", das Vest Recklinghausen, war dabei erneut im Mittelpunkt. Im Westfalenbezirk sah man die Recklinghausener besser im Ruhrbezirk angesiedelt, was diese auch befürworteten. Doch der Ruhrbezirk war nicht zur Aufnahme bereit. So blieb Recklinghausen bis auf weiteres bei den Westfalen.

## 1. Bezirksgruppe Westfalen Ost

| | Vereine | Sp | S | U | N | Tore | Punkte |
|---|---|---|---|---|---|---|---|
| 1. | Arminia Bielefeld | 14 | 14 | 0 | 0 | 62:13 | 28:0 |
| 2. | SpVg. Hamm 03/04 | 14 | | | | 44:28 | 18:10 |
| 3. | BV Westfalia Ahlen | 14 | | | | 22:26 | 15:13 |
| 4. | VfB 03 Bielefeld | 14 | | | | 43:30 | 13:15 |
| 5. | VfL Osnabrück | 14 | | | | 26:27 | 13:15 |
| 6. | SpV. Union Herford | 14 | | | | 30:33 | 12:16 |
| 7. | VfJ 08 Paderborn | 14 | | | | 18:45 | 9:19 |
| 8. | VfK Hamm | 14 | | | | 21:64 | 4:24 |
| | | | | | | 266:266 | 112:112 |

## 2. Bezirksklasse Ostkrei Gruppe A

| | Vereine | Sp | S | U | N | Tore | Punkte |
|---|---|---|---|---|---|---|---|
| 1. | SUS Geseke | 12 | 8 | 1 | 3 | 40:24 | 17:7 |
| 2. | Teutonia Lippstadt | 12 | 7 | 3 | 2 | 33:23 | 17:7 |
| 3. | SC Oelde | 12 | 6 | 1 | 5 | 32:29 | 13:11 |
| 4. | SV 13 Paderborn | 12 | 6 | 0 | 6 | 28:28 | 12:12 |
| 5. | VfB Detmold | 12 | 5 | 2 | 5 | 36:32 | 12:12 |
| 6. | SV Beckum | 12 | 2 | 3 | 7 | 28:46 | 7:17 |
| 7. | Borussia Lippstadt | 12 | 1 | 4 | 7 | 17:30 | 6:18 |
| | | | 35 | 14 | 35 | 214:218 | 84:84 |

## 2. Bezirksklasse Ostkrei Gruppe B

| | Vereine | Sp | S | U | N | Tore | Punkte |
|---|---|---|---|---|---|---|---|
| 1. | SpV. Minden | 12 | 8 | 0 | 4 | 47:26 | 16:8 |
| 2. | SpV. Bielefeld | 12 | 7 | 1 | 4 | 27:20 | 15:9 |
| 3. | SpV. Gütersloh | 12 | 7 | 0 | 5 | 37:24 | 14:10 |
| 4. | Westfalia Brackwede | 12 | 7 | 0 | 5 | 38:28 | 14:10 |
| 5. | SC Bückeburg | 12 | 6 | 1 | 5 | 37:50 | 13:11 |
| 6. | BV Bad Oeynhausen | 12 | 5 | 1 | 6 | 36:30 | 11:13 |
| 7. | VfB Bünde | 12 | 0 | 1 | 11 | 15:61 | 1:23 |
| | | | 38 | 4 | 38 | 237:239 | 82:82 |

### Endnoten

1  65 Jahre WFV, Seite 78

2  FuL 24. und 31.8.1927

# 1927/28

Gerne hätte man nun in festen Bahnen weitergemacht und am Ende einer Spielzeit klare und nachvollziehbare Ergebnisse präsentiert. Doch die Vereine fielen wieder in das alte Muster zurück und überhäuften die Verbandsinstanzen mit Protesten und Änderungsvorschlägen. So wurde erneut vor Beginn der Saison heiß um die Zusammensetzung der beiden Gruppen der 1.Bezirksklasse diskutiert. Wieder ging es darum, ob die Einteilung nach geografischen Gesichtspunkten oder nach Spielstärke erfolgen sollte. Vor allem Arminia Bielefeld als Abonnementmeister hatte Interesse an einer starken Gruppe, konnte sich aber nicht durchsetzen, da die Osnabrücker Vereine FV 06 und VfL und überraschend auch die Hammer SpV. der Westgruppe zugeordnet wurden. Dafür kamen die Recklinghausener Vereine Westfalia Scherlebeck und Viktoria zur Ostgruppe.

Und auch im Verbandsgebiet gab es mal wieder eine Veränderung: erneut wurde der Gau Minden-Herford geschaffen und aus dem Gau Ravensberg-Lippe herausgelöst.[1] Aus der Bezeichnung Ravensberg-Lippe wurde dann im Laufe der Saison Bielefeld-Lippe. Diese Entscheidung ging auf den Beschluss des Gautages von Ravensberg-Lippe Ende April in Herford zurück.[2]

Abb.: FuL 16.6.1926

Wie geplant standen allerdings bereits im Februar 1928 die Meister in der 1. und 2. Bezirksklasse fest. In der Ostgruppe setzte sich erstmals der VfB 03 Bielefeld im Jahr seines 25jährigen Bestehens gegen den Dauerrivalen Arminia durch, hatte aber in den Entscheidungsspielen um die Westfalenmeisterschaft gegen Borussia Rheine das Nachsehen. Rheine wiederum spielte dann bei den Spielen um die Westdeutsche Meisterschaft keine Rolle und VfB 03 Bielefeld schied bei den Spielen der Zweiten bereits in der 1. Runde aus.

Der Abstieg aus der 1. Bezirksklasse war hart umkämpft. In der Westgruppe musste eine Entscheidungsrunde der punktgleichen drei Tabellenletzten zunächst die Reihenfolge festlegen. Hier rettete sich der VfL Osnabrück, während Preußen Münster in den sauren Abstiegsapfel des Direktabstiegs beißen musste. Der FV 06 Osnabrück setzte sich schließlich in einem weiteren Entscheidungsspiel gegen den Vorletzten der Ostgruppe, Viktoria Recklinghausen, durch und sicherte sich damit die Erstligazugehörigkeit. Als Aufsteiger qualifizierten sich nach Entscheidungsspielen zwischen den jeweiligen Gruppenmeistern die SpV. 06/07 Bielefeld (gegen SV 13 Paderborn), BV 09 Hamm (gegen Union Recklinghausen) und SV 08 Osnabrück (gegen SpV. Rheine 09).

Der Abschluss der Spiele der unteren Klassen verzögerte sich dagegen mal wieder und war

## 1. Bezirksgruppe Gruppe Ost

| | Vereine | Sp | Tore | Punkte |
|---|---|---|---|---|
| 1. | VfB 03 Bielefeld | 14 | 49:19 | 24:4 |
| 2. | Arminia Bielefeld | 14 | 67:17 | 22:6 |
| 3. | SpVg. Herten(N) | 14 | 68:31 | 19:9 |
| 4. | Westfalia Scherlebeck | 14 | 22:41 | 12:16 |
| 5. | Union Herford | 14 | 28:44 | 10:18 |
| 6. | Teutonia Lipptadt(N) | 14 | 25:49 | 10:18 |
| 7. | Viktoria Recklinghausen | 14 | 25:50 | 8:20 |
| 8. | Westfalia Ahlen | 14 | 21:47 | 7:21 |
| | | | 305:298 | 112:112 |

Abb.: FuL 5.10.1927

von Protesten, daraus resultierenden Wiederholungsspielen, Protesten gegen die Proteste
und sogar dem zwischenzeitlichen Rückzug einiger Mannschaften geprägt. Noch Anfang Mai
vermeldete der Gau Hellweg, dass die Tabellen
der II. Gauklasse (frühere B-Klasse) nicht veröffentlicht werden könnten, da noch Spiele offen

DER SPORTARZT:
... und dann meine
Herren, vergessen Sie nicht
den EXPANDER mit
der GOLDMARKE"

Abb.: FuL 7.12.1927

seien bzw. die Spielberichte nicht vorlägen![3]
Die I.Gauklasse Hellweg beherrschte ein Ver-
ein, der noch gar nicht gegründet war. Preu-
ßen Paderborn, dessen Mannschaften sich aus
Angehörigen der in Paderborn stationierten
Soldaten rekrutierten, war erst im November
in die I.Gauklasse aufgenommen worden und
hatte sich erst am 1.2.1928 als Verein gegründet.[4] Am Ende der Spielzeit stand der souveräne
Aufstieg in die 2.Bezirksklasse. Der Ortsrivale
VfJ 08 Paderborn suchte dagegen den Erfolg in
der Verpflichtung eines berühmten Trainers.
Im April 1928 verpflichtete man den Tschechen
Zoubeck, der schon bei Arminia Bielefeld tätig
war und in seiner Zeit bei Espanol Barcelona
den großen Torhüter Zamora trainiert hatte.[5]
Die die Saison abschließenden Gautage
und der Bezirkstag verliefen in recht ruhi-
gen Bahnen. Aus Bielefeld-Lippe kam ledig-

Olympisches Finale 1928. Abb.: FuL 20.6.1928

### 2. Bezirksklasse Ostkreis Gruppe A

|   | Vereine | Sp | S | U | N | Tore | Punkte |
|---|---|---|---|---|---|---|---|
| 1. | SpV. 06/07 Bielefeld | 14 | 9 | 2 | 3 | 38:19 | 20:8 |
| 2. | SpV. Gütersloh | 14 | 9 | 2 | 3 | 44:13 | 20:8 |
| 3. | BV Oeynhausen | 14 | 7 | 3 | 3 | 33:21 | 17:9 |
| 4. | SpVg. Minden 05 | 14 | 7 | 2 | 5 | 40:27 | 16:12 |
| 5. | VfB Bünde | 14 | 6 | 2 | 6 | 38:36 | 14:14 |
| 6. | BV Lemgo | 14 | 3 | 2 | 7 | 16:46 | 8:16 |
| 7. | SC Bückeburg | 14 | 2 | 3 | 8 | 17:51 | 7:19 |
| 8. | Westfalia Brackwede | 14 | 3 | 0 | 11 | 32:46 | 6:22 |
|   |   | 46 | 16 | 46 | | 258:259 | 108:108 |

### 2. Bezirksklasse Ostkreis Gruppe B

|   | Vereine | Sp | S | U | N | Tore | Punkte |
|---|---|---|---|---|---|---|---|
| 1. | SV 13 Paderborn | 14 | 9 | 2 | 3 | | 20:8 |
| 2. | SUS Geseke | 14 | 9 | 1 | 4 | | 19:9 |
| 3. | VfJ 08 Paderborn | 14 | 6 | 4 | 4 | | 16:12 |
| 4. | SC Oelde | 14 | 8 | 2 | 4 | | 18:10 |
| 5. | VfB Detmold | 14 | 6 | 3 | 5 | | 15:13 |
| 6. | SpV. Neuhaus | 14 | 4 | 1 | 9 | | 9:19 |
| 7. | Borussia Lippstadt | 14 | 4 | 1 | 9 | | 9:19 |
| 8. | VfR Höxter | 14 | 3 | 0 | 11 | | 6:22 |
|   |   | | 49 | 14 | 49 | | 112:112 |

lich der Antrag, auf den Oberpräsidenten der
preußischen Provinz Westfalen einzuwirken,
an den sogenannten stillen Feiertagen Karfreitag, Buß- und Bettag und Totensonntag
wenigsten die Zeit nach den Gottesdiensten
für Fußballspiele wieder freizugeben.[6] Der
Gau Hellweg schlug vor, Höxter zukünftig als
eigenständigen Gau zu führen. Höxter wurde
dann zwar auch eine „Selbstverwaltung unter
Aufsicht" zugestanden, allerdings wurde kein
neuer Gau geschaffen.[7] Die Vorsitzenden der
Gaue und auch die Vorstände wurden weitgehend in ihren Ämtern bestätigt. Im Gau
Bielefeld-Lippe war dies Dr. Kuhlmann und
im Gau Hellweg Buchholz.

### Endnoten

1 FuL 17.8.1927

2 WNN 2.5.1927

3 FuL 9.5.1928

4 WV Pb 30.11.1927

5 WV Pb 24.4.1928

6 FuL 13.6.1928

7 FuL 9.5.1928

# 1928/29

Trotz der Probleme in den unteren Klassen war man im Verband mit der letztjährigen Saison im Großen und Ganzen zufrieden. Bei den Verbandstagungen in der Sommerpause ging es um die Zusammensetzung der einzelnen Spielklassen und die Auf- und Abstiegsregelungen. Der Technische Ausschuss des Westfalenbezirks hatte dieses Mal keine Mühe, die Gruppeneinteilung der 1. Bezirksklasse vorzunehmen und stieß auf allgemeine Zufriedenheit. Allerdings wurde von den führenden Vereinen, insbesondere Arminia Bielefeld, die mangelnde Anzahl an Meisterschaftsspielen kritisiert. Aufgrund der Begrenzung auf in der Regel acht Mannschaften je Gruppe hatte jeder Verein nur 7 Heimspiele und damit nur 7 feste Einnahmemöglichkeiten. Das war den großen Vereinen zu wenig, zumal den Gesellschaftsspielen aufgrund des fehlenden Wettbewerbscharakters die Attraktivität fehlte und damit das Zuschauerinteresse nachließ. So stand die Forderung im Raum, die Spielklassen zu erweitern.

Der WSV verwies die Vorschläge an die „Neuko", die bewährte Kommission zur Neueinteilung. Die „Neuko" brachte zur WSV-Verbandsversammlung am 8.9.1928 in Essen ihre Vorschläge mit, die nicht nur eine Aufstockung der einzelnen Spielklassen, sondern auch vermehrte Aufstiegsmöglichkeiten vorsahen. Aber erst in der Wahlversammlung am 8.12.1928 folgte man den Vorschlägen, die ab dem Spieljahr 1929/30 gelten sollten. Im Ergebnis führte dies zu einer deutlichen Aufstockung der höheren Spielklassen, wobei die 1. Bezirksklasse in Bezirksliga (Sonderklasse) umfirmiert wurde, aber weiterhin bei 16 Vereinen verblieb. Die 2. wurde zur 1. Bezirksklasse, die I.Gauklasse zur 2. Bezirksklasse und die II. zur I.Gauklasse. Die unterste Klasse blieb die Aufnahmeklasse. So sehr diese Neuregelung von den größeren Vereinen begrüßt wurde, so problematisch wurde sie für die unteren Klassen. Denn hier kam es zu einer dramatischen Ausdünnung, so dass eine Klassenbildung in den jeweiligen Gauen kaum noch möglich war und auch die kleinen Vereine weite Fahrten in Kauf nehmen mussten, um zu ihren Gegnern zu gelangen.[1]

In der Zusammensetzung der Gaue ergab sich wieder einmal eine Änderung: Der bisherige Gau Ravensberg-Lippe wurde in die Gaue Bielefeld (Ravensberg) und Lippe geteilt.[2]

In der 1. Bezirksklasse des Westfalengaus setzten sich in der Westgruppe erstmals die SpVg. Herten und im Osten mal wieder Arminia Bielefeld durch. Um das Entscheidungsspiel entspann sich allerdings eine Posse, die wohl auf WSV-interne Streitigkeiten zurückzuführen war. Am Abend vor dem in Bielefeld angesetzten ersten Spiel erfuhr der Arminia-Vorstand zufällig durch ein Telefonat mit der SpVg. Herten, dass das angekündigte Spiel um eine Woche verlegt worden sei. Vom WSV gab es widersprüchliche Aussagen. Möglicherweise irritierte dieses die Arminia-Elf so sehr, dass sie überraschenderweise die Westfalenmeisterschaft der SpVg. Herten überlassen musste (1:1 und 3:1). Bei den Spielen um die Westdeutsche Meisterschaft hatte Herten dann aber gegen die aufstrebenden Schalker und den Meidericher SV keine Chance. Bei den Zweiten scheiterte Arminia in der 2. Runde an Kurhessen 93 Kassel.

Arminia Bielefeld hatte sich die Meisterschaft nur sehr mühsam erkämpfen können. Ortsrivale VfB 03 hatte Protest eingelegt, da Arminia einen angeblich nicht spielberechtigten Akteur eingesetzt haben sollte. Der Verband setzte ein Wiederholungsspiel an, das

In Lippe waren 40 Vereine gemeldet gemeldet, in Ravensberg 17 Vereine.[3] Der Rasensportverband Lippe, der mit dem Gau Lippe identisch war, konnte zudem 1929 auf sein 10jähriges Bestehen zurückblicken. Im Gau Minden-Herford spielten 1928/29 25 Vereine und im Gau Hellweg wurden 34 Vereine in den Amtlichen Mitteilungen genannt, wobei der SV Lüchtringen, obwohl im Spielbetrieb dabei, nicht aufgeführt wird, da er mit den Verbandsabgaben im Rückstand war.[4]

Arminia mit 5:1 für sich entschied. Ob der Spieler wirklich keine Spielberechtigung besaß, wurde weiter kontrovers diskutiert, war aber irrelevant geworden. Arminia Bielefeld sah sich nach alldem vom WSV benachteiligt und eine Mitgliederversammlung beschloss, dass man vom WSV zum DT wechseln sollte. Allerdings wollte man die anstehenden Wahlen beim WSV abwarten, die dann wohl im Sinne von Arminia ausgegangen sind, da anschließend die Wechselabsichten begraben wurden.[5]

In den 2. Bezirksklassen kam es im laufenden Spielbetrieb im Ostkreis zu Veränderungen. Den eigentlich abgestiegenen Vereinen SV Neuhaus und VfR Höxter wurde doch noch die Spielberechtigung für die 2. Bezirksklasse (Gruppe B) zugesprochen. Hintergrund waren Proteste der beiden Vereine gegen verlorene Entscheidungsspiele am Ende der Saison 1927/28. Und auch Preußen Paderborn, eigentlich in den Aufstiegsspielen als Meister der 1.Gauklasse des Gaus Hellweg gescheitert, wurde noch der Zugang zur 2.Bezirksklasse gewährt und der Gruppe A zugeordnet. Da dadurch in der 1.Gauklasse Platz geschaffen wurde, durfte noch Ende November der TSV Bellersen in die 1.Gauklasse nachrücken und musste die Spiele der 1. Serie im Dezember 1928 und Januar 1929 nachholen.[6] Am Ende der Spielzeit setzte sich in der Gruppe B die SUS Geseke als Meister durch. Da auch der 2. Platz zum Aufstieg berechtigte, kam dem letzten regulären Spiel zwischen der SpV. Gütersloh und VfJ 08 Paderborn besondere Bedeutung zu. Die Paderborner gewannen in Gütersloh mit 3:1 und beide Vereine waren damit punktgleich. Auf das eigentlich dann notwendig gewordene Entscheidungsspiel konnte aber verzichtet werden, da die neue 1.Bezirksklasse mit 12 Vereinen in der neuen Saison spielen sollte.

In der Gruppe A der 2. Bezirksklasse befanden sich die SpV. Minden und Westfalia Brackwede mit gleicher Punktzahl an der Tabellenspitze. Das erste Entscheidungsspiel gewann Brackwede mit 2:1. Ein zweites, eigentlich vorgesehenes Spiel ist nicht mehr überliefert, war aber ebenfalls überflüssig geworden, da beide Vereine aufsteigen konnten.

## 1. Bezirksklasse Ost

|   | Vereine | Sp | S | U | N | Tore | Punkte |
|---|---|---|---|---|---|---|---|
| 1. | Arminia Bielefeld | 14 | 7 | 6 | 1 | 28:12 | 20:8 |
| 2. | Hammer SpVg. | 14 | 8 | 2 | 4 | 31:21 | 18:10 |
| 3. | Teutonia Lipptadt(N) | 14 | 9 | 0 | 5 | 30:32 | 18:10 |
| 4. | VfB 03 Bielefeld | 14 | 7 | 3 | 4 | 50:25 | 17:11 |
| 5. | SpVg. 06/07 Bielefeld | 14 | 6 | 4 | 4 | 26:19 | 16:12 |
| 6. | FV 06 Osnabrück | 14 | 7 | 1 | 6 | 38:27 | 15:13 |
| 7. | Union Herford | 14 | 2 | 3 | 9 | 19:51 | 7:21 |
| 8. | BV 09 Hamm(N) | 14 | 0 | 1 | 13 | 11:46 | 1:27 |
|   |   |   | 46 | 20 | 46 | 233:233 | 112:112 |

Abb.: FuL 6.12.1928

## 2. Bezirksklasse Ostkreis Gruppe A

|   | Vereine | Sp | Tore | Punkte |
|---|---|---|---|---|
| 1. | Westfalia Brackwede | 16 | 44:25 | 21:11 |
| 2. | SpVg. Minden | 16 | 50:31 | 21:11 |
| 3. | BV Bad Oeynhausen | 16 | 34:32 | 19:13 |
| 4. | VfB Bünde | 16 | 42:37 | 20:12 |
| 5. | VfB Detmold | 16 | 41:33 | 14:16 |
| 6. | Preußen Paderborn | 16 | 30:42 | 13:19 |
| 7. | BV Lerigo | 16 | 27:34 | 12:20 |
| 8. | Wittekind Enger | 15 | 28:38 | 11:19 |
| 9. | SC Brake | 15 | 23:42 | 11:19 |
|   |   |   | 319:314 | 142:140 |

Es fehlt ein Spiel sowie die Zuordnung einer Niederlage zu Detmold, Enger oder Brake.

67

## 2. Bezirksklasse Gruppe B

|     | Vereine | Sp | Punkte |
|-----|---------|----|--------|
| 1.  | SUS Geseke | 18 | 29:7 |
| 2.  | SpV. Gütersloh | 18 | 23:13 |
| 3.  | VfJ 08 Paderborn | 18 | 23:13 |
| 4.  | Sp. u. Sp. Gütersloh | 18 | 20:16 |
| 5.  | SC Oelde | 18 | 18:18 |
| 6.  | SV 13 Paderborn | 18 | 17:19 |
| 7.  | SpVg. Borussia Lippstadt | 18 | 17:19 |
| 8.  | SpV. Neuhaus | 18 | 14:22 |
| 9.  | VfR Höxter | 18 | 11:25 |
| 10. | Sp. Neubeckum | 18 | 8:28 |
|     |         |    | 174:174 |

Am 9.Juni 1929 konnte der WSV ein ganz besonderes Ereignis feiern, die Einweihung des neuen Verbandsheimes in Duisburg-Wedau. Hier sollten zukünftig vor allem Schulungen und Tagungen stattfinden, um die Gemeinschaft zu pflegen, aber das Verbandsheim diente auch den Auswahlmannschaften und bot gute Trainingsmöglichkeiten. In seiner Festrede wies Ehrenvorsitzender Constans Jersch vor allem auf Folgendes hin: „...Konzentration aller Kräfte auf die sportliche Ausbildung und Erziehung der Mitglieder, stärkste Einwirkung auf die anvertraute Jugend nicht nur im sportlichen, sondern allgemein erzieherischen Sinne!"[7] Die Vereine des Verbandes

hatten maßgeblich durch sogenannte „Opferspiele" zur Finanzierung beigetragen.

Freuen durften sich auch die Sportfreunde Warburg, die anlässlich der Einweihung ihrer neuen Sportplatzanlage den FC Schalke 04 im September 1928 begrüßen durften.

Und am Ende der Saison gab es eine weitere positive Nachricht für die Entwicklung des Fußballs: in den Lehrplänen des Landes Preußen für die Volksschulen wurde endlich auch Fußball für den Turnunterricht zugelassen. In den „höheren Lehranstalten" und den Mittelschulen war das bereits seit Jahren der Fall.[8] Zugleich wurde empfohlen, dass auch die Geistlichen Sportlehrgänge besuchen sollten. Diese sollten über die konfessionellen Verbände Eichenkreuz und DJK angeboten werden.[9]

1929 hatte erstmals das Archiv für Leibesübungen eine umfangreiche Bestandaufnahme des Sports in Preußen durchgeführt. Damit wurde amtlich festgestellt, welche Möglichkeiten der Sportausübung in den einzelnen Provinzen und Regierungsbezirken des Landes Preußen bestanden. Westfalen als zweitgrößte preußische Provinz nach dem Rheinland hatte zu dieser Zeit rund 4,8 Millionen Einwohner. Für Westfalen wurden 7 Stadien und 771 Spiel- und Sportstätten erfasst, wozu noch 505 Behelfsstätten hinzugerechnet werden können. Pro Kopf errech-

WSV-Sportheim in Wedau, Abb.: Festschrift WSV 5.6.1929

nete das Archiv daraus eine Spielfläche von 1,22 Quadratmeter plus 0,56 Quadratmeter für die Behelfsflächen, eine im Vergleich zu anderen preußischen Provinzen zu geringe Zahl. Als Mindestmaß wurden 3 Quadratmeter angegeben.

Bei Betrachtung der drei westfälischen Regierungsbezirke schnitt aber Minden noch am besten ab mit 2,78 Quadratmetern Spielfläche. Bei den Bädern sah es dagegen besser aus. Für die Turnhallen (963 in Westfalen) wurde schließlich wieder ein deutlicher Mangel attestiert. Interessant schließlich auch noch der Organisationsgrad der Bevölkerung in sporttreibenden Vereinen: in den 3.671 erfassten Vereinen gab es 313.399 männliche und 73.229 weibliche Mitglieder. Das waren 12,97 Prozent der Männer und 3,06 Prozent der Frauen.

Insgesamt waren damit 8,04 Prozent der Gesamtbevölkerung Westfalens 1929 in Sportvereinen aktiv, ein vergleichsweise guter Wert in Preußen. Erfreulich war auch die Anzahl der Jugendlichen zwischen 14 und 20 Jahren, die fast genau die Hälfte der Mitglieder ausmachten. Aus dieser Studie wurde die Forderung der Sportvereine nach einer verstärkten Unterstützung des Staates vor allem beim Bau von Sportstätten untermauert.[10]

**Zwei, die sich um die Weltmeisterschaft noch nicht sorgen**
(Nach einem Gemälde von Zwiener)

Abb.: FuL 28.11.1928

**Endnoten**

1  FuL 28.5.1930

2  FuL 26.9.1928

3  FuL 30.10.1929

4  FuL 13.6.1928

5  FuL 20.2.1929 und WZ Bi 9./11./14.3.1929

6  FuL 31.10.1929

7  65 Jahre WFV, S.102 und Sonderheft der FuL vom 5.6.1929

8  Höxtersche Zeitung 15.4.1929

9  WZ Bi 7.5.1929

10  WZ Bi 4.5.1929

# 1929/30

Mit der neuen Saison traten die von der „Neuko" vorgeschlagenen Änderungen in Kraft und so stieg eine Vielzahl von Vereinen auf. Lediglich die im Westfalenbezirk neu gegründete Bezirksliga (auch Sonderliga genannt) als höchste Spielklasse blieb mit 8 Mannschaften quantitativ dünn besetzt. Doch die Vereine fanden immer wieder neue Ansätze, die Anzahl der Spiele zu erhöhen. Die zwischen den Spielzeiten zum Schutz der Leichtathletik verfügte Spielpause wurde immer löchriger. Findige Vereine veranstalteten entweder ihre Vereinsjubiläen, besondere Vereinsfeste oder Pokalturniere, für deren Ausrichtung sie sich Sondergenehmigungen erteilen ließen. Dadurch hatten einige Vereine durch Teilnahme an diesen Veranstaltungen kaum mehr eine Sommerpause.

In der Verbandszeitschrift des WSV, der „Fußball und Leichtathletik (FuL)", wurde im Laufe der Spielzeit unter der Überschrift „Aus der praktischen Vereinsarbeit..." eine allgemeine Bestandsaufnahme versucht.[1] Ausgangspunkt dabei war die Kostenfrage. In den „Amtlichen Mitteilungen" wurde es immer auffälliger, dass während der Saison immer mehr Vereine gesperrt wurden, da sie ihre Verbandsabgaben nicht entrichtet hatten. Die sogenannte „Schwarze Liste" wurde immer länger.[2]

Im Oktober 1929 war die New Yorker Börse zusammengebrochen („Schwarzer Freitag"), was zu einer weltweiten Rezession und insbesondere in Deutschland in der Folge zu einer Massenarbeitslosigkeit führte. Diese Zusammenhänge wurden jedoch nicht weiter thematisiert und waren wohl auch noch nicht erkannt, sondern es wurde nur allgemein von der „schwierigen wirtschaftlichen Lage" gesprochen. Diese hatte aber unmittelbaren Einfluss auf die Vereine im WSV. Mitglieder blieben ihre Mitgliedsbeiträge schuldig und auch andere Vereinseinnahmen insbesondere aus geselligen Veranstaltungen sanken. Dadurch gerieten unzählige Vereine in Zahlungsschwierigkeiten und konnten die Verbandsabgaben nicht mehr bezahlen. In der Analyse wurden drei Lösungs-

## Die Schwarze Liste.

Unglaublich lang ist die Reihe der westfälischen Vereine, die der WW. letzthin auf der Schwarzen Liste der säumigen Zahler veröffentlicht und einstweilen ausgeschlossen hat. Man begegnet unter ihnen Namen von Ruf und Rang. Allein in Osnabrück sind drei Vereine „kaltgestellt". Sollte vielleicht diese Tatsache der Grund sein, der sie am Abstimmungssonntage an: Reisen hinderte? Und gar Preußen Münster! Diese Vereine könnten wirklich mit einigem guten Willen den Obolus entrichten, den sie von Rechtswegen dem Verbande schulden. Die Säumigkeit ist nichts weiter, als ein unverzeihliches Zeugnis für ihre Gleichgültigkeit gegenüber dem Ganzen. Als Mitglieder eines Verbandes heißt es nicht nur, bei jeder Gelegenheit seine Rechte geltend zu machen, sondern auch — Pflichten zu erfüllen. Der Verband — das sind die Vereine selber. Mit seiner Leistungsfähigkeit steht und fällt die ihre. Das sollte man mindestens in so gut geleiteten Vereinen wie Preußen Münster — um nur einen zu nennen — ohne besonderen Hinweis wissen und beherzigen.

Schwarze Liste. Abb.: FuL 25.12.1929

ansätze präsentiert: 1. Die Aufwandsentschädigungen für Spieler müssen reduziert werden. Spieler der „Liga" (gemeint sind die 1. und 2. Spielklasse) konnten für Auswärtsspiele einen kleinen Kostenzuschuss von 3 bis 5 Mark für die notwendige Verköstigung erhalten. Dieser sollte auf ein absolutes Mindestmaß reduziert werden. 2. Die Verbandskosten müssen gesenkt werden. Wenn die Einnahmen sinken, müssen auch die Ausgaben reduziert werden. Das sollte durch eine noch stärkere Komprimierung der Gremien und eine Reduzierung der Verwaltungsarbeit erfolgen. Das war aber nur umsetzbar, wenn die Anzahl der Vereine nicht weiter stieg. So forderte man gerade die Vereine in den Ballungszentren auf, sich zusammenzuschließen. 3. Es müssen bessere Vereinsvorstände her. Nur rund ein Fünftel der Mitglieder der Vereinsvorstände wurde für befähigt gehalten, einen Verein ordnungsgemäß zu führen. Oftmals fehle es nicht nur an Wissen, sondern auch am nötigen Einsatzwillen und auch am Verständnis für die nun einmal unabdingbare Verbandsarbeit. Letztendlich appellierte man aber an die Ideale des WSV, der sich vehement dem reinen Amateurstatus verschrieben hatte und den Fußball als besondere körperliche Ertüchtigung junger Menschen ansah, bei dem der Wettkampfgedanke zweitrangig sei.

Aber erst am Ende der Saison 1930/31 machte zumindest der Gau Hellweg dann auch tatsächlich Ernst und zog den mit den Verbandsbeiträgen rückständigen Vereinen FC Allagen, TUS Bellersen und SV Lüchtringen alle Punkte ab.[3]

In der Hauptversammlung des WSV am 28.12.1929 verkündete Paul Klose seinen Abschied aus dem Verbandsvorstand. Den Bankkaufmann zog es beruflich nach Berlin. 21 Jahre hatte er dem WSV in besonderer Weise gedient. Seit 1909 hatte er dem Verbandsvorstand angehört, mitten im Weltkrieg hatte der Gelsenkirchener 1917 von Constans Jersch den Vorsitz übernommen, ihn 1920 aber wieder an den Bochumer abgegeben. Als sich Jersch 1926 zurückzog, wurde Paul Klose erneut zum WSV-Vorsitzenden gewählt. Voller Dankbarkeit verabschiedete die Hauptversammlung nun Paul Klose. Sein Nachfolger wurde wieder Constans Jersch.[4]

Paul Klose

Im Februar wurde von einer Missstimmung gegen den WSV berichtet, die sich vor allem in den Gauen Dortmund, Recklinghausen und Hamm breitgemacht hätte. Es wurde sogar in einigen Tageszeitungen kolportiert, dass es dort ernsthafte Bestrebungen gäbe, sich vom WSV zu lösen und möglicherweise einen Westfälisch-Hessischen Verband zu gründen in Anlehnung an das frühere Ansinnen der Hessen, sich vom WSV zu trennen. Doch intensive Gespräche der Verbandsspitze vor Ort förderten nur eine Unzufriedenheit zu verschiedenen Punkten zu Tage, die schließlich einvernehmlich gelöst werden konnten.[5]

**Bezirksliga**

| | Vereine | Sp | Tore | Punkte |
|---|---|---|---|---|
| 1. | VfB 03 Bielefeld | 14 | 34:13 | 24:4 |
| 2. | Borussia Rheine | 14 | 45:28 | 19:9 |
| 3. | VfL Osnabrück | 14 | 35:24 | 17:11 |
| 4. | Hammer SpVg. | 14 | 30:27 | 17:11 |
| 5. | Arminia Bielefeld | 14 | 26:33 | 12:16 |
| 6. | Teutonia Lippstadt | 14 | 15:40 | 9:19 |
| 7. | Sparta Nordhorn | 14 | 36:39 | 8:20 |
| 8. | SpVg. Herten | 14 | 21:38 | 6:22 |
| | | | 242:242 | 112:112 |

## 1. Bezirksklasse Gruppe Ost

|  | Vereine | Sp | Tore | Punkte |
|---|---|---|---|---|
| 1. | SUS Ahlen | 22 | 54:23 | 35:9 |
| 2. | Union Herford | 22 | 55:31 | 31:13 |
| 3. | SC Unna 08 | 21 | 46:35 | 25:17 |
| 4. | SpV. 06/07 Bielefeld | 22 | 51:38 | 25:19 |
| 5. | VfJ 08 Paderborn | 22 | 52:44 | 24:20 |
| 6. | Westfalia Ahlen | 21 | 29:33 | 22:20 |
| 7. | Westfalia Brackwede | 21 | 49:41 | 21:21 |
| 8. | BV Heeren | 22 | 40:45 | 21:23 |
| 9. | SpV. Gütersloh | 20 | 38:56 | 17:23 |
| 10. | SUS Geseke | 20 | 40:47 | 15:25 |
| 11. | VfB Bünde | 22 | 45:76 | 14:30 |
| 12. | SpV. Minden | 21 | 24:56 | 6:36 |
|  |  |  | 523:525 | 256:256 |

Aufsteiger zur Bezirksliga: SUS Ahlen, Union Herford, SC Unna 08, SpVg. 06/07 Bielefeld, VfJ 08 Paderborn und BV Westfalia Ahlen

Bei den Gautagungen am Ende der Saison war dann kaum noch die Rede von Problemen. Der Gau Lippe feierte seinen deutlichen Aufschwung. Die Anzahl der Mannschaften sei von 126 aus der Vorsaison auf rund 150 gestiegen, davon 55 Jugend- und sogar 11 Schülermannschaften. Und auch der Handball habe im Gau wieder Fuß gefasst, war er zwischendurch doch ausschließlich den Deutschen Turnern vorbehalten gewesen.[6] Gleiches wurde für den gesamten Bezirk berichtet. Allerdings musste sich der Bezirk Westfalen gleichzeitig eingestehen, dass das Faust- und Schlagballspiel nahezu zum Erliegen gekommen war. Dieses Feld wurde nun fast ausnahmslos von den Deutschen Turnern und dem Eichenkreuz-Verband bestellt.[7]

Und ein weiteres großes Manko blieb bestehen: die Anzahl der Proteste hatte sich mal wieder gerade zum Ende der Saison hin gehäuft und führte erneut dazu, dass einige Tabellen offen blieben. Besonders betroffen waren die nun zweitklassigen 1.Bezirksklassen. Abschlusstabellen konnten nicht erstellt werden, da sich die Proteste mal wieder über die Sommerpause hinzogen.

### Endnoten

1 Siehe Ausgaben der FuL vom 13.11. 1929 bis 5.2.1930

2 Siehe vor allem FuL vom 26.3.1930

3 FuL 16.06.1931

4 FuL 1.1.1930

5 FuL 12.2.1930 und WZ Bi 31.1.,3.2. und 7.2.1930

6 FuL 30.4.1930

7 WZ Bi 30.4.1930

# 1930/31

Die offenen Aufstiegsfragen hatte der Bezirk Westfalen pragmatisch gelöst, in dem fast allen Aufstiegsaspiranten der Zugang zur höheren Spielklasse gewährt wurde. Die Bezirksliga (Sonderliga als 1. Liga) wurde wieder in eine Ost- und Westgruppe geteilt und spielte mit insgesamt 19 Mannschaften. Die 1.Bezirksklassen umfassten jetzt 29 Mannschaften in den drei Ligen Ost, Nord und Süd. Und auch zu den 2.Bezirksklassen gab es Massenaufstiege. Im Ostkreis wurden gar zwei 2.Bezirksklassen mit jeweils 13 Mannschaften gebildet. Damit war man vielen Vereinen in zweierlei Hinsicht entgegengekommen: endlich durften Vereine aufsteigen, die sich bisher vergeblich darum bemüht hatten und die Anzahl der Meisterschaftsspiele war durch die größeren Spielklassen deutlich erhöht worden. Doch es gab auch kritische Stimmen. Bereits im Mai 1930 wurde in der FuL verdeutlicht, wer die Verlierer dieser erneuten Reform waren: die in den Gauligen, also in den untersten Klassen verbliebenen Vereine hatten kaum noch Gegner oder mussten für ihre niederklassigen Spiele weite Fahrten auf sich nehmen.[1] Das betraf in besonderer Weise die Randgebiete wie das Emsland oder den Kreis Höxter.

Wie unübersichtlich die Grenzgebiete waren, zeigen zwei Beispiele aus dem Kreis Höxter, die in dieser Spielzeit virulent wurden. Der SV Steinheim aus dem Nordwesten des Kreises Höxter hatte sich nach seiner Gründung 1921 dem Norddeutschen Fußballverband angeschlossen und dort auch in verschiedenen Klassen gespielt. Nun beantragte der Verein den Wechsel in den WSV, da die umliegenden Vereine aus dem Kreis Höxter wie

auch aus dem benachbarten Lippe dort ihre Heimat hatten. Der WSV sah sich allerdings 1930/31 nicht in der Lage, die Steinheimer adäquat der 2.Bezirksklasse zuzuordnen, da diese Klasse bereits überfüllt war. So spielte der SV Steinheim als Gast in der 1.Gauklasse Hellweg, Gruppe Weser mit und erhielt die Zusage, 1931/32 in der 2.Bezirksklasse spielen zu dürfen. Auch der SUS Höxter beantragte 1930 den Wechsel vom NFV in den WSV. Dieser wurde allerdings mit Verweis auf laufende Streitigkeiten des Vereins mit dem Norddeutschen Fußballverband abgelehnt. So blieb der SUS Höxter beim NFV und errang in der dortigen 1.Gauklasse in dieser Saison die Meisterschaft.[2] Um allerdings zu einer Grenzbereinigung mit dem NFV zu kommen, sollten weitere Gespräche auf Verbandsebene stattfinden. Auf dem Gautag des Gaues Hellweg wurde 1931 schließlich auch der Antrag formuliert, die Vereine aus Beckum, Oelde, Neubeckum, Ennigerloh und Wiedenbrück entweder dem Gau Hamm oder dem Gau Ravensberg zuzuordnen, um die Entfernungen im Gau Hellweg zu reduzieren.

Konsequent zeigte sich der WSV bei der Aufnahme neuer Vereine. In Beckum hatten endlich die beiden örtlichen Fußballvereine SUS und VfB fusioniert. Das war ganz im Sinne des Verbandes. Zuvor waren zwei Neugründungen in Beckum vom WSV mit dem Hinweis abgelehnt worden, dass man sich bestehenden Vereinen anschließen könne. Diese Linie wurde kompromisslos weiterverfolgt, als im Herbst 1931 der SK Beckum und SF Ahlen um Neuaufnahme baten. Auch diese Gesuche wurden abgelehnt.[3]

## Westfalen-Bezirk

Auf Grund eines Spielverbotes seiner Eltern hat der Primaner Josef Schmoll aus Warburg (Westfalen), Rotthof, das Elternhaus verlassen. Die Eltern suchen nach ihrem Sohn. Wer kann Auskunft erteilen? Vater ist bereit, den Sohn sofort abzuholen.

Ausgebüchst wegen Fußball. Abb.: AM 23.06.31

Während sich das Verhältnis des DFB und damit auch des WSV zu den Deutschen Turnern (DT) entspannte und der ausgehandelte Vertrag im gegenseitigen respektvollen Miteinander gelebt wurde, verschlechterte sich zusehends die Beziehung zur DJK. Zwar exis-

**Arbeitslos von Fall zu Fall.**

**Der Hereinfall des B. f. B. Detmold.**

Folgende der Tragikomik nicht entbehrende Geschichte wird uns aus Detmold berichtet, wo die zum Spiel erschienenen arbeitslosen Zuschauer das Entgegenkommen ermäßigter Eintrittspreise wenig dankbar lohnten und der Vereinskassierer höchstpersönlich für ihre Unehrlichkeit (und die nicht ganz sportliche Haltung des S. C. Minden) blechen mußte.

Um eine Erfahrung reicher wurde am Sonntag der B. f. B. Detmold. Dieser hatte ein Verbandsspiel gegen den Mindener Sportklub auszutragen. Da die Mindener zu spät auf dem Platze erschienen, wurde das Spiel für sie als verloren erklärt. Hierauf weigerten sich die Gäste, ein Freundschaftsspiel auszutragen, so daß kein Spiel stattfand und den zahlreichen Besuchern das Eintrittsgeld zurückgezahlt werden mußte. Unter den Besuchern war ein großer Teil Erwerbsloser, die nur den halben Preis bezahlt hatten, jedoch die gleichen Karten besaßen wie diejenigen, die den vollen Eintrittspreis entrichtet hatten. Als es nun ans Zurückzahlen ging, war plötzlich niemand mehr arbeitslos, so daß allen der volle Eintrittspreis zurückgezahlt werden mußte. Da die Kasse jetzt nicht mehr langte, blieb dem Kassierer nichts anderes übrig, als 15 Mark aus seiner Tasche zu zahlen.

Arbeitslose haben kein Geld... Abb.: WB Bi 13.02.31

## Sonderklasse Gruppe Ost

|     | Vereine            | Sp | S  | U  | N  | Tore   | Punkte  |
|-----|--------------------|----|----|----|----|--------|---------|
| 1.  | VfB Bielefeld      | 18 | 13 | 4  | 1  | 66:24  | 30:6    |
| 2.  | Arminia Bielefeld  | 18 | 11 | 4  | 3  | 50:23  | 26:10   |
| 3.  | Hammer SpVg.       | 18 | 11 | 0  | 7  | 41:28  | 22:14   |
| 4.  | Teutonia Lipptadt  | 18 | 9  | 2  | 7  | 27:24  | 20:16   |
| 5.  | SUS Ahlen 05       | 18 | 8  | 3  | 7  | 38:33  | 19:17   |
| 6.  | SC Unna 08         | 18 | 6  | 4  | 8  | 30:41  | 16:20   |
| 7.  | VfJ 08 Paderborn   | 18 | 7  | 2  | 9  | 29:43  | 16:20   |
| 8.  | SpV. 06/07 Bielefeld | 18 | 5  | 4  | 9  | 27:37  | 14:22   |
| 9.  | SpV. Union Herford | 18 | 4  | 2  | 12 | 32:56  | 10:26   |
| 10. | BV Westfalia Ahlen | 18 | 3  | 1  | 14 | 16:47  | 7:29    |
|     |                    |    | 77 | 26 | 77 | 356:356| 180:180 |

tierte auch hier inzwischen ein Vertrag, der vor allem den Wechsel von Spielern zwischen den Verbänden regelte, doch auf unterster Ebene wurde hiergegen immer wieder verstoßen.

Und da es gerade im Gau Hellweg zu vermehrten Wechseln in Richtung der DJK-Vereine kam, was auch die deutlich gestiegene Anzahl der DJK-Vereine in diesem Gebiet unterstreicht, reagierte der Gauvorstand entsprechend und forderte seine Vereine auf, Verstöße gegen den Vertrag unverzüglich zu melden. Spiele gegen DJK-Vereine waren bereits gänzlich untersagt worden. Die Argumentation gegen DJK-Vereine gipfelte schließlich darin, dass man auf einen Todesfall bei einem DJK-Spiel in Höxter hinwies, als der Spieler Rook aus Höxter bei einem Unglücksfall auf dem Spielfeld verstorben war.[4] Doch trotz aller Abwehrmaßnahmen gelang es dem WSV gerade in den katholisch geprägten Regionen nicht, die DJK-Bewegung aufzuhalten. Der Verband „Eichenkreuz" der evangelischen Kirche konnte sich dagegen in Ostwestfalen fußballerisch nicht durchsetzen. Neben Handball und Turnen setzte man eher auf Faust- und Schlagball.

Aufgrund der Vielzahl von Spielen zog sich die Saison bis weit in den Sommer 1931 hinein. Nur der Westfalenmeister schien rechtzeitig mit VfB 03 Bielefeld festzustehen. Der VfB hatte sich in der Ostgruppe der Bezirksliga gegen den Ortsrivalen Arminia durchgesetzt und mit 9:1(!) auch das Entscheidungsspiel gegen die SpVg. Herten als Meister der Westgruppe gewonnen. Doch dann wurden in der Westgruppe Borussia Rheine nachträglich vier Punkte am grünen Tisch zugesprochen und damit war plötzlich Rheine und nicht Herten Meister.

Da der Westfalenmeister an den Westdeutschen Meisterschaften teilnehmen sollte, entstand Terminnot. So schlug der Verband nur eins statt der üblichen zwei Entscheidungsspiele vor. Das wurde von den Vereinen abgelehnt. Das erste Spiel in Rheine endete mit 3:3. Zum zweiten Spiel kam es dann aber nicht mehr, da ein Vertreter von Borussia Rheine gegenüber dem Verband den Verzicht des Vereins auf ein weiteres Spiel und damit auf die Meisterschaft erklärte. Damit wurde der VfB Bielefeld zum Meister ernannt und nahm erfolgreich an der Westdeutschen Meisterschaft (Vizemeister) teil.

> **UM DIE WESTDEUTSCHE MEISTERSCHAFT**
> Sportplatz Spielvereinigung 06/07 Bielefeld, verlängerte Mühlenstraße
>
> Sonntag, den 16. März 1930, nachmittags 3 Uhr:
> ## V.F.B. 03 Bielefeld — Hüsten 09
> (Westfalenmeister)                    (Südwestfalenmeister)
> Schiedsrichter: W. Ehlenbeck, Hilden
>
> Vorverkaufsstellen: Sporthaus Wilh. Noe, Bielefeld, Niederwall — Zigarrenhaus Helmholz, Bielefeld, Kaiserstraße 97

Abb.: FuL 12.3.1930

Somit waren die Bielefelder auch für die Deutsche Meisterschaft qualifiziert, scheiterten dort jedoch in der 1. Runde in Dortmund am späteren Deutschen Meister Hertha BSC Berlin mit 2:5. Die Geschichte war damit aber noch nicht zu Ende. Der „Vertreter aus Rheine", der den Verzicht erklärt hatte, trat zwei Tage nach seiner Erklärung aus dem Verein aus und Borussia Rheine gab bekannt, dass dieser Herr gegen die Anweisungen des Vereins gehandelte habe. Die Proteste der Rheiner gegen die Verbandsentscheidung, VfB Bielefeld zum Meister zu erklären, zogen sich bis ins Jahr 1932. Da beide Vereine ein nachträgliches weiteres Entscheidungsspiel ablehnten, beschloss die Verbandsspruchkammer schließlich, dass es 1931/32 offiziell keinen Westfalenmeister gebe!

Dabei hätte es der VfB Bielefeld wirklich verdient gehabt, sich mit diesem Titel zu schmücken, denn nach ihnen gelang es keinem Verein aus dem Westfalenbezirk mehr, so wie

### 1. Bezirksklasse Gruppe Ost

|     | Vereine | Sp | S | U | N | Tore | Punkte |
|-----|---------|-----|-----|-----|-----|--------|--------|
| 1.  | SpV. Gütersloh | 16 | 11 | 2 | 3 | 38:25 | 24:8 |
| 2.  | VfB Detmold | 16 | 9 | 4 | 3 | 37:18 | 22:10 |
| 3.  | VfB Bünde | 16 | 9 | 4 | 3 | 37:25 | 22:10 |
| 4.  | Sp. u. Sp. Geseke | 16 | 8 | 3 | 5 | 47:34 | 19:13 |
| 5.  | Preußen Paderborn | 16 | 6 | 4 | 6 | 38:36 | 16:16 |
| 6.  | BV Heidenoldendorf | 16 | 6 | 2 | 8 | 30:37 | 14:18 |
| 7.  | SpVg. Minden | 16 | 4 | 2 | 10 | 29:39 | 10:22 |
| 8.  | Sp. u. Sp. Gütersloh | 16 | 3 | 3 | 10 | 23:46 | 9:23 |
| 9.  | Westfalia Brackwede | 16 | 4 | 0 | 12 | 21:38 | 8:24 |
|     |         |    | 60 | 24 | 60 | 300:298 | 144:144 |

er von 1918-1933 bestand, sich für die Endrunde um die Deutsche Meisterschaft zu qualifizieren. Das Ruhrgebiet mit dem aufstrebenden FC Schalke 04 und das Rheinland, vor allem mit Fortuna Düsseldorf, übernahmen die Vorrangstellung im Westen.

**Endnoten**

116 1  FuL 28.5.1930

117 2  Höxtersche Zeitung 14.6.1931

118 3  FuL 10.02.1931 und 13.10.1931

119 4  FuL 20.01.1931

# 1931/32

Wenn man dem WSV eine Kontinuität nicht absprechen kann, dann ist es die des stetigen Wandels des Spielsystems oder zumindest die Diskussion darüber. Entweder wurden Grenzen zwischen den Gauen oder Bezirken neu gezogen, Bezeichnungen geändert oder Spielklassen neu strukturiert. Und so wurde bei der Verbandsversammlung am 4./5.7.1931 in Münster mal wieder ein neues Spielsystem beschlossen, bei dem es in erster Linie darum ging, klare Regeln für die Größe der einzelnen Ligen zu schaffen und vor allem den Auf- und Abstieg verbindlich vor der Saison festzulegen. Man hatte aus den Erfahrungen der letzten Jahre mit den weit in die neue Saison hinein schwelenden Protesten gelernt. Neu war, dass nun auch verbindlich Pokalspiele durchgeführt wurden. Hier spielten die Mannschaften der Bezirksliga und der 1. Bezirksklasse einerseits und die Mannschaften aller unteren Klassen andererseits ihre Pokalsieger aus. Der Pokalsieger des Westfalenbezirks nahm an den Spielen zur Ermittlung des Westdeutschen Pokalsiegers teil, der wiederum den dritten Startplatz des WSV bei den Deutschen Meisterschaften erhielt. Damit wurde der Pokal deutlich aufgewertet, auch wenn es noch keinen Deutschen Pokalsieger gab. Dieser Wettbewerb wurde als „Tschammer-Pokal" erst 1935 eingeführt.

Zu Beginn der neuen Saison durften auch die „Profis" vom FC Schalke 04 wieder an den Spielen teilnehmen. Da sich etliche Spieler des Vereins entgegen den Statuten des DFB vom Verein hatten bezahlen lassen, waren sie im August 1930 aus dem WSV ausgeschlossen worden. Die bekanntesten Spieler, Fritz Szepan und Ernst Kuzorra, wechselten daraufhin als echte Profis zu Vienna Wien, da in Österreich bereits 1928 das Berufsspielertum offiziell eingeführt worden war. Im DFB und seinen Verbänden wusste man, dass man sich grundsätzlich mit dieser Frage würde beschäftigen müssen, da die Schalker kein Einzelfall waren. Insbesondere der Süddeutsche Fußballverband

Unhaltbare Zustände auf den Sportplätzen. Abb.: FuL 3.11.31

## Deutscher Fußballbund

**Ballabmessungen.** Wir werden darauf aufmerksam gemacht, daß offenbar sehr viele Bälle, die nicht das in den Regeln vorgeschriebene Maß haben, von den Vereinen auch außerhalb des Jugendspielbetriebes verwandt werden. Dieses ist nicht statthaft.
                                                                    **Dr. Xandry.**

Der richtige Ball. Abb.: FuL 8.3.32

und der WSV drängten hier auf eine Lösung, die aber vor der Machtübernahme der Nationalsozialisten nicht mehr kam und dann nicht mehr angegangen wurde.

Froh war man im DFB, dass der seit Jahren schwelende Streit mit dem D.T. nun endlich beigelegt war. Die Turner verzichteten auf eigene Fußballmeisterschaften und empfahlen ihren Vereinen, sich den einzelnen Regionalverbänden des DFB anzuschließen. Im Gau Hellweg taten das mit Beginn der neuen Saison mit dem TV Godelheim, SV Westfalia Scherfede, TV Belecke, TV Callenhardt und TV Warstein gleich fünf Vereine.[1] Sie wurden zunächst als Gastmannschaften geführt. Bei Streitigkeiten hatten sich diese Vereine allerdings an ihre Instanzen innerhalb des D.T. zu wenden.[2]

Im Laufe der Saison hatten sowohl der WSV als auch etliche Vereine mit erheblichen Finanzschwierigkeiten zu kämpfen. Die durch die Weltwirtschaftskrise zunehmende Arbeitslosigkeit zeigte jetzt auch seine volle Auswirkung auf den Fußball. Viele Vereinsmitglieder konnten ihre Mitgliedsbeiträge nicht mehr bezahlen und auch die Besucherzahlen sanken. So blieben die Vereine ihre Verbandsabgaben schuldig.

### 1. Bezirksklasse Ost

|     | Vereine            | Sp | S  | U | N  | Tore    | Punkte  |
|-----|--------------------|----|----|---|----|---------|---------|
| 1.  | Hammer SpVg.       | 20 | 16 | 1 | 3  | 55:27   | 33:7    |
| 2.  | SC Unna 08         | 20 | 11 | 3 | 6  | 41:41   | 25:15   |
| 3.  | VfB Bielefeld(M)   | 20 | 10 | 4 | 6  | 51:34   | 24:16   |
| 4.  | Arminia Bielefeld  | 20 | 10 | 3 | 7  | 45:33   | 23:17   |
| 5.  | SpV. 06/07 Bielefeld | 20 | 11 | 1 | 8 | 48:39  | 23:17   |
| 6.  | VfJ 08 Paderborn   | 20 | 10 | 2 | 8  | 54:47   | 22:18   |
| 7.  | Westfalia Ahlen    | 20 | 7  | 4 | 9  | 40:51   | 18:22   |
| 8.  | Teutonia Lippstadt | 20 | 7  | 3 | 10 | 34:45   | 17:23   |
| 9.  | SUS Ahlen 05       | 20 | 6  | 3 | 11 | 41:45   | 15:25   |
| 10. | SpV. Union Herford | 20 | 4  | 3 | 13 | 32:55   | 11:29   |
| 11. | SUS Gütersloh      | 20 | 3  | 3 | 14 | 30:55   | 9:31    |
|     |                    |    | 95 | 30| 95 | 471:472 | 220:220 |

Zunächst machte es sich der Verband einfach und sperrte Vereine, die ihre Abgaben säumig blieben, oder entzog ihnen Punkte. Im Februar 1932 waren allein im Gau Hellweg 28 Vereine von einem Ausschluss bedroht. Der WSV-Vorstand reagierte dann allerdings und erließ den Vereinen die dritte Jahresrate 1931, was zu einer kurzzeitigen Entspannung führte.[3] Immer wieder sagten gerade in den Gauklassen Vereine kurzfristig ihre Spiele ab. Die Punkte

## Verbands-Jugendausschuß

Die Gauvorstände und Gau-Jugendobleute werden gebeten, schnellstens mitzuteilen, ob und in welcher Form in ihren Gauen Vereine des WSV. Gebrauch von dem Freiwilligen Arbeitsdienst gemacht haben und welche Arbeiten gegebenenfalls von den Vereinen im Wege des Freiwilligen Arbeitsdienstes durchgeführt worden sind.

Freiwilliger Arbeitsdienst. Abb.: AM 18.5.32

gingen automatisch an den Gegner. Trotzdem mussten die Spiele nachgeholt oder dem Gegner eine Erstattung gezahlt werden. Da dieses oft nicht freiwillig geschah, waren hiermit die Verbandsinstanzen übermäßig beschäftigt.

## 1. Bezirksklasse Ost

| | Vereine | Sp | S | U | N | Tore | Punkte |
|---|---|---|---|---|---|---|---|
| 1. | SV 16 Osnabrück | 20 | 14 | 1 | 5 | 84:42 | 29:11 |
| 2. | VfB Detmold | 20 | 13 | 2 | 5 | 57:30 | 28:12 |
| 3. | Westfalia Brackwede | 20 | 12 | 2 | 6 | 57:35 | 26:14 |
| 4. | FV 06 Osnabrück | 20 | 11 | 2 | 7 | 48:31 | 24:16 |
| 5. | BV Heidenoldendorf | 20 | 11 | 2 | 7 | 38:33 | 24:16 |
| 6. | VfB Oerlinghausen | 20 | 7 | 3 | 10 | 33:45 | 17:13 |
| 7. | Wittekind Enger | 19 | 7 | 2 | 10 | 42:70 | 16:22 |
| 8. | VfB Bünde | 20 | 7 | 2 | 11 | 32:41 | 16:24 |
| 9. | BV Oeynhausen | 20 | 6 | 4 | 10 | 31:42 | 16:24 |
| 10. | SUS Gütersloh | 20 | 7 | 1 | 12 | 28:49 | 15:25 |
| 11. | SpVg. Minden | 19 | 3 | 1 | 15 | 26:55 | 7:31 |
| | | | 98 | 22 | 98 | 476:472 | 218:218 |

Es fehlt Enger-Minden

## 1. Bezirksklasse Süd

| | Vereine | Sp | S | U | N | Tore | Punkte |
|---|---|---|---|---|---|---|---|
| 1. | Polizei SV Hamm | 20 | 11 | 6 | 3 | 64:47 | 28:12 |
| 2. | SUS Hamm 05 | 22 | 11 | 5 | 6 | 68:49 | 27:17 |
| 3. | VfR Hamm 04 | 22 | 12 | 2 | 8 | 54:42 | 26:18 |
| 4. | Preußen Paderborn | 22 | 11 | 4 | 7 | 57:50 | 16:18 |
| 5. | VfR Heesen | 22 | 10 | 4 | 8 | 55:47 | 24:20 |
| 6. | SC 09 Oelde | 21 | 8 | 6 | 7 | 46:37 | 22:20 |
| 7. | SV Neuhaus | 22 | 7 | 8 | 7 | 51:53 | 22:22 |
| 8. | VfR Soest | 22 | 7 | 5 | 10 | 43:47 | 19:25 |
| 9. | Bockum Hövel | 22 | 8 | 3 | 11 | 50:59 | 19:25 |
| 10. | SV 13 Paderborn | 19 | 7 | 4 | 8 | 46:42 | 18:20 |
| 11. | SUS Geseke | 21 | 5 | 5 | 11 | 33:51 | 15:27 |
| 12. | BV 09 Hamm | 21 | 3 | 4 | 14 | 31:74 | 10:32 |
| | | | 100 | 56 | 100 | 598:598 | 256:256 |

Es fehlen 4 Spiele.

Trotzdem fielen am Ende der Spielzeit die Berichte in den Gauversammlungen weitgehend positiv aus. Es gab weitere Vereine, die ihre Aufnahme in den WSV beantragt hatten und damit stieg auch die Anzahl der Mitglieder weiter. Allerdings blieb die Protestwut bestehen. Aus dem Gau Minden-Herford wurde berichtet, dass insgesamt 481 Spiele in dieser Saison durchgeführt wurden, es aber auch 206(!) Proteste hagelte, mit denen sich die Staffelleiter, der Gauvorstand oder die Instanzen beschäftigen mussten.[4] Auf der Verbandstagung des WSV am 6./7.5.1932 in Koblenz standen schließlich etliche Anträge auf Änderung des Spielsystems zur Debatte. Da eine Änderung des erst im Vorjahr in Münster beschlossenen Systems keine qualifizierte (2/3-) Mehrheit erhielt, war die Diskussion schnell zu Ende.

Westfalenmeister wurde erstmals die SpVg. Herten 12, die sich in den Entscheidungsspielen gegen den Meister der Ostgruppe, SpVg. Hamm 03/04 souverän mit 8:0 und 5:1 durchsetzte. Bei den Spielen um die Westdeutsche Meisterschaft, die im K.O.-System durchgeführt wurden, war dann für Herten aber bereits nach der Niederlage gegen den Meidericher SpV. mit 0:4 sofort Schluss.

**Endnoten**

1 FuL 1.9.1931

2 FuL 26.1.1932

3 FuL 2.2.1932

4 FuL 12.4.1932

# 1932/33

Die Spielzeit 1932/33 sollte die letzte ihrer Art unter der alleinigen Regie des WSV und seiner Bezirke sein. Doch das konnte zu Beginn der Saison im September 1932 noch niemand ahnen.

Die Wirtschaftskrise mit ihren über 6 Millionen Arbeitslosen in Deutschland befand sich auf ihrem Höhepunkt, die Regierungskrise hatte sich weiter verschärft und die Reichstagswahl im Juli hatte eine deutliche Stärkung der radikalen Parteien gebracht. Die Zersplitterung schritt mit der weiteren Politisierung des öffentlichen Lebens unaufhaltsam voran und die Grabenkämpfe machten auch vor dem Sport nicht halt. Mit den Deutschen Turnern hatte der DFB einen Burgfrieden geschlossen, der weitgehend Bestand hatte. Zumindest im Westfalen-Bezirk sind aus den Amtlichen Bekanntmachungen im Gegensatz zu früheren Jahren keine Auseinandersetzungen mehr überliefert. Dagegen bestand dringender Handlungsbedarf, mit der DJK zu tragfähigeren Vereinbarungen zu kommen und diese auch besser zu überwachen.

Beide Verbände hatten zunehmend mit „wilden Wechseln" zu tun, die gegen alle Absprachen waren. So wurde im Januar 1933 ein neuer Vertrag zwischen der DJK und dem WSV veröffentlicht, der den ursprünglichen vom 31.12.1921 ersetzte.[1] Der WSV war allerdings der einzige Landesverband des DFB, der zu einer

**Gau Hellweg**

Vorstand. Sitzung am 18. 12. in Ottbergen. 1. Betr. Aufnahmegesuch Stahle: Nachdem die Freigabe von der DJK. nunmehr erfolgt ist, wird das Aufnahmegesuch dem BB. befürwortend weitergereicht. Dem Verein wird aufgegeben, neue Vereinsatzungen unter Anlehnung an die Mustersatzungen des WSV. aufzustellen und dem Gau einzureichen. Wir empfehlen unseren Verbandsvereinen, insbesondere denen der Wesergruppe, mit Stahle regen Spielverkehr zu pflegen. 2. Antrag Hembsen auf Kostenerstattung wegen Nichtantretens Hörter Res. wird abgelehnt, da durch Absage von Hörter Schr.=Kosten nicht entstanden sind. Hörter erstattet an Hembsen 0,60 RM. anteilige Kosten für Platzaufbau. Das Spiel mit Hörter Res. ist nach Durchführung des M.=Spieles in Hörter in satzungsgemäßer Frist auszutragen. 3. Hembsen verpflichtet sich, das schuldige Rückspiel der A 1=Jgd. in Hörter bis Ende März 33 auszutragen. 4. Bellersen erstattet für Nichtantreten der 2 M zum M.=Spiel am 20. 11. in Hembsen 2,60 RM. Schr.= und 0,50 RM. Platzaufbaukosten an H. 5. Nach Prüfung der Pokalspielabrechnung vom Spiel Hörter — Brakel hat H. an B. noch 4,60 RM. zu zahlen. 6. Rückspielforderung Brakel an Hörter A 1=Jgd.: Br. wird aufgegeben, durch den geführten Schriftwechsel die Forderung zu

25.

Wechsel von DJK zum WSV. Abb.: AM 28.12.32

Übereinkunft mit der DJK gelangte (siehe hierzu auch das Kapitel DJK).

Als besonderen Erfolg konnte der WSV zu Beginn der Saison verzeichnen, dass sich eine neue „Spielgruppe" im Kreis Warburg gebildet hatte. Warburg war bisher fest in der Hand der DJK gewesen. Lediglich die Sportfreunde 08 (bis 1922 VfB) Warburg spielten beim WSV im Bezirk Kassel. Nun bildete sich eine Gruppe von zunächst 8 Vereinen mit 14 Mannschaften, die in zwei Gruppen spielte.[2]

War der WSV-Vorstand hier über die Neubildung und damit auch Neuaufnahme hoch erfreut, so behielt man sich in anderen Regio-

# Verbands-Fußballausschuß

Wir haben erwogen, ob es angebracht war, bei der großen Hitze ein allgemeines Spielverbot zu erlassen. Es ist dies jedoch nicht geschehen, weil die Verhältnisse doch nicht überall gleich sind und weil wir annehmen, daß sich die Vereine bezüglich der Anfangsstunden einigen werden!!. Weitgehendstes Entgegenkommen und gegenseitiges Verständnis muß von den beteiligten Vereinen erwartet werden, und wir bitten, für nächsten Sonntag die Verhandlungen rechtzeitig einzuleiten, damit nicht wegen bereits in Druck gegebener Plakate usw. eine Verständigung abgelehnt wird.

Spielverbot bei Hitze? Abb.: AM 23.8.32

nen die endgültige Zustimmung zur Aufnahme in den Verband ausdrücklich vor.[3] Dabei wurde weiterhin konsequent das Ziel verfolgt, dass es je Ortschaft möglichst nur einen Verein geben dürfe. Hartmut Hering vermutete in seiner Fußballgeschichte des Ruhrgebietes dahinter aber vor allem eine Abwehrhaltung gegen Arbeitervereine, die nicht in das rechtskonservative Bild des WSV passten.[4]

**Sonderklasse Ost**

|     | Vereine | Sp | S | U | N | Tore | Punkte |
|-----|---------|----|---|---|---|------|--------|
| 1.  | Arminia Bielefeld | 18 | 12 | 4 | 2 | 55:22 | 28:8 |
| 2.  | VfB 03 Bielefeld | 18 | 12 | 2 | 4 | 48:26 | 26:10 |
| 3.  | SUS Ahlen | 18 | 10 | 3 | 5 | 43:25 | 23:13 |
| 4   | SpVg. Hamm 03/04 | 18 | 8 | 3 | 7 | 48:46 | 19:17 |
| 5.  | VfJ 08 Paderborn | 18 | 5 | 7 | 6 | 40:41 | 17:19 |
| 6.  | Teutonia Lipptadt | 18 | 5 | 6 | 7 | 29:29 | 16:20 |
| 7.  | SC 08 Unna | 18 | 6 | 3 | 8 | 36:40 | 16:20 |
| 8.  | SpV. 06/07 Bielefeld | 18 | 5 | 5 | 8 | 26:39 | 15:21 |
| 9.  | Union Herford | 18 | 6 | 2 | 10 | 31:49 | 14:22 |
| 10. | Westfalia Ahlen | 18 | 2 | 2 | 14 | 26:55 | 6:30 |
|     |         |    | 71 | 38 | 71 | 382:382 | 180:180 |

Sportlich kehrte 1933 Arminia Bielefeld nach einigen Jahren der Versenkung wieder auf die große (westdeutsche) Bühne zurück. In der Bezirksliga Ost sicherte man sich knapp vor dem Ortsrivalen VfB die Meisterschaft und errang auch in drei Entscheidungsspielen gegen die SpVg. Herten 12 den Westfalenmeistertitel. Trotz Heimrecht war dann aber in der ersten Runde der Westdeutschen Meisterschaften gegen den aufstrebenden SUS Hüsten 09 aus dem Bezirk Südwestfalen mit 0:4 frühzeitig Schluss. Der Weg hierhin war aber mal wieder steinig und ging nicht ohne erneute Dramatik am grünen Tisch vonstatten. Beim Ortsderby war es zum Spielabbruch gekommen, da der Schiedsrichter von einem VfB-Spieler tätlich angegriffen wurde, weil er zuvor einen Strafstoß und Platzverweis gegen den VfB ausgesprochen hatte.[5] Die Verbandsentscheidung ließ aber auf sich warten. Zudem hatte Arminia noch drei weitere Nachholspiele zu absolvieren, während der SUS Ahlen Ende Februar im Soll war. Da der Westfalen-Bezirk aber aufgefordert war, kurzfristig den Teilnehmer an den Westdeutschen Meisterschaften zu

Westfalenmeister Arminia Bielefeld. Abb.: WB Bi 13.03.33

melden, beschloss der Verbandsvorstand, dass die Mannschaft zum Meister erklärt werde, die Ende Februar die meisten Pluspunkte aufweisen konnte. So kam es zum Endspiel zwischen Arminia und dem bisherigen Tabellenführer SUS Ahlen, dass Arminia glücklicherweise 3:1 gewann und damit alle sonst entstehenden Diskussionen abwehrte. Aber es war mal wieder eine typische Entscheidungsfindung, die gerade den westfälischen Verband in den letzten 15 Jahren so oft begleitet und für viel Ärger gesorgt hatte.

Das erste Halbjahr 1933 war dann überschattet von den politischen Umwälzungen, die auch vor dem DFB, dem WSV und den einzelnen Bezirken und Gauen und schließlich auch vor allen Vereinen keinen Halt machten. Als Adolf Hitler am 30.Januar 1933 zum Reichskanzler ernannt worden war, ließen die Nationalsozialisten keine Zeit verstreichen, nicht nur ihre politischen Gegner aus dem Weg zu räumen und das gesamte politische System auf ihre Ideologie umzustellen, sondern gleichzeitig tief in alle Lebensbereiche einzugreifen. Was man gemeinhin als „Gleichschaltung" bezeichnet, oftmals aber bereits entweder aus voller Überzeugung oder im vorauseilenden Gehorsam geschah, prägte nun auch das Sportleben. Bis zum Sommer 1933 war diese „Gleichschaltung" vollzogen.

### Endnoten

1   FuL 3.1.1933

2   Warburger Kreisblatt 1.9.1932

3   FuL 7.2.1933

4   Im Land der tausend Derbys, Fußballgeschichte des Ruhrgebiets, S. 81 ff

5   WZ Bi 30.1.1933

## 1. Bezirksklasse; Gruppe Ost

|  | Vereine | Sp | S | U | N | Tore | Punkte |
|---|---|---|---|---|---|---|---|
| 1. | Westfalia Brackwede | 22 | 18 | 0 | 4 | 90:27 | 36:8 |
| 2. | VfB Bünde | 21 | 16 | 1 | 4 | 73:29 | 33:9 |
| 3. | FV 06 Osnabrück | 21 | 13 | 3 | 5 | 72:31 | 29:13 |
| 4. | SpV. Gütersloh | 22 | 12 | 5 | 5 | 65:40 | 29:15 |
| 5. | SpVg. 16 Osnabrück | 22 | 13 | 3 | 6 | 44:48 | 29:15 |
| 6. | BSV Heidenoldendorf | 22 | 10 | 3 | 9 | 41:55 | 23:21 |
| 7. | Sp. u. Sp. Gütersloh | 21 | 9 | 4 | 8 | 47:34 | 22:20 |
| 8. | VfB Detmold | 22 | 5 | 5 | 12 | 47:62 | 15:29 |
| 9. | BV Bad Oeynhausen | 21 | 6 | 2 | 13 | 36:52 | 14:28 |
| 10. | VfB Oerlinghausen | 22 | 5 | 2 | 15 | 41:91 | 12:32 |
| 11. | SpVg. Minden | 22 | 5 | 2 | 15 | 38:70 | 12:32 |
| 12. | Wittekind Enger | 22 | 3 | 0 | 19 | 27:91 | 4:40 |
|  |  |  | 115 | 30 | 115 | 621:630 | 260:260 |

Spiele VfB Bünde – FV 06 Osnabrück und SUS Bütersloh – BV Bad Oeynhausen offen.

## 1. Bezirksklasse Süd

|  | Vereine | Sp | S | U | N | Tore | Punkte |
|---|---|---|---|---|---|---|---|
| 1. | SV Bockum-Hövel | 22 | 18 | 3 | 1 | 78:34 | 39:5 |
| 2. | PSV Hamm | 22 | 17 | 3 | 2 | 93:35 | 37:7 |
| 3. | Preußen Paderborn | 22 | 11 | 2 | 9 | 41:45 | 24:20 |
| 4. | SUS Hamm 05 | 22 | 9 | 4 | 9 | 54:42 | 22:22 |
| 5. | FC Oelde 09 | 22 | 8 | 5 | 9 | 46:46 | 21:23 |
| 6. | BV 09 Hamm | 22 | 10 | 0 | 12 | 36:46 | 20:24 |
| 7. | VfR Heesen | 21 | 8 | 2 | 11 | 46:44 | 18:24 |
| 8. | VfK Hamm 04 | 21 | 8 | 2 | 11 | 44:46 | 18:24 |
| 9. | SUS Geseke | 22 | 7 | 4 | 11 | 39:49 | 18:26 |
| 10. | SV 13 Paderborn | 22 | 7 | 3 | 12 | 37:61 | 17:27 |
| 11. | VfR Soest | 22 | 6 | 3 | 13 | 33:65 | 15:29 |
| 12. | SV Neuhaus | 22 | 4 | 5 | 13 | 31:58 | 13:31 |
|  |  |  | 113 | 36 | 113 | 578:571 | 262:262 |

Es fehlt das Spiel VfR Heeses – Hamm 04.

# *Sonderthema:* Gleichschaltung

Nachdem der DFB das Thema Nationalsozialismus über viele Jahre totgeschwiegen und trotz mehrfacher Aufforderungen (u.a. Festrede von Walter Jens zum 75jährigen Bestehen des DFB 1975) nicht aufgearbeitet hatte, wurde 2005 mit Nils Havemann ein Historiker beauftragt, sich unabhängig mit diesem Teil der Vergangenheit auseinanderzusetzen. Havemann kommt zu dem Ergebnis, dass es zwei Phasen der „Gleichschaltung" gegeben habe, die erste im Jahre 1933 und die zweite direkt nach den Olympischen Spielen 1936, als die Nationalsozialisten keine Rücksicht mehr auf das Ausland nehmen mussten.[1]

Während die konfessionell oder politisch gebundenen Verbände in klarer Gegnerschaft zum Nationalsozialismus standen, begrüßten viele Mitglieder und Funktionäre der „bürgerlichen" Verbände wie der DFB und die Deutschen Turner die Machtübernahme Hitlers. Havemann kommt unter anderem zu dem Ergebnis, dass die NSDAP und ihr „Führer" ihre spezifischen Interessen vertrat, die so vielschichtig waren wie ihre politischen Grundhaltungen: Bekämpfung der Wirtschaftskrise und der Arbeitslosigkeit, Stärkung der "Volksgemeinschaft", Pflege des nationalen Gedankens, das Versprechen sozialer Gerechtigkeit, die Ablösung der alten Eliten, das Aufbrechen hinfällig erscheinender Strukturen, Bekämpfung der „bolschewistischen Gefahr", Hebung von Moral und Sitte, Beseitigung des als ineffizient erachteten Parlamentarismus (und) Aufhebung des „Schandfriedens".[2]

Und sehr schnell sah man die einmalige Chance, die Vielfalt der fußballspielenden Verbände aufzulösen und den DFB als alleinigen Fachverband für Fußball durchzusetzen. Bereits am 7.2.1933, also eine Woche, nachdem Hitler zum Reichskanzler ernannt worden war, legte der WSV-Vorstand einen Fahrplan für die anstehenden Sitzungen der Gaue, Bezirke und schließlich des Verbandes vor. Statt wie in früheren Jahren die Sommerpause hierfür zu nutzen, sollten die Gremien 1933 bereits im Frühjahr tagen.

Mit dem Reichstagsbrand am 27./28.02.1933 verschärfte sich die politische Situation schlagartig. Mit Hilfe der „Reichsbrandverordnung" gelang es Hitler, unliebsame Gegner innerhalb kürzester Zeit mit staatlicher Gewalt auszuschalten. Erste Opfer waren Juden und Kommunisten. Mit dem Ermächtigungsgesetz vom 23.03.1933, dem alle Reichstagsparteien

## Nur Arier als Sportführer
### Eine Entschließung des DFB und der DSB

In einer Vorstandssitzung am Mittwoch in Berlin haben der Deutsche Fußballbund und die Deutsche Sportbehörde für Leichtathletik folgende Entschließung gefaßt: „Der Vorstand des Deutschen Fußballbundes und der Vorstand der Deutschen Sportbehörde für Leichtathletik halten Angehörige der jüdischen Rasse, ebenso wie auch Personen, die sich in der marxistischen Bewegung herausgestellt haben in führenden Stellungen der Landesverbände und Vereine nicht für tragbar. Die Verbände und Vereine werden aufgefordert, die entsprechenden Maßnahmen, soweit diese noch nicht getroffen sind, zu veranlassen

Deutscher Fußballbund

gez. Linnemann, Dr. Xandry.

Deutsche Sportbehörde für Leichtathletik

gez. Dr. v. Halt, Haßler.

Abb.: Die Glocke Gütersloh 15.4.1933

mit Ausnahme der bereits ausgeschlossenen KPD und der SPD zustimmten, war der Weg zur Diktatur endgültig geebnet. Und die Nationalsozialisten nutzten diese Möglichkeit.

So beeilten sich auch etliche Vereine, oftmals im vorauseilenden Gehorsam, oftmals aber auch durch den Einfluss überzeugter Nationalsozialisten, den „neuen Geist" zu implementieren. Als erstes sichtbares Zeichen wurde das „Führerprinzip" eingeführt. Der Vereinsvorsitzende wurde „bestimmt", das Wort „Wahl" dabei tunlichst vermieden und das Amt in „Vereinsführer" umbenannt. Er bestimmte sodann alle anderen Vorstandsmitglieder und traf – notfalls auch allein- alle Entscheidungen.

Im WSV wurde das Führerprinzip mit der Verbandstagung am 13.05.1933 eingeführt (siehe Bericht oben aus dem WV vom 15.5.1933). Constans Jersch, der langjährige Vorsitzende trat ohne weitere Diskussion zurück und der überzeugte Nationalsozialist und Reichstagsabgeordnete Dr. Josef Klein, zuvor schon einmal für die Jugend im WSV verantwortlich, wurde einstimmig zum Führer des WSV ernannt.[3] Im Juli 1931 hatte der WSV-Verbandstag Klein mit 88:138 Stimmen noch aus dem Vorstand gedrängt, da man einen Nationalsozialisten dort für nicht opportun hielt.[4] Nun war man der Überzeugung, dass man mit Klein genau den richtigen „Führer" gefunden habe, da er gute Kontakte zu den neuen Machthabern hatte.

Bei den Bezirks- und den Gautagen wurde ähnlich verfahren, wobei hier allerdings zumeist die bisherigen Vorsitzenden im Amt blieben und als Bezirks- oder Gauführer weitermachten.

Im Bezirk Westfalen setzte Dr. Kuhlmann seine Tätigkeit fort, durfte sich nun „Führer" nennen und zeichnete damit auch seine Bekanntmachungen. Im bisherigen Gau Hellweg wurde Lehrer Frese aus Erwitzen in seinem Amt bestätigt, im Gau Lippe Vorsitzender Mahlmann und im Gau Minden Hartwig, der allerdings dann am 1.8.33 von seinem Vorstandskollegen Römble abgelöst wurde.

Einzig im Gau Ravensberg „musste der alte Gauführer Heitmann nach 26jähriger erfolgreicher Tätigkeit seinen Posten an die jüngere Kraft Jochheim abtreten".[5] Aus dieser Formulierung ist zunächst nicht ersichtlich, ob Heitmann freiwillig aus Altersgründen zurücktrat

**Der WSV. dankt ab!**

Der Westdeutsche Spielverband erklärt:

Mit Rücksicht auf die Einsetzung eines Sportkommissars für die Rheinprovinz durch den Landeshauptmann, durch welche die Führung des Westdeutschen Spiel-Verbandes neu geregelt wird, sind der Verbandstag und die Verbands-Ausschuß-Sitzung gegenstandslos geworden. Sie werden vertagt, bis weitere Weisungen erfolgen.

∗

Aha, das hatten wir erwartet! Mit eisernem Besen muß die nationale Revolution gerade unter den Führern des WSV kehren. Auch die große Tagung des westfälischen Sportparlaments in Lippstadt scheint nach der jetzt bevorstehenden Ernennung des westfälischen Sportkommissars nachträglich zu einer Farce zu werden.

Abb.: WZ Bi 27.4.1933

**Westdeutscher Spielverband**

Auf Anordnung des Verbandsvorstandes des WSV ergeht an alle Vereine unseres Gaues die Weisung, sich tatkräftig an den örtlich vorgesehenen Kundgebungen zur Feier des 1. Mai, des Tages der Arbeit, zu beteiligen. — Organisation und Oberleitung der Aufmärsche liegen in den Händen der örtlichen Spitzen der NSDAP, an die sich die Vereinsvorstände wegen der Eingliederung usw. zu wenden haben.

Ich erwarte die restlose Beteiligung aller Mitglieder der Vereine des mir unterstellten Gaues.

Erwitzen, den 28. April 1933.

Westdeutscher Spielverband e. V.
Gau Hellweg,
A. Frese, Gauobmann.

Abb.: WV 29.4.1933

oder zum Rücktritt gezwungen wurde. Dem Bericht in der Westfälischen Zeitung Bielefeld vom 21.03.1933 ist aber zu entnehmen, dass Heitmann, dem einige Vereinsvertreter schon keine Entlastung erteilen wollten, in einer Kampfabstimmung gegen Jochheim mit 40:99 unterlag. Ob diese Abwahl erfolgte, da die Vereine mit der Tätigkeit des Gauvorsitzenden unzufrieden waren oder dahinter politische Gründe zu suchen sind, ist aus den Berichten nicht ersichtlich.

# Gleichschaltung im WSV

## Dr. Klein (Uerdingen) Führer – Klares Bekenntnis zum Amateurgedanken

Der neue Geist, der durch Deutschland geht, hat auch vor der Wahlversammlung des Westdeutschen Spielverbandes nicht Halt gemacht. Die Tagung, die am Samstag nachmittag im Dortmunder Rathaus stattfand, stand ganz im Zeichen der rationellen Arbeit, lange Diskussionen gab es nicht, und mit militärischer Präzision wurde die Tagesordnung in ganz produktiver Weise erledigt. Dadurch war das Programm in kaum zwei Stunden abgewickelt. Die Gleichschaltung ist vollzogen, der Führer des Westdeutschen Spielverbandes heißt Dr. Klein (Uerdingen).

Die Eröffnungsansprache hielt der Verbandsvorsitzende Notar Jersch, Bochum. Es folgte eine kurze Rede des Dortmunder Sportkommissars Dr. Wagner, der in Vertretung von Staatskommissar Schüler erschienen war. Dr. Wagner hob mit besonderer Freude hervor, daß gerade Dortmund der Ort sei, in dem der geschichtliche Wendepunkt innerhalb des Westdeutschen Spielverbandes vor sich ginge. Dann trat wieder Notar Jersch ans Rednerpult, der eine Rechtfertigungsrede für die Arbeit des bisherigen Verbandsvorstandes hielt. Er wies darauf hin, daß dem WSB die autoritative Verbandsführung schon lange vorgeschwebt habe und daß er in den letzten Jahren trotz unzähliger Angriffe einen Weg gegangen sei, der jetzt von der nationalen Regierung im Sinne der Gleichschaltung als vollkommen richtig anerkannt werde. Jersch trat für die restlose Anerkennung des Führerprinzips ein und erklärte, daß der Westdeutsche Spielverband stolz darauf sei, ein glänzendes Verbandsjugendheim und einen wohlgeordneten Verband mit annähernd 330 000 Mitgliedern übergeben zu können.

Die Entlastung des Gesamtvorstandes und aller Verbands-Ausschüsse wurde von dem Mühlheimer Sportkommissar Ehles vorgenommen. Die Entlastung erfolgte einstimmig. Den bisherigen Führern wurde für ihre geleistete Arbeit der Dank ausgesprochen. Es wurden sodann einige Satzungsänderungen vorgenommen, von denen folgender hervorzuheben ist:

### „Der Vorstand ist der Verbandsführer"

Auf Vorschlag aus der Versammlung heraus wurde Dr. Klein (Uerdingen) einstimmig zum Führer gewählt. Dr. Klein, der bereits früher als Jugendreferent im WSB tätig war, und seinerzeit durch seine große Rede in Münster hervortrat, betonte, daß im WSB nicht allzu viel gleichzuschalten sei. Das Führerprinzip müsse auch in den Vereinen anerkannt werden. Zum Amateurstandpunkt gab Dr. Klein folgende Erklärung ab:

„Ich mache schon heute sämtliche Vereinsführer dafür verantwortlich, daß **unser Idealismus gewahrt bleibt, nämlich daß kein Spieler mehr einen baren Pfennig oder Heller in die Finger bekommt.** Der westdeutsche Meister muß ein Deutscher sein, die Meisterschaften sind ausschließlich nur für deutsche Volksgenossen offen."

Zu seiner Mitarbeit wird Dr. Klein einen Senat berufen, der darüber zu wachen hat, daß das Kulturgut und die Tradition des Verbandes würdig und unversehrt an die nächste Generation übergeben wird.

Mit dem Deutschland- und Horst-Wessel-Lied schloß die Tagung, nachdem man noch an den Reichskanzler Adolf Hitler folgendes Telegramm gerichtet hatte:

„Die heute in Dortmund tagende Wahlversammlung des WSB bringt als erste Tat nach der Führerwahl die innere Verbundenheit mit dem Führer des deutschen Volkes und insbesondere mit seinen gegenwärtigen Sorgen um Deutschlands Schicksal zum Ausdruck. Alle Verbandswalter erklären feierlich, daß sich der Führer auf den Westdeutschen Spielverband verlassen kann."

## Gleichschaltung im Hockeysport

Die unterzeichneten Vereine haben der Geschäftsstelle des Deutschen Hockey-Bundes für den Bundestag am 28. Mai in Würzburg folgenden Antrag übermittelt: „Der Ehrenvorsitzende des Deutschen Hockey-Bundes, Herr Georg Berger, Berlin, wird zum Führer des DHB ernannt. Er ist ermächtigt, die Leitung des DHB zu bestimmen und alle Maßnahmen zu treffen, die für eine Neuordnung des DHB und seiner Organe erforderlich sind. Er ist berechtigt, dabei von den Bundessatzungen abzuweichen.

Der Sinn des Antrages bedarf keiner weiteren Erläuterung. Er will unter der starken Führung von Georg Berger den Deutschen Hockeysport wieder in Bahnen lenken, die in Zukunft allein maßgebend für alle Bundesvereine sein sollen. Insbesondere bezweckt der Antrag durch die Wahl des Führers alle persönlichen Auseinandersetzungen und alle Debatten über die Besetzung der einzelnen Präsidialämter von vornherein abzubiegen, da ein solches Verhalten des Bundestages für den deutschen Hockeysport selbst und auch für das neue Deutschland unwürdig wäre. Wir fordern hiermit alle Bundesvereine auf, diesem Antrag der unterzeichneten Vereine beizutreten. Es lebe der deutsche Hockeysport! Deutscher HC Hannover, Groß-Flottbecker THG, H. C. Braunschweig, gez. Dr. Fiedler, gez. Noellting, gez. Dr. Stube, HC Hannover gez. Beck, Uhlenhorster HC gez. Goerne.

Abb.: WV 15.5.1932

# Anordnung des Verbandsführers

Die Verbandsinstanzen wickeln bis anderslautende Anordnungen des Führers ergehen, die Verbandsgeschäfte wie bisher ab; mit der einzigen Ausnahme, daß Ausschüsse nur beratende Organe sind, und daß die Entscheidung allein der Vorsitzende hat. (Also die Gau- und Bezirksvorsitzenden.)

Der Verbandsführer Dr. Klein macht alle Vereinsführer, vom Mannschaftsführer angefangen bis zum Vorsitzenden, persönlich dafür verantwortlich, daß kein Spieler bares Geld in die Hand bekommt.

Im Auftrage des Verbandsführers:
v. Mengden.

Einführung des Führerprinzips. Abb.: FuL 16.5.1933

Als dann die Nationalsozialisten die Verbandsstrukturen des DFB an die politischen Strukturen des Reiches anpassten und das gesamte Reichsgebiet in 16 Gaue aufteilten, musste für den neuen Gau IX (Westfalen) ein Gauführer gefunden werden. Mit amtlicher Bekanntmachung vom 1.8.1933 wurde Emil Becker aus Essen vom DFB-Führer Linnemann „unter Verständigung" mit WSV-Führer Klein zum Gauführer Westfalen bestellt.[6] Becker war zuvor bereits viele Jahre Mitglied des WSV-Vorstandes und damit ein erfahrener Verbandsfunktionär.

In etlichen Vereinen war das Führerprinzip zu diesem Zeitpunkt bereits eingeführt worden. Alle anderen drängte der WSV nun zur schnellen Umsetzung. In den Amtlichen Bekanntmachungen wurde wiederholt hierauf aufmerksam gemacht und schließlich im Sommer die säumigen Vereine namentlich benannt. Am 25.07.1933 wurde schließlich den Vereinen TUS Bruchhausen (Kreis Höxter) und SV Neuhaus (Kreis Paderborn) sowie Preußen Lengerich der Ausschluss angedroht. Eine Woche später wurde Gleiches drei Vereinen des Kreises Minden und dem Sportklub Verl (Kreis Ravensberg) mitgeteilt.[7] Alle Vereinsführer mussten zudem durch den „Gauführer", diese wiederum durch die „Bezirksführer" und diese schließlich durch den „Verbandsführer" bestätigt werden.

Ein zweiter Schritt im Sinne der „nationalen Erneuerung" war der Ausschluss von Juden und Marxisten. Drei Tage nach dem ersten von den Nazis initiierten Boykott gegen jüdische Geschäfte veröffentlichte der WSV in der „FuL" am 4.4.1933 seine neuen Leitsätze, in dem gleich unter Punkt eins festgelegt wurde, dass der WSV „alle jungen Deutschen ohne Unterschied des Standes und der religiösen Überzeugung" aufnehme. Gehandelt wurde aber ganz anders. Und am 25.04.1933 wurde über das Verbandsorgan ein Beschluss des DFB verkündet, der den Ausschluss von „Mitgliedern der jüdischen Rasse" und Marxisten aus Verbandsgremien und Führungspositionen von Vereinen vorsah (siehe unten).

Spätestens mit diesem Beschluss begann die Ausgrenzung der Juden aus den Vereinen. Auch wenn es hiergegen keinen nennenswerten Widerstand gab und die Vereine ihren jüdischen Mitgliedern den Austritt nahelegten, so gibt es zumindest ein Beispiel, wo der Verband zunächst die eigenen Interessen höher bewertete als die politischen. Im Gau Hellweg war Sally Goldschmidt aus Beverungen seit 1932 „Fußballsachbearbeiter", also praktisch Staffelleiter, und damit auch Mitglied des Gauvorstandes. Eigentlich hätte er nach dieser Direktive sofort zurücktreten müssen, doch noch am 02.05.1933 gibt er amtliche Verlautbarungen in der FuL als Staffelleiter heraus. Offensichtlich durfte er erst noch die laufende Spielzeit zu Ende bringen, ehe er seinen Abschied nehmen musste, da kurzfristig für seine umfangreiche Arbeit kein Nachfolger bereitstand. Erst bei der Benennung des neuen Gauvorstandes am 20.06.1933 taucht sein Name nicht mehr auf. Und auch aus seinem Heimatverein, dem VfB Beverungen, dem er

**Die Vorstände des Deutschen Fußballbundes und der Deutschen Sportbehörde haben beschlossen:**

„Die Vorstände des DFB. und der DSB. halten Angehörige der jüdischen Rasse, wie auch Personen, die sich in der marxistischen Bewegung herausgestellt haben, in führenden Stellungen der Verbandsinstanzen und der Vereine für nicht tragbar. Die Vereinsvorstände werden aufgefordert, die entsprechenden Maßnahmen, soweit diese nicht bereits getroffen sind, zu veranlassen"

Der WSV. seinerseits behält sich die Bestätigung aller Verbandsinstanzen nach diesem Gesichtspunkt in Uebereinstimmung mit § 7 der Verbandssatzungen vor.

Abb.: FuL 25.04.33

85

1929/30 für ein halbes Jahr vorstand und bei dem er bis zum 07.01.1933 als Geschäftsführer fungierte, wurde er ausgeschlossen. Sein Lebensweg endete im Konzentrationslager, wo er den Holocaust nicht überlebte.[8]

Im Frühjahr 1933 achteten die Verbandsinstanzen auch genau darauf, dass keine „Linken" aufgenommen wurden. Anträge von kommunistischen Vereinen auf Aufnahme wurden rundweg abgelehnt und darauf verwiesen, dass sich ihre Sportler bestehenden WSV-Vereinen anschließen könnten. Auch für die Integration von ATSB-Vereinen behielt sich der WSV-Vorstand die letzte Entscheidung vor, obwohl Aufnahmeanträge satzungsgemäß eigentlich die Gauvorstände abschließend zu genehmigen hatten.

Mit Hans von Tschammer und Osten wurde am 28.04.1933 ein Nationalsozialist zum Reichssportkommissar (ab 19.07.1933 zum Reichssportführer) ernannt, bei dem zukünftig alle Fäden im Sport zusammenlaufen sollten. Sein Ziel lautete, „die zersplitterte deutsche Turn- und Sportbewegung zu einem Band zusammenzuschweißen".[9] Der Deutsche Reichsausschuss für Leibesübungen (DRA), in dem sich etliche Sportverbände zusammengeschlossen hatten, wurde bereits Anfang Mai aufgelöst und der gesamte Sport in den neuen Deutschen Reichsbund für Leibesübungen (DRL) überführt. Es wurden sogenannte „Reichsfachschaften" gebildet. Mit der Führung der „Reichsfachschaft Fußball" wurde Felix Linnemann betraut, der Vorsitzende des DFB. Er hatte frühzeitig intensive Gespräche mit von Tschammer und Osten geführt und diesen davon überzeugt, den DFB zu erhalten und mit der (alleinigen) Führung des Fußballs in Deutschland zu betrauen. Im Hinblick auf die bevorstehenden Olympischen Spiele in Berlin im Jahre 1936 und die dafür notwendigen Verbindungen zum internationalen Sport behielt der Reichssportführer die wichtigsten Organisationen bei. Der DFB wurde zum Gewinner der Gleichschaltung, da sich die bisherigen Konkurrenzverbände entweder auflösen (Arbeiter-Sportbund, Rot Sport) oder in den DFB integrieren mussten (DT, DJK, Eichenkreuz). Lediglich den jüdischen Verbänden wurde zunächst ihr Fortbestand garantiert.

**von Tschammer-Osten Reichssportkommissar**

Reichsinnenminister Dr. Frick hat Herrn von Tschammer-Osten zum Reichssportkommissar beim Reichsinnenministerium ernannt. Hans von Tschammer-Osten ist Mitglied des Reichstages und gehört der NSDAP an. Der neue Sportkommissar, der die schwierige und verantwortungsvolle Aufgabe übernommen hat, die großen deutschen Turn- und Sportverbände in neue Bahnen zu lenken, wurde am 25. Oktober 1887 in Dresden geboren. Nach Absolvierung der Kadettenanstalt trat er im Jahre 1907 in die Armee ein und wurde bei Kriegsausbruch Adjudant beim sächsischen königlichen Infanterie-Regiment 105 in Straßburg. Vorher war er Kommandant der Militär-Turnanstalt und mehrfach im Auslande tätig. Im Kriege erlitt er eine Verletzung am Unterarm, die eine Lähmung der rechten Hand zur Folge hatte. von Tschammer stellte sich im Jahre 1922 in die nationale Bewegung, er trat 1929 in die NSDAP ein, wurde SA-Führer in Dresden und wurde am 1. März 1932 mit der Führung der Gruppe Mitte beauftragt, eine Stellung, die er bis zu seiner Ernennung zum Reichssportkommissar inne hatte. Hans von Tschammer erreichte den militärischen Rang eines Hauptmanns.

Abb.: WV 2.5.1933

Auch hier hatte man die Außenwirkung im Hinblick auf die Olympischen Spiele im Blick.

Insbesondere die DJK-Bewegung hatte lange auf ihre Eigenständigkeit gehofft und dabei auf die laufenden Konkordats-Verhandlungen zwischen der neuen Reichsregierung und dem Vatikan gesetzt. Dort einigte man sich schließlich darauf, dass die DJK weiterhin bestehen könne, aber „mit der Maßgabe, dass der Wettspiel- und Wettkampfbetrieb nach den Anordnungen des Reichssportkommissars in die Fachverbände des deutschen Sports eingebaut werden."[10] Diese Regelung stieß aber nicht bei allen DJK-Vereinen auf Gegenliebe. Von 17 Vereinen, die 1932/33 an der Meisterschaft der DJK im Kreis Höxter teilgenommen hatten, meldeten sich zur neuen Spielzeit nur noch 10 Vereine an. Die anderen hatten sich entweder komplett zurückgezogen oder ihre Spieler an Nachbarvereine abgegeben. Lediglich die DJK Lüchtringen fusionierte im Laufe der Spielzeit mit dem örtlichen SV.

Und auch intern wurde die DFB-Führung gestärkt, da verfügt wurde, dass sich die (bisher sehr eigenständigen) Landesverbände aufzulösen hätten. Während sechs Landesverbände dem nachkamen, sperrte sich der WSV. Josef Klein wollte seinen gerade erst erworbenen Posten nicht räumen und versuchte seine guten Beziehungen zum Regime einzusetzen. Er begründete den Fortbestand vor allem mit der Erhaltung des Jugendheimes in Duisburg-Wedau und den dortigen Kursen und Tagungen. Warum der DFB und letztendlich auch der Reichssportführer dem WSV ein Fortbestehen als „Gauverband West", in dem die neu geschaffenen Gaue IX (Westfalen), X (Niederrhein) und XI (Mittelrhein) zusammengeschlossen waren, zugestand, ist nicht abschließend geklärt. Möglicherweise lag der Grund in der besonderen Stellung des Nationalsozialisten Josef Klein.[11]

Allerdings musste sich der WSV trotz der ertrotzten Verlängerung der Eigenständigkeit einer Neuordnung des Verbandsgebietes beugen. Denn die Aufteilung des gesamten Reichsgebietes in Gaue als neue Verwaltungsbezirke wurde auch auf den Sport übertragen und sollte alle Strukturen vereinheitlichen. So wurde die Sommerpause 1933 genutzt, neue

## Der Hitler-Gruß
### Bestimmung des WSV-Führers

Der Führer des Westdeutschen Spiel-Verbandes, Dr. Klein, veröffentlicht in den Amtlichen Mitteilungen folgende Bestimmung:

„Unter Aufhebung aller anderen Anordnungen bestimme ich hiermit für den WSV.:

Nach der Seitenwahl stellen sich die beiden Mannschaften auf dem Mittelkreis des Spielfeldes auf, jede Mannschaft besetzt den Halbkreis, der in ihrer Spielhälfte liegt, Front nach innen. Der Schiedsrichter tritt mit den Linienrichtern in den so gebildeten Kreis der Spieler. Die Spieler begrüßen Gegner und Schiedsrichter durch Aufheben der rechten Hand vorwärts, etwa in Schulterhöhe. Das Zeichen zum Gruß gibt der Schiedsrichter, der selber mit grüßt, um die kameradschaftliche Verbindung zwischen ihm und den Spielern zu bekunden. Der Gruß ist stumm, es wird nichts gerufen.

Nach dem Spiel treten die Mannschaften, wie es bereits während der ganzen Spielzeit angeordnet gewesen ist, wieder zusammen und bringen den üblichen Sportruf aus."

Hitlergruß verbindlich. Abb.: WV 5.6.1933

Grenzen zu ziehen und daraus resultierend neue Klassen- und Gruppeneinteilungen vorzusehen (siehe Saison 1933/34). Mit Beginn der neuen Spielzeit war damit der erste Teil der Gleichschaltung vollzogen.

**Eingliederung Sportjugend in HJ**

Allerdings erfolgte bereits im September 1933 ein weiterer wesentlicher Schritt, der allen Sportverbänden größte Schwierigkeiten bereiten sollte, ihre Eigenständigkeit zu bewahren. Die gesamte Turn- und Sportjugend sollte bis zum 30.11.1933 in die Hitler-Jugend eingegliedert werden. Damit war Nachwuchsarbeit nur noch in einer nationalsozialistischen Organisation möglich, die nicht nur die Strukturen, sondern insbesondere die Inhalte der Jugendarbeit bestimmte. Und damit verbunden war zwangsläufig auch die Forderung, dass alle sporttreibenden Jugendlichen Mitglied der HJ zu sein hatten. Das hielt viele bisher konfessionell ausgerichtete oder Arbeiterorganisationen angehörende Jugendliche ab, sich einem Verein anzuschließen. Hierin lag einer der Gründe, warum die Anzahl der Mannschaften in den kommenden Jahren zurückgehen sollte.

> Die Anzahl der Mitglieder im DRL, dem sportlichen Dachverband, sank von ehemals 6,2 Millionen im Jahr 1933 auf nur noch 3,6 Millionen im Jahr 1937.[15]

**Auflösung WSV und DJK**

Und auch für den Fortbestand des WSV gab es nur eine Galgenfrist. So sehr Verbandsführer Klein auch auf die Eigenständigkeit des WSV achtete, so sehr war dem DFB mit Linnemann an der Spitze in Berlin dieses Eigenleben ein Dorn im Auge. Hatte Linnemann bei der Besetzung der Gauführungen noch Rücksicht auf Klein genommen und diesen miteinbezogen, so änderte sich das Bild 1934. Offensichtlich hatte sich Linnemann Rückendeckung bei von Tschammer und Osten geholt und als es zu Auseinandersetzungen bei vermögensrechtlichen Fragen kam, riss der Geduldsfaden in

Berlin und von Tschammer und Osten forderte schließlich am 20.08.1934 unmissverständlich die Auflösung des WSV von Klein. Klein kämpfte weiter und suchte Mitstreiter, doch er blieb in seiner Opposition weitgehend auf sich allein gestellt. Auf seine erneute Weigerung, den WSV zu liquidieren, erließ von Tschammer und Osten mit Unterstützung des Reichsinnenministeriums die endgültige Auflösungsverfügung im Februar 1935. Das Vermögen wurde dem DFB und dem DRL zugeschlagen. Damit war der letzte Landesverband endgültig Geschichte.[12]

Ähnlich erging es auch der DJK, die ihre Eigenständigkeit über 1933 hinaus glaubte retten zu können und sich dabei in erster Linie auf das Reichskonkordat stützte. Doch der Druck der Nationalsozialisten wurde mit jedem Tag stärker. Wie der WSV wurde die DJK endgültig im August 1935 mit Hilfe der Verordnung gegen konfessionelle Jugendverbände aufgelöst und ihr Vermögen beschlagnahmt.[13] Gleiches galt für die Eichenkreuz-Bewegung der evangelischen Kirche. Tatsächlich hatten beide Verbände aber bereits 1934 ihr Eigenleben verloren, als sie sich komplett den Richtlinien des DRL unterwerfen und ihre Vereine beim jeweiligen Fachamt anmelden mussten.

Damit war aber der Gleichschaltungsprozess aus Sicht der Nationalsozialisten noch nicht abgeschlossen, da der DFB und andere Fachverbände vor allem im internationalen Sportverkehr ein beträchtliches Eigenleben genossen. Zudem war die „widerwillig gewährte Eigenständigkeit des Sports"[14] vielen Nationalsozialisten ein Dorn im Auge und so forderten sie, wie in anderen Bereichen längst geschehen, die vollständige Eingliederung in nationalsozialistische Strukturen. Was Havemann als „zweite Gleichschaltung" charakterisierte, vollzog sich unmittelbar beginnend nach den Olympischen Spielen in Berlin. Die NS-Organisationen griffen nun immer stärker in das Leben ein und behinderten durch enge Terminvorgaben andere Aktivitäten. Insbesondere die HJ vertrat ihren Alleinvertretungsanspruch der Jugendlichen so massiv, dass sich bis 1937 viele Vereine auflösten.

Der DRL wurde schließlich am 21.12.1938 in den Nationalsozialistischen Reichsbund für Leibesübungen" umbenannt und damit der Sport endgültig gleichgeschaltet. Im DFB geriet „Führer" Linnemann immer stärker in Bedrängnis und verlor Entscheidungskompetenzen. Da er beruflich offensichtlich in Gegensatz zum mächtigen Leiter der Geheimen Staatspolizei, Reinhard Heydrich, geraten war, wurde er am 01.04.1937 nach Stettin versetzt. Damit wurde seine direkte Verbindung zur Schaltzentrale des DFB in Berlin gekappt und er in den nächsten Jahren von vielen Entscheidungen ausgeschlossen, obwohl er formell bis zum Kriegsende Leiter des „Fachamtes Fußball" blieb und sogar in die SS eingetreten und den Rang eines Obersturmbannführers eingenommen hatte.

Immer stärker machte sich nun der Einfluss der verschiedenen NS-Organisationen auf den Fußball bemerkbar. Die Jugendspiele standen praktisch seit 1937 unter der Regie der HJ, die das gesamte Reichsgebiet in Banne aufgeteilt hatte, in denen die Bannmeister ausgespielt wurden. Aber auch SA und SS sowie zunehmend die Wehrmacht, die von der 1935 entgegen den Bestimmungen des Versailler Vertrages eingeführten allgemeinen Wehrpflicht profitierte, führten vermehrt eigene Wettkämpfe durch. Mit Beginn des II.Weltkrieges wurde alles der Kriegswirtschaft untergeordnet, auch wenn der Sport als Ablenkung einen besonderen Zweck erfüllen sollte. Mit der formalen Auflösung des DFB im April 1940 war allerdings der Dachverband, der 1933 noch als strahlender Sieger aus der ersten Gleichschaltung hervorgegangen war, endgültig erledigt.

**Endnoten**

1  Fußball unterm Hakenkreuz, S.190 ff

2  Fußball unterm Hakenkreuz, S. 334

3  WV Pb 15.5.1933

4  Bad Lippspringer Anzeiger 7.7.1931

5  FuL 28.3.1933

6  FuL 1.8.1934

7  FuL 25.7. und 1.8.1933

8  70 Jahre Fußball in Beverungen, S. 25

9  Fußball unterm Hakenkreuz, S.96

10  Zitat von Generalpräses Wolter am 22./23.7.1933 aus Die Gleichschaltung des Fußballs im nationalsozialistischen Deutschland; S.275/?76

11  Fußball unterm Hakenkreuz, S. 123

12  siehe ausführlich hierzu Fußball unterm Hakenkreuz, S.119 ff

13  Sport um der Menschen Willen, S. 23 ff

14  Fußball unterm Hakenkreuz, S. 192/193

15  Fußball unterm Hakenkreuz, S.206

# Bestandsaufnahme 1933

Mit der Saison 1933/34 wurden alle Fußballvereine auf Geheiß der Nationalsozialisten unter dem Dach des DFB vereint. Der Westdeutsche Spielverband (WSV) blieb als einziger Regionalverband des DFB zunächst bestehen und durfte weiterhin die Organisation übernehmen. Ostwestfalen gehörte nun zum Gau IX Westfalen und war untergliedert in vier Kreise. Eine Bestandsaufnahme für das Jahr 1933 soll zeigen, wie sich der Fußball zu Beginn der nationalsozialistischen Herrschaft darstellte und wie er sich weiterentwickelte.

Die nachfolgenden Zahlen beziehen sich auf die Gruppeneinteilung, die im September/Oktober 1933 vom WSV vorgenommen wurde. Während der Saison haben sich einige Vereine zurückgezogen, allerdings ist ihre Anzahl überschaubar. Aus den vier Kreisen spielten insgesamt 294 Mannschaften von der Gauliga bis zur 4.Kreisklasse (KK).

Woher kamen nun diese Fußballvereine bzw. konkreter gefragt: Welchem Verband hatten sie vor 1933 angehört? Um dieses feststellen zu können, ist die Anzahl der Vereine in den o.g. Kreisen aus der Spielzeit 1932/33 heranzuziehen.

Die Vereine der DT spielten nach der Einigung zwischen DFB und DT seit der Saison 1930/31 als Gäste in den Spielklassen des DFB

bzw. seiner Regionalverbände mit. Sie werden deshalb hier nicht gesondert ausgewiesen, da sie 1933 nicht aus anderen Verbänden mehr integriert werden mussten.

Anders verhielt es sich bei den Vereinen aus dem Arbeitersport und den konfessionellen Verbänden. Der Arbeitersport teilte sich seit 1928/29 in den Arbeiter-Turn- und Sportbund (ATSB) der Sozialdemokraten und die Kampfgemeinschaft für rote Sporteinheit (kurz Rot-Sport) der Kommunisten. Für den Rot-Sport sind in Lippe mindestens 8 Vereine nachgewiesen. Möglicherweise gab es weitere in der Stadt Bielefeld und im Kreis Minden. Allerdings ist für alle Vereine festzuhalten, dass sie im Zuge der „Reichsbrandverordnung" nach dem Reichstagsbrand verboten und ihren Mitgliedern auch keine Aufnahmemöglichkeiten in bestehende DFB-Vereine gegeben wurden. Sie waren das erste Opfer der nationalsozialistischen Herrschaftsübernahme. Ähnliche Schwierigkeiten hatten die Mitglieder der ATSB-Vereine. Auch diese wurden im Laufe des Frühjahrs 1933 verboten und mussten sich auflösen. Ihre Mitglieder konnten sich anderen Vereinen anschließen, aber jede Aufnahme bedurfte einer besonderen Überprüfung und schließlich der Zustimmung mindestens des Vorstandes des Gaues Westfalen, in Ein-

| Kreis | Gauliga | 1. BK | 1. KK | 2. KK | 3. KK | 4. KK | Reserve | Gesamt |
|---|---|---|---|---|---|---|---|---|
| Bielefeld | 1 | 3 | 10 | 10 | 14 | - | ? | 38 |
| Minden | - | 2 | 10 | 11 | 13 | 33 | 5 Grp. | 69 |
| Lippe | - | - | 12 | 20 | 32 | - | ? | 64 |
| Paderborn | - | 1 | 12 | 32 | 78 | - | 49 | 172 |
| **Gesamt** | 1 | 6 | 44 | 73 | 137 | 33 | 49 | 294 |

| Kreis | WSV | DJK | DT | ATSB | Rot-Sport | Gesamt |
|---|---|---|---|---|---|---|
| Bielefeld | 20 | 17 | - | 21 | ? | - |
| Minden* | 28 | - | - | 10 | ? | - |
| Lippe | 68 | - | - | 17 | 8 | - |
| Paderborn | 40 | 115 | - | 1? | - | - |
| **Gesamt** | 156 | 132 | - | 49 | 8 | 345 |

*Nur die Vereine, die im 4. Bezirk des ATSB mitgespielt haben. Der 7. Bezirk fehlt.

zelfällen gar des WSV-Vorstandes. Sämtliche mindestens 49 nachweisbaren ATSB-Vereine blieben damit 1933 auf der Strecke.

Bei den konfessionellen Verbänden ist nur die Deutsche Jugendkraft (DJK) zu betrachten. Im Eichenkreuzverband der evangelischen Kirche wurde in OWL kein Fußball gespielt. Und im jüdischen Verband VINTUS, der ein besonderes Eigenleben in Westdeutschland seit 1925 geführt hatte, war kein Verein aus dem heutigen OWL vertreten.

Dagegen hatte die DJK eine starke Aufwärtsentwicklung in den Jahren vor 1933 in den vorwiegend katholisch geprägten Kreisen Paderborn, Büren, Warburg, Höxter, Lippstadt und Wiedenbrück sowie weiteren Kreisen des Sauerlandes, Ruhrgebietes, Münsterlandes und Rheinlandes erlebt. Wie die oben dargestellten Zahlen zeigen, war die DJK im 1933 gebildeten Sportkreis Paderborn, zu dem auch die Kreise Büren, Warburg und Höxter gehörten, deutlich stärker als der WSV. In vielen Ortschaften gab es ausschließlich DJK-Vereine und in anderen wechselten immer mehr vor allem Jugendliche zur DJK. Zunächst hatte es den Anschein, als wenn die DJK ihre Eigenständigkeit auch über den Sommer 1933 bewahren könnte. Doch durch die Gründung von Fachschaften wurde die DJK schließlich gezwungen, ihre Vereine in das DFB-System zu integrieren. So wurden sie im Herbst 1933 den einzelnen Spielklassen unter dem Dach des WSV zugeordnet. Dabei wurde versucht, auf ihre Spielstärke Rücksicht zu nehmen und die Gauklassenvereine der DJK

höheren Ligen zuzuordnen. Von den insgesamt 132 DJK-Vereinen, die 1932/33 am DJK-Spielbetrieb in OWL teilgenommen haben, sind 72 Vereine zum WSV gewechselt und haben dort die Spielzeit 1933/34 begonnen. Einige Vereine haben vor oder während der Saison mit WSV-Vereinen fusioniert.

Zudem sind im Kreis Minden aus dem Windheimer Spielverband und dem Stemweder Bergverband die Vereine in den WSV aufgenommen worden. Da ATSB-Vereine von einer Aufnahme in den WSV ausgeschlossen waren, wäre hier zu untersuchen, aus welchen Vereinen Spieler in WSV-Vereine gewechselt sind. Das könnte aber nur über die einzelnen Vereinschroniken geschehen und wäre sehr aufwendig. Wo allerdings ATSB- und WSV-Vereine in gleichen Orten ansässig waren, ist davon auszugehen, dass einzelne Spieler gewechselt sind.

Schon in der Spielzeit 1933/34 konnte festgestellt werden, dass sich etliche Vereine aus den früher eigenständigen Verbänden zurückzogen. Diese Entwicklung wurde durch das endgültige Verbot der DJK 1935 noch verstärkt. Bereits in der Spielzeit 1934/35 sind alle DJK-Vereinsnamen in den Tabellen verschwunden. Soweit der Spielbetrieb nicht eingestellt wurde, war es zu Umbenennungen gekommen. Somit blieben lediglich die Turnvereine zumeist durch den Zusatz „DT" für Deutsche Turner oder am Vereinsnamen „TUS" für Turn- und Sportverein sichtbar.

# 1933/34

Nach den gravierenden politischen Umwälzungen innerhalb der ersten Monate des Jahres 1933 gab es zur neuen Saison im WSV deutliche Veränderungen. Auch wenn der Fortbestand des WSV als einziger Landesverband des DFB zunächst gesichert war, wurde das Verbandsgebiet ab August 1933 in die drei Gaue IX (Westfalen), X (Mittelrhein) und XI (Niederrhein) aufgeteilt.[1] Wieder einmal mussten sich die Fußballer an neue Bezeichnungen gewöhnen. Der Gau war nun die höchste Rangstufe. Darunter folgten die Bezirke. Unterhalb der Bezirke wurden Kreise gebildet, die wiederum mit den politischen Kreisen identisch sein sollten. Der WSV verlor dabei aber nahezu alle Randgebiete. Der Bezirk Hessen-Hannover wurde geteilt, die hessischen Teile um Kassel sowie die ehemaligen „Gaue" des WSV Dill, Gießen-Wetzlar, Fulda und Marburg dem neuen Gau Hessen zugeordnet, während die Gaue Harz-Weser und Göttingen nach Niedersachsen kamen. Ebenfalls Niedersachsen zugeordnet wurden aus dem bisherigen Bezirk Westfalen die Gaue Emsland und Osnabrück. Aus dem Bezirk Mittelrhein verließen den WSV die Gaue Andernach und Idarwald, die dem neuen Gau Südwest zugeordnet wurden, sowie der Gau Lahn, der nach Hessen kam. Dafür erhielt der neue Gau Mittelrhein den Bezirk Trier neu hinzu.

Der Gau Westfalen umfasste nunmehr die vier Bezirke Minden, Arnsberg, Münster und Westfälischer Industriebezirk. Der Bezirk Minden (Namensgeber war der Sitz der Bezirksregierung) gliederte sich in die Kreise Minden, Bielefeld, Lippe und Paderborn. Unterhalb der Kreise gab es wiederum in Anlehnung an die politischen Kreise Unterkreise, in Minden die Kreise Minden, Herford und Lübbecke, in Bielefeld den Stadt- und Landkreis Bielefeld und die Kreise Halle und Wiedenbrück, in Paderborn die Kreise Paderborn, Höxter, Warburg und Büren. Nur in Lippe, dem ehemaligen Freistaat, gab es keine weitere Unterteilung. Verloren ging dagegen Schaumburg-Lippe. Die Vereine um Bückeburg wurden dem Gau Niedersachsen zugeordnet.

Innerhalb der 16 deutschen Gaue wurde jeweils eine Gauliga als höchste Klasse geschaffen. Ihr gehörten einheitlich 10 Vereine an, die den Gaumeister ausspielten, der anschließend zur Teilnahme an der Deutschen Meisterschaft berechtigt war. Als zweite Liga wurde die Bezirksklasse beibehalten, dann folgten auf die jeweiligen Kreise bezogene 1.,2. 3. und manchmal sogar 4.Kreisklassen. Die Größen der Bezirks- und Kreisklassen variierten je nach Anzahl der im jeweiligen Gebiet vorhandenen Mannschaften. Diese Einteilung wurde praktisch bis 1945 eingehalten. Lediglich die Klassengrößen und Einzugsgebiete veränderten sich hin und wieder und zu Kriegsbeginn wurden die Klassenbezeichnungen geändert (siehe 1939/40).

Mit der Neuordnung verbunden war die Integration der Fußballer aus bisher eigenständigen anderen Verbänden. Nach Möglichkeit sollten sich diese bestehenden DFB-Vereinen anschließen, was zunächst die wenigsten Vereine taten. Die Aufnahme der Deutschen Turner war ideologisch unbedenklich. Bei den DJK-Vereinen, mit denen es seitens des DFB auch immer wieder Streit gegeben hatte, war die Integration problematischer. Gerade in Westfalen gab es zahlreiche Ortschaften, in denen es vor der Gleichschaltung ausschließ-

Straßenfußballer unerwünscht! Abb.: Beverunger Zeitung 10.5.1933

**Gegen rohes Spiel ...**

✠ Der Führer des Gaues Westfalen im DFB, Becker-Essen, erläßt in den letzten amtlichen Mitteilungen folgende Warnung:

„Auf Grund zahlreicher Beschwerden über unsportliches Verhalten auf dem Spielfelde sehe ich mich aus erzieherischen wie sportlichen Gründen gezwungen, anzuordnen, daß Spieler, die des Feldes verwiesen werden, vom Tage der Herausstellung bis zur Entscheidung durch die zuständige Instanz gesperrt sind und vor Erledigung des Verfahrens an sportlichen Veranstaltungen nicht teilnehmen dürfen."

Das energische Durchgreifen des Gauführers wird von all denen, die wahren Sportgeist in sich tragen, warm begrüßt werden. Mit dem Platzverweis allein sind Entgleisungen fortan also nicht abgetan. Der Uebeltäter stellt sich zumindest bis zum Urteilsspruch der zuständigen Instanz außerhalb der sportlichen Gemeinschaft ...

Gegen rohes Spiel. Abb.: Bürener Zeitung 16.03.34

lich DJK-Vereine gab. Im neuen Gau Westfalen war dies insbesondere in den Kreisen Paderborn, Münster, Hamm und Arnsberg der Fall. In einigen Gebieten hatte die DJK in den letzten Jahren dem WSV klar den Rang abgelaufen. Umso schwerer fiel es den DJK-Vereinen, ihre Unabhängigkeit aufzugeben. Einige versuchten es, doch die meisten gaben schon nach kurzer Zeit auf.

Der Arbeitersport war stark vertreten in Lippe oder auch in Teilen von Bielefeld und Minden sowie im Ruhrgebiet. Während der WSV und seine neue (nationalsozialistische) Führung den DJK-Vereinen eine Teilnahme an den Meisterschaftsspielen ermöglichte, wurde den Arbeitervereinen eine Aufnahme verwehrt. So blieb den Spielern aus dem Arbeitermilieu nichts anderes übrig, als sich bestehenden WSV-Vereinen anzuschließen, wenn sie ihren geliebten Sport weiter ausüben wollten. Aber auch das war nicht immer einfach. Der SV Enniglöh (Kreis Herford) wurde im Herbst 1933 zwangsweise aufgelöst, da er ohne Genehmigung ATSB-Sportler, die pauschal als „Marxisten und Kommunisten" bezeichnet wurden, aufgenommen hatte.[2] Allerdings gründete sich der Verein im Februar 1934 neu. Und in Lippe mussten alle Vereine

im September 1933 nochmals namentlich mitteilen, wer von früheren ATSB-Sportvereinen aufgenommen worden war.

Aufgrund der zu leistenden Vorarbeiten für die neue Spielzeit begann diese erst Mitte September, in den unteren Klassen teilweise sogar erst im Oktober 1933. Bei der Zuordnung zu den einzelnen Klassen kam es zudem zu Unwägsamkeiten, da die Spielstärke von Vereinen anderer Verbände oftmals nicht bekannt war. So wurde beispielsweise der SUS Höxter, der vom Norddt. Verband kam, der 3. Kreisklas-

**Fußball**

**Kopfballduell gefährlich!**

**Tödlicher Unfall beim Fußballspiel**

Bei einem Freundschaftsspiel, zu dem die Reserve- und Alte-Herren-Mannschaft des Vereins für Leibesübungen Kamen 1854 am Pfingstsonntag in Hemmerde erschienen war, prallte der Sparkassenangestellte Robert Sundhoff von Kamen beim Köpfen eines Balles aus der Luft mit einem anderen Spieler derart zusammen, daß er eine Halswirbelsplitterung davontrug, die seinen alsbaldigen Tod herbeiführte.

Tödliches Kopfballduell. Abb.: WB Bi 23.05.34

se Höxter zugeordnet und machte dort einen Durchmarsch.[3] Im Kreis Minden ordnete man die DT-Vereine pauschal der 4.(!) Kreisklasse zu. Das gleiche Schicksal erlitten auch die Vereine des Windheimer Spielverbandes und des Stemweder Bergverbandes, die bis dahin ein

**Gauliga Westfalen**

|     | Vereine | Sp | Tore | Punkte |
|-----|---------|-----|------|--------|
| 1.  | FC Schalke 04 | 18 | 76:17 | 33:3 |
| 2.  | SpVg. Hörntrup | 18 | 57:28 | 23:13 |
| 3.  | SUS Hüsten 09 | 18 | 47:31 | 23:13 |
| 4.  | SV Germania Bochum | 18 | 51:39 | 19:17 |
| 5.  | SpVg. Herten 12 | 18 | 46:42 | 18:18 |
| 6.  | DSC Hagen | 18 | 22:44 | 17:19 |
| 7.  | Viktoria Recklinghausen | 18 | 28:43 | 15:21 |
| 8.  | SC Preußen Münster | 18 | 23:43 | 15:21 |
| 9.  | SF Dortmund 95 | 18 | 27:53 | 11:25 |
| 10. | Arminia Bielefeld | 18 | 23:60 | 6:30 |
|     |         |     | 400:400 | 180:180 |

eigenständiges Dasein gefristet hatten. Und auch der Informationsfluss zu den aufgenommenen Vereinen war zunächst holprig, wie aus einer Mitteilung in den Amtlichen Bekanntmachungen vom September 1933 hervorgeht, da die DJK-Vereine noch über eigene Strukturen verfügten und noch nicht vollständig integriert waren.[4]

Die neue Gauliga Westfalen als höchste Spielklasse wurde vom FC Schalke 04 beherrscht. Die bisher zum Ruhrbezirk gehörigen „Knappen" sollten alle Meisterschaften der Gauliga Westfalen bis 1944 gewinnen und erzielten dabei das sagenhafte Punkteverhältnis von 371:33, was bedeutete, dass sie im Schnitt pro Saison nur 3 Punkte abgaben. Arminia Bielefeld musste als einziger ostwestfälischer Vertreter die Gauliga bereits im ersten Jahr wieder verlassen.

In der 1. Bezirksklasse hatte dagegen der VfB 03 Bielefeld die Nase vorn, scheiterte aber in der Aufstiegsrunde zur Gauliga denkbar

## Das ist Ostwestfalens Bezirksmeister 1933/34

**V. f. B. Bielefeld**
Von links nach rechts, stehend: Baasner, Hake, Heinold, Schmidt, Nolte, Schielemann und der gestrige Schiedsrichter. — Kniend: Homersen, Geisendörfer, Hofmann, Kau, Strothmann.

Abb.: WB Bi 19.3.1934

knapp aufgrund des schlechteren Torverhältnisses.

Die 1.Bezirksklasse erstreckte sich nunmehr von Bünde im Nordosten bis Hamm im Südwesten und ging damit über den eigentlichen Regierungsbezirk Minden hinaus. Allerdings lagen die meisten Orte an der Bahnstrecke Hamm-Minden, die als das „Rückgrat Ostwestfalens"5 bezeichnet wurde.

In den Kreisklassen setzten sich Westfalia Wiedenbrück (Kreis Bielefeld), VfL Bad Salzuflen (Kreis Lippe), SUS Herford (Kreis Minden) und der VfL Geseke (Kreis Paderborn) durch.

Es wurde zunächst eine Aufstiegsrunde gespielt, aber am Ende stiegen alle vier Kreismeister auf, da die 1.Bezirksklassen vergrößert und zur neuen Saison noch einmal neu zugeschnitten wurden. In Minden hatte es um die Meisterfrage noch Proteste gegeben, da hier vier Mannschaften eng beieinander waren. Aber Gaufachwart Gillmann (Hamm) lehnte alle Proteste ab und bestätigte SUS Herford als Meister.

**Aufstiegsspiele zur Gauliga**

|   | Vereine | Sp | S | U | U | Tore | Punkte |
|---|---|---|---|---|---|---|---|
| 1. | Westfalia Herne | 8 | 4 | 3 | 1 | 19:8 | 11:5 |
| 2. | Union Recklinghausen | 8 | 4 | 2 | 2 | 10:7 | 10:6 |
| 3. | VfB Bielefeld | 8 | 4 | 2 | 2 | 21:23 | 10:6 |
| 4. | MSV Linden | 8 | 3 | 1 | 4 | 10:14 | 7:9 |
| 5. | FV Schwelm | 8 | 1 | 0 | 7 | 15:23 | 2:14 |
|   |   |   | 6 | 8 | 16 | 75:75 | 40:40 |

**1. Bezirksklasse Gruppe Minden**

|   | Vereine | Sp | S | U | U | Tore | Punkte |
|---|---|---|---|---|---|---|---|
| 1. | VfB Bielefeld | 22 | 18 | 0 | 4 | 77:22 | 36:8 |
| 2. | Polizei Hamm | 22 | 14 | 4 | 4 | 60:34 | 32:12 |
| 3. | SUS Ahlen | 22 | 11 | 6 | 5 | 89:46 | 28:16 |
| 4. | SpVg. Hamm 04/04 | 22 | 12 | 1 | 9 | 58:38 | 25:19 |
| 5. | Union Herford | 22 | 9 | 4 | 9 | 47:50 | 22:22 |
| 6. | SC Unna 08 | 22 | 9 | 3 | 10 | 30:38 | 21:23 |
| 7. | Teutonia Lippstadt | 22 | 9 | 3 | 10 | 39:56 | 19:23 |
| 8. | Westfalia Ahlen | 22 | 8 | 3 | 11 | 64:69 | 19:25 |
| 9. | SV 06/07 Bielefeld | 22 | 7 | 5 | 10 | 45:51 | 19:25 |
| 10. | Westfalia Brackwede | 22 | 8 | 2 | 12 | 39:64 | 18:26 |
| 11. | VfJ 08 Paderborn | 22 | 4 | 7 | 11 | 40:57 | 15:29 |
| 12. | VfB Bünde | 22 | 3 | 2 | 17 | 32:95 | 8:36 |
|   |   | 112 | 10 | 112 |   | 620:620 | 260:260 |

**Endnoten**

144 1 Ful 8.8.1933

145 2 WZ Bi 18.9.1933

146 3 Höxtersche Zeitung 24.09.1933

147 4 FuL 19.09.1933

148 5 WV Pb 14.07.1934

# Wir hören ...

... daß nach einer Meldung des in Hamm erscheinenden „Westfälischen Anzeigers" auf Grund der neuesten Statistiken die Mitgliederzahlen der beiden größten Leibesübungen betreibenden Verbände im Gau Westfalen diese sind:

Deutsche Turnerschaft: 811 Vereine und 93 466 Mitglieder.

Deutscher Fußballbund: 1149 Vereine und 121 676 Mitglieder.

Mehr Fußballer als Turner. Abb.: WB Bi 02.06.34

95

# 1934/35

In der sechswöchigen Sommerpause vor Beginn der neuen Spielzeit wurde die Einteilung der Bezirksklassen intensiv diskutiert. Bisher gab es 5 Gruppen mit jeweils 12 (Münster mit 11) Vereinen. Besondere Schwierigkeiten ergaben sich in erster Line in Ostwestfalen und im Sauerland aufgrund fehlender Verkehrsverbindungen. Letztendlich verständigten sich Gauführer Emil Becker und der für Westfalen zuständige Fachwart Karl Gillmann darauf, die Anzahl der Vereine in den Bezirksklassen von 60 auf 72 zu erhöhen und eine sechste Gruppe zu schaffen. Dadurch wurde allen Kreismeistern der Aufstieg unabhängig vom Ausgang der Aufstiegsspiele ermöglicht. Die ostwestfälische Gruppe wurde weitgehend beibehalten, nur die Ahlener Vereine der Gruppe Münster zugeordnet. Mit Teutonia Lippstadt und dem Aufsteiger VfL Geseke spielten weiterhin zwei Vereine in dieser Gruppe, die politisch nicht dem Regierungsbezirk Minden angehörten.

Nach dem „Röhm-Putsch" und den anschließenden „Säuberungen" sorgten die Nationalsozialisten im Sommer 1934 für eine weitere Zentralisation in ihrem Sinne. Die letzten Gegner wurden gnadenlos ausgeschaltet. Dazu gehörte auch der erst 34jährige „Reichsführer der DJK", Adalbert Probst. Parallel liefen Verhandlungen zwischen der Reichsregierung und den deutschen katholischen Bischöfen zur Ausgestaltung des Reichskonkordats.

**An alle Vereine des Reichsbundes für Leibesübungen**

Von verschiedenen Seiten der früheren DJK-Leitungen, u. a. der Gauleitung der DJK Münster, Kaplan August Schepers als Gaupräses und DJK-Gauführer Franz Ballhorn, sind Meldungen und Veröffentlichungen herausgegeben worden, wonach die Sportabteilungen der DJK zum Spielbetrieb zugelassen seien entgegen den Anordnungen der geheimen Staatspolizeistellen.

Diese Meldungen und Veröffentlichungen sind irreführend und entsprechen nicht den Tatsachen.

Nach wie vor sind die Anordnungen der Geheimen Staatspolizei in Kraft.

Der Beauftragte des Reichssportführers für den Gau IX (Westfalen)
i. V.: Dr. Wagner.

Mehr Fußballer als Turner. Abb.: WV 3.9.1934

Um den zugestandenen Einfluss insbesondere im Schulbereich nicht zu gefährden, „opferten" die Bischöfe schließlich die DJK und damit den katholischen Sport. Zwar blieb die DJK noch bis August 1935 formal bestehen, doch ein eigenständiger Sportbetrieb war ab Sommer 1934 gänzlich ausgeschlossen. Selbst NSDAP-Gauleiter Wagner sah sich veranlasst, mit einer Bekanntmachung auf das Verbot der DJK hinzuweisen (siehe oben). Die Fußballvereine in den einzelnen Gauen wurden aufgefordert, sich neu im DFB anzumelden, die notwendigen Spielermeldelisten einzureichen und sich den Bestimmungen des DFB zu unterwerfen. Diesen Schritt gingen in den DJK-Hochburgen nur die wenigsten Vereine mit. Entweder fusionierten sie mit bereits bestehenden örtlichen WSV-Vereinen oder zogen sich zurück. So nahmen im Sportkreis Paderborn in der Saison 1934/35 nur **noch ...Mannschaften** am Spielbetrieb der Senioren teil, während es in der Vorsaison noch 121 Mannschaften waren, davon ein Großteil aus dem DJK-Verband.

Mit der endgültigen Eingliederung der Sportjugend des Deutschen Reichsverbandes für Leibesübungen (DRL) in die Hitler-Jugend(HJ) wurde am 25.9.1934 ein weiterer entscheidender Schritt in Richtung nationalsozialistischer ganzheitlicher Vereinnahmung gegangen. Denn nun bestimmte die HJ die Abläufe und stellte ihre Belange denen des Sports voran. Somit begann die neue Saison nochmals unter deutlich veränderten Vorzeichen, die es nicht einfacher machten, die Selbstständigkeit des Sports und damit auch des Fußballs zu bewahren. Mit der endgültigen Auflösung des WSV im Februar 1935 sollte noch während der laufenden Spielzeit ein weiterer für den Fußball in Westdeutschland entscheidender letzter Schritt erfolgen (siehe auch Sonderkapitel Gleichschaltung).

Sportlich wiederholte sich praktisch das Bild des Vorjahres mit dem FC Schalke 04 an der Spitze der Gauliga, wobei die Spielzeit 1934/35 mit 8 Verlustpunkten die schwächste in den 11 Jahren Gauliga für Schalke 04 sein sollte.

# Eine lustige Fußballgeschichte

## die sich in Hunnebrock ereignet hat.

Am letzten Sonntag spielte Hunnebrock gegen Eininghausen. Den Kampf entschieden die Hunnebrocker 3:2 für sich. Es scheint hoch hergegangen zu sein, denn als einmal der Ball im Strafraum der Eininghauser gespielt wurde, wurde im Strafraum der Hunnebrocker einem Spieler der Hunnebrocker von einem gegnerischen Spieler die Hose von oben bis unten ausgerissen. Der Schiedsrichter (ein Herr aus Kirchlengern) war, wie es sich gehört, in Höhe des Balles, also im Strafraum der Eininghauser, und konnte darum den Vorfall und denjenigen, der die Schuld an diesem hatte, nicht bemerken. Darauf aufmerksam gemacht, pfiff er den Kampf sofort ab und begab sich zu weiteren Feststellungen an die Stätte verletzter Moral. Hunnebrock behauptet das und Eininghausen jenes. Guter Rat war teuer. Was macht der aufgeweckte Pfeifenmann? Ohne ein Wort zu verlieren, zieht er seine eigene schwarze Hose aus und übergibt sie dem verdutzten und bedürftigen Hunnebrocker. Eine gütige Vorsehung hatte ihn vor dem Treffen veranlaßt, zwei Hosen anzuziehen. Aufsteigender gegenseitiger Groll kapitulierte ob solcher Schlagfertigkeit, und in schönster Harmonie ging es bis zum Schluß des Kampfes.

Schiedsrichter hilft mit Hose aus. Abb.: WB Bi 4.3.35

## Gauliga Westfalen

| | Vereine | Sp | Tore | Punkte |
|---|---|---|---|---|
| 1. | FC Schalke 04 | 18 | 47:10 | 28:8 |
| 2. | SpVg. Hörntrup | 18 | 33:19 | 24:12 |
| 3. | SC Preußen Münster | 18 | 30:30 | 19:17 |
| 4. | SpVg. Herten 12 | 18 | 32:32 | 18:18 |
| 5. | SV Germania Bochum | 18 | 29:30 | 18:18 |
| 6. | SC Westfalia Herne(N) | 18 | 25:29 | 18:18 |
| 7. | SUS Hüsten 09 | 18 | 27:32 | 18:18 |
| 8. | Union Recklinghausen(N) | 18 | 18:23 | 17:19 |
| 9. | DSC Hagen | 18 | 27:32 | 16:20 |
| 10. | Viktoria Recklinghausen | 18 | 14:45 | 4:32 |
| | | | 282:282 | 180:180 |

## Aufstiegsspiele

| | Vereine | Sp | S | U | U | Tore | Punkte |
|---|---|---|---|---|---|---|---|
| 1. | TUS Bochum | 10 | 7 | 1 | 2 | 23:12 | 15:5 |
| 2. | SV Erle 08 | 10 | 7 | 1 | 2 | 26:18 | 15:5 |
| 3. | VfB 03 Bielefeld | 10 | 6 | 0 | 4 | 24:19 | 12:8 |
| 4. | Allemannia Dortmund | 10 | 5 | 2 | 3 | 24:20 | 12:8 |
| 5. | Recklinghausen 13 | 10 | 2 | 0 | 8 | 17:27 | 4:16 |
| 6. | SV Hemer 08 | 10 | 1 | 1 | 8 | 15:23 | 3:17 |
| | | 18 | 5 | | 27 | 129:119 | 61:59 |

## 1. Bezirksklasse Gruppe 5 Ostwestfalen

| | Vereine | Sp | S | U | U | Tore | Punkte |
|---|---|---|---|---|---|---|---|
| 1. | VfB 03 Bielefeld | 20 | 18 | 2 | 0 | 101:12 | 38:2 |
| 2. | Arminia Bielefeld (A) | 20 | 15 | 3 | 2 | 100:25 | 33:7 |
| 3. | SuS Herford | 20 | 8 | 8 | 4 | 44:43 | 24:16 |
| 4. | Westfalia Brackwede | 20 | 8 | 4 | 8 | 39:51 | 20:20 |
| 5. | Union Herford | 20 | 6 | 6 | 8 | 37:55 | 18:22 |
| 6. | Hammer SpVg. | 20 | 7 | 3 | 10 | 34:53 | 17:23 |
| 7. | SV 06/07 Bielefeld | 20 | 6 | 5 | 9 | 40:55 | 17:23 |
| 8. | Teutonia Lippstadt | 20 | 6 | 3 | 11 | 40:44 | 15:25 |
| 9. | VfL Bad Salzuflen (N) | 20 | 6 | 3 | 11 | 41:59 | 15:25 |
| 10. | VfL Geseke (N) | 20 | 4 | 4 | 12 | 28:68 | 12:28 |
| 11. | Westfalia Wiedenbrück | 20 | 3 | 5 | 12 | 31:69 | 11:29 |
| | | 87 | 46 | | 87 | 535:537 | 220:220 |

Polizei SV Hamm ausgeschieden.

Da Ostwestfalen in der höchsten Spielklasse nicht mehr vertreten war, konzentrierte sich die Berichterstattung auf die 1.Bezirksklasse, die der VfB Bielefeld mit 5 Punkten Vorsprung vor Arminia Bielefeld gewann, aber erneut in den Aufstiegsspielen scheiterte.

Von den vier Neulingen der Bezirksklasse mussten mit dem VfL Geseke und Westfalia Wiedenbrück zwei wieder zurück in die Kreisliga. In den vier Kreisklassen errangen der VfJ 08 Paderborn, die SpVg. Schildesche, VfB Bünde und VfB Detmold die Meisterschaft. Zusammen mit Borussia Lippstadt und SV Kamen ermittelten die Kreismeister die zwei Aufsteiger zur Bezirksliga, wobei sich am Ende Lippstadt und Schildesche durchsetzen konnten.

*Der Held von Brüssel*

August Lenz, Dortmund.

Abb.: WB Bi 30.4.1935

# 1935/36

In der vorolympischen Saison wollten die Nationalsozialisten Deutschland in besonderer Wiese präsentieren und gerade im Sport zeigen, dass man ein würdiger Gastgeber sein werde. So ließ man insbesondere den jüdischen Verbänden mehr Freiheiten und gestattete sogar Spiele gegen nichtjüdische Vereine. Mit der endgültigen Eingliederung der anderen Verbände in das Fachamt Fußball unter der alleinigen Regie des DFB hatte man sportpolitisch nun auch keine Handlungsfelder mehr, so dass diese Spielzeit erstmals keine Veränderungen brachte.

Diesen Zielen widersprachen aber die Ereignisse in der 1.Kreisklasse Paderborn. Hier kam es zu zahlreichen Ausschreitungen im Laufe der Saison, an der die Hälfte der Mannschaften beteiligt war. In der Vereinschronik des VfB Beverungen heißt es hierzu, dass die „Saison 1935/36...die Skandalsaison schlechthin" war.[1] Spiele wurden oftmals mit einer Härte geführt, die sogar die Zuschauer veranlasste, sich einzumischen, so dass Spiele wegen Prügeleien abgebrochen werden mussten. Einige Vereine erhielten empfindliche Strafen und wurden für mehrere Wochen vom Spielbetrieb ausgeschlossen. Die in dieser Zeit angesetzten Spiele wurden als verloren gewertet. Und auch die Meisterschaft in dieser Klasse wurde „politisch" entschieden. Denn mit dem Einmarsch deutscher Truppen in das entmilitarisierte Rheinland unter Missachtung der Bestimmungen des Versailler Vertrages im März 1936 wurden auch Einheiten aus Paderborn abgezogen und die Militärmannschaft „Preußen" musste sich kurz vor Ende der Saison an aussichtsreicher Position liegend von den Meisterschaftsspielen zurückziehen. So war hier der Weg wieder für den VfJ 08 Paderborn frei, der diese Chance diesmal auch nutzte und zusammen mit dem SC Unna 08 und dem VfL Geseke in die 1.Bezirksklasse aufstieg.

In der 1.Bezirksklasse dominierte erneut der VfB 03 Bielefeld, der nun endgültig erst einmal der ruhmreichen Arminia den Rang abgelaufen hatte. Im vorentscheidenden Spiel hatte der VfB Arminia Bielefeld mit 4:2 besiegt.

*Die Entscheidung . . .*

(WZ.-Bilddienst.)

Bochum Torwart hält den von Hofmann unplaciert geschossenen Elfmeter. Eine vielsagende Aufnahme . . .

Ein verschossener Elfer...
Abb.: WB Bi 11.5.1936

## Gauliga Westfalen

|    | Vereine | Sp | Tore | Punkte |
|----|---------|-----|------|--------|
| 1. | FC Schalke 04 | 18 | 94:11 | 35:1 |
| 2. | SV Germania Bochum | 18 | 37:20 | 25:11 |
| 3. | SpVg. Hörntrup | 18 | 45:37 | 24:12 |
| 4. | SUS Hüsten 09 | 18 | 50:36 | 17:19 |
| 5. | SC Westfalia Herne | 18 | 34:39 | 16:20 |
| 6. | SpVg. Herten 12 | 18 | 26:39 | 16:20 |
| 7. | TUS Bochum 08 (N) | 18 | 33:48 | 14:22 |
| 8. | SpVg. Erle 08 (N) | 18 | 34:50 | 14:22 |
| 9. | SC Preußen Münster | 18 | 19:44 | 14:22 |
| 10. | Union Recklinghausen | 18 | 21:69 | 5:31 |
|    |         |     | 393:393 | 180:180 |

## Aufstiegsrunde zur Gauliga Westfalen

| | Vereine | Sp | Tore | Punkte |
|---|---|---|---|---|
| 1. | SpVg. Rotthausen 12 | 10 | 34:16 | 16:4 |
| 2. | Borussia Dortmund | 10 | 32:16 | 15:5 |
| 3. | Vg. Preußen Bochum | 10 | 23:14 | 14:6 |
| 4. | VfB Bielefeld | 10 | 20:30 | 7:13 |
| 5. | SF Siegen | 10 | 17:29 | 5:15 |
| 6. | SUS Recklinghausen | 10 | 9:30 | 3:17 |
| | | | 135:135 | 60:60 |

## 1. Bezirksklasse Gruppe 5 Minden

| | Vereine | Sp | Tore | Punkte |
|---|---|---|---|---|
| 1. | VfB Bielefeld | 22 | 56:24 | 33:11 |
| 2. | Arminia Bielefeld | 22 | 58:27 | 31:13 |
| 3. | Teutonia Lippstadt | 22 | 50:40 | 25:19 |
| 4. | Borussia Lippstadt (N) | 22 | 58:46 | 24:20 |
| 5. | SuS Herford | 22 | 37:37 | 22:22 |
| 6. | SpVg. Beckum | 22 | 45:51 | 22:22 |
| 7. | Westfalia Brackwede | 22 | 40:44 | 21:23 |
| 8. | SV 06/07 Bielefeld | 22 | 33:46 | 21:23 |
| 9. | Union Herford | 22 | 43:50 | 20:24 |
| 10. | SpVg. Schildesche (N) | 22 | 39:41 | 19:25 |
| 11. | VfL Bad Salzuflen | 22 | 30:52 | 13:31 |
| 12. | SpVg. Hamm 03/04 | 22 | 36:67 | 13:31 |
| | | | 525:525 | 264:264 |

Es war gleichzeitig das 75. Derby dieser beiden Bielefelder Traditionsmannschaften, die den Fußball vor dem 2.Weltkrieg in Ostwestfalen beherrschten.

Doch wieder schafften es die VfB´er nicht, sich in den Aufstiegsspielen zur Gauliga durchzusetzen, so dass Ostwestfalen auch im dritten Jahr in Folge in der höchsten Liga in Westfalen nicht vertreten war. Dafür konnte der VfB allerdings am 7.Mai 1936 einen ganz besonderen Rekord für sich verbuchen: die im Einsatz befindlichen Mannschaften des Vereins erzielten an einem Tag mehr als 100 Tore! (siehe rechte Seite)

In den 1.Kreisklassen setzten sich neben dem VfJ 08 Paderborn, Sportlust Helpup, Westfalia Wiedenbrück und VfB Olympia Bünde durch. Zusammen mit SC Unna 08 und dem VfL Geseke nahmen sie an den Aufstiegsspielen teil. Der VfJ 08 Paderborn und VfL Geseke stiegen am Ende in die Bezirksklasse Minden auf, Unna 08 wurde einer anderen Bezirksklasse zugeordnet.

Zum Ende dieser Spielzeit bestätigte der Reichssportführer eine Neuaufteilung des Sportgaus Westfalen in nunmehr 16 Kreise. Die bisherigen Bezirke entfielen. In Ostwestfalen-Lippe hatte die Neugestaltung aber keine Auswirkungen, da die bereits bestehende Kreiseinteilung mit den vier Kreisen Minden, Bielefeld, Lippe und Paderborn und ihren Unterkreisen aus dem Jahr 1933 erhalten blieb.

**Endnote**

1   70 Jahre Fußball in Beverungen, S.31

# Der Verein

## 100 Tore an einem Sonntag
### Aus dem VfB.

Wovon der Zuschauer sich kein Bild machen kann, das ist der Betrieb und die Arbeit der Spielausschüsse innerhalb der Vereine. Die obige Torzahl veranschaulicht am deutlichsten den Spielbetrieb; diese Tore wurden am letzten Sonntag bei den VfB-Mannschaften erzielt. Das heißt: es wurden 74 Tore getreten bezw. geworfen und man nahm 26 in Empfang. Beteiligt waren daran vom Fußball vier Seniorenmannschaften, drei Jugendmannschaften und drei Schülermannschaften, vom Handball eine Senioren- und eine Jugendmannschaft. Wenn man bedenkt, daß es sich an diesem Sonntag um „nur zwölf Mannschaften handelte und man sonst durchweg mit rund 16 Mannschaften spielt, dann kann der sonntägliche Zuschauer ahnen, welche Arbeit im „stillen" geleistet werden muß. Ein Stab von etwa 25 Mitarbeitern, der sich aus Mannschaftsführern, Begleitern und den notwendigen Schriftgewandten zusammensetzt, hat an jedem Wochenanfang für den kommenden Sonntag seine Vorbereitungen zu treffen (Platz- und Zeiteinteilung), Spiel-

Abb.: WB Bi 7.5.36

101

# 1936/37

Der Sommer 1936 stand ganz im Zeichen der Olympischen Spiele, die in Berlin vom 1. bis 16. August ausgetragen wurden. Die Nationalsozialisten nutzten die Spiele zu einer großen Propagandaveranstaltung für sich und feierten deutsche Erfolge als Überlegenheit des Systems. Da passte es gar nicht ins Bild, dass die deutschen Fußballer vor den Augen Hitlers im Viertelfinale gegen Norwegen verloren und aus dem Turnier ausschieden. Hitler soll danach nie wieder ein Fußballspiel besucht haben.

(WZ-Bilddienst)

von links: Westerwelle (Geschäftsführer), die beiden verletzten Arminenstürmer Breuer und Kaiser, dann Franke, Hammacher, Kolodzig, Oelgardt, Bruno Pohl, Upmann, Beneditschat, Hogenkamp, Schwarz, Schlips, Hofmann, der Linienrichter und Vereinsführer Rechtsanwalt Demberg.

Abb.: WB Bi 22.3.37

## Sportverein für Körperbehinderte

Der Reichssportführer hat den ersten Sportverein für Körperbehinderte offiziell anerkannt und damit zum Ausdruck gebracht, daß auch die bisher vom Sportleben ausgeschlossenen Volksgenossen mit körperlichen Schäden Gelegenheit erhalten sollen, sich im Interesse der Volksgemeinschaft gesundheitlich und körperlich zu ertüchtigen.

Abb.: WZ Bi 11.06.37

Die neue Fußballsaison begann am 6. September mit den ersten Meisterschaftsspielen von der Gauliga bis hinunter zu den Kreisklassen. Im Gau Westfalen blieb alles beim Alten: Schalke wurde souverän Westfalenmeister. Nur beim 4:4 bei der SpVg. 12 Herten gaben die „Knappen" einen Punkt ab.

Hatten sie schon in der Gauliga ihre Stärke eindrucksvoll unter Beweis gestellt, so bestätigten sie in den Spielen um die Deutsche Meisterschaft ihre Form und wurden nach 1934 und 1935 zum dritten Mal Deutscher Meister. Und um dem Erfolg die Krone auszusetzen, gelang den Schalkern als erster Verein das „Double", in dem der seit 1935 ausgespielte Tschammer-Pokal, der Vorgänger des DFB-Pokals, gewonnen wurde. Dieses Kunststück gelang danach erst wieder Bayern München 1969.

In der Bezirksklasse konnte die Arminia endlich mal wieder den Ortsrivalen VfB überflügeln und sich die Meisterschaft sichern. Doch auch die Arminen (Foto links, WB Bi 22.3.37) scheiterten in der Aufstiegsrunde als Dritter.

Von den vier Kreismeistern Ostwestfalens schafften die SpVg. Gütersloh und der SV Neuhaus den Sprung in die 1. Bezirksklasse, während der VfL Bad Salzuflen und der VfB Bünde das Nachsehen hatten. In dieser Spielzeit ging es insgesamt zivilisierter zu als zuletzt, auch wenn aus Unna ein Fall bekannt wurde, der sogar ein Nachspiel vor Gericht hatte. Und bemerkenswert ist auch, dass ein Sportverein für Körperbehinderte genehmigt wurde, obwohl gleichzeitig erste Euthanasieprogramme anliefen.

## Gauliga Westfalen

|    | Vereine | Sp | Tore | Punkte |
|----|---------|----|------|--------|
| 1. | FC Schalke 04 | 18 | 103:14 | 35:1 |
| 2. | SC Westfalia Herne | 18 | 42:33 | 21:15 |
| 3. | Borussia Dortmund (N) | 18 | 39:36 | 19:17 |
| 4. | SpVg. Herten 12 | 18 | 39:37 | 19:17 |
| 5. | SUS Hüsten 09 | 18 | 32:33 | 17:19 |
| 6. | SpVg. Rotthausen (N) | 18 | 32:44 | 17:19 |
| 7. | SV Germania Bochum | 18 | 26:33 | 16:20 |
| 8. | SpVg. Hörntrup | 18 | 32:37 | 16:20 |
| 9. | SpVg. Erle 08 | 18 | 28:63 | 11:25 |
| 10. | TUS Bochum 08 | 18 | 20:62 | 9:27 |
|    |         |    | 393:393 | 180:180 |

## Aufstiegsrunde zur Gauliga Westfalen

|    | Vereine | Sp | S | U | N | Tore | Punkte |
|----|---------|----|---|---|---|------|--------|
| 1. | SpVg. Röhlingshausen | 10 | 6 | 2 | 2 | 18:8 | 14:6 |
| 2. | Arminia Marten | 10 | 7 | 0 | 3 | 28:14 | 14:6 |
| 3. | Arminia Bielefeld | 10 | 5 | 2 | 3 | 31:13 | 12:8 |
| 4. | Preußen Münster | 10 | 5 | 1 | 4 | 20:19 | 11:9 |
| 5. | MBV Linden | 10 | 3 | 1 | 6 | 20:26 | 7:13 |
| 6. | SC Klafeld Geistveid | 10 | 0 | 2 | 8 | 11:48 | 2:18 |
|    |         |    | 26 | 8 | 26 | 128:128 | 60:60 |

## 1. Bezirksklasse Gruppe 5 Minden

|    | Vereine | Sp | S | U | N | Tore | Punkte |
|----|---------|----|---|---|---|------|--------|
| 1. | Arminia Bielefeld | 22 | 18 | 3 | 1 | 83:24 | 39:5 |
| 2. | VfB Bielefeld | 22 | 16 | 5 | 1 | 67:25 | 37:7 |
| 3. | SpVg. Beckum | 22 | 12 | 2 | 8 | 56:38 | 26:18 |
| 4. | SpVg. Schildesche | 22 | 11 | 1 | 10 | 48:42 | 23:21 |
| 5. | Teutonia Lippstadt | 22 | 9 | 5 | 8 | 37:35 | 23:21 |
| 6. | Union Herford | 22 | 9 | 4 | 9 | 38:49 | 22:22 |
| 7. | Borussia Lippstadt | 22 | 8 | 5 | 9 | 35:36 | 21:23 |
| 8. | SuS Herford | 22 | 7 | 4 | 11 | 43:54 | 18:26 |
| 9. | VfJ 08 Paderborn (N) | 22 | 7 | 4 | 11 | 35:56 | 18:26 |
| 10. | VfL Geseke (N) | 22 | 6 | 4 | 12 | 36:45 | 16:28 |
| 11. | SV 06/07 Bielefeld | 22 | 4 | 3 | 15 | 34:70 | 11:33 |
| 12. | Westfalia Brackwede | 22 | 3 | 4 | 15 | 35:73 | 10:34 |
|    |         |    | 110 | 44 | 110 | 547:547 | 264:264 |

# 1937/38

Die zunehmende Vereinnahmung der Jugendlichen und jungen Erwachsenen durch das nationalsozialistische Regime wurde in dieser Spielzeit deutlich. So herrschte Spielverbot, wenn es besondere Veranstaltungen oder Ereignisse der Nazis gab.

Auch die Anzahl der Mannschaften sank. Die unteren Spielklassen (2. und 3.Kreisklasse) waren teilweise so ausgedünnt, dass ein geregelter Spielbetrieb kaum noch Sinn machte. Neu zum Spielbetrieb meldeten sich lediglich in den Garnisonsstädten Militärmannschaften an, die zudem an Stärke gewannen und in ihren Klassen um die Tabellenführung mitspielten. In der 1.Kreisklasse Paderborn errang der MSV Paderborn sogar sportlich die Meisterschaft. Allerdings wurden dem Militärsportverein Punkte aberkannt, da die Mannschaft vom 10.10. bis 28.11.37 nachträglich gesperrt wurde. Die in diesem Zeitraum gewonnenen Punkte fielen den Gegnern zu. Über die Gründe der Bestrafung ist nichts näher bekannt. Damit standen mit dem VfB Salzkotten und SV 13 Paderborn zwei Vereine punktgleich an der Tabellenspitze. Das Entscheidungsspiel endete 2:2. Anschließend wurde der SV 13 Paderborn zum Meister erklärt und trat verspätet in die Aufstiegsrunde zur 1.Bezirksklasse ein. Hier setzten sich aber der BV Lemgo und GW Bielefeld durch.

In der Gauliga dominierte weiterhin der FC Schalke 04. Erstmals halbwegs in die Nähe der Schalker gelangten als Tabellenzweiter die Akteure von Borussia Dortmund, die erst 1936 aufgestiegen waren. Und auch für Arminia Bielefeld lief die Saison erfolgreich, kehrte der ehemalige Westdeutsche Meister doch endlich in die höchste Spielklasse zurück.

Am Ende der Spielzeit stand als sportliches Großereignis die Fußballweltmeisterschaft in Frankreich an. Diese Veranstaltung sollte nach dem Willen der Nazis natürlich die neue Größe und Stärke Deutschlands demonstrieren. Im März waren deutsche Truppen in Österreich einmarschiert und hatten Hitlers Heimat „angeschlossen". Da die Österreicher in den 1930er Jahren über sehr gute Fußballer verfügten, wurde Trainer Herberger angewiesen, dass sich das schon recht erfolgreiche deutsche Nationalteam („Breslau-Elf") mit Österreichern zu verstärken hatte. So fuhr eine zusammengewürfelte Mannschaft, die auch noch nach Proporz aufgestellt werden musste, nach Frankreich und schied dort völlig überraschend in der 1.Runde in zwei Spielen gegen die Schweiz aus. Sepp Herberger hatte danach Mühe, seinen Posten als Nationaltrainer zu behalten.

**Teilweise Sportruhe am Sonntag**

Am Sonntag, dem 20. Februar 1938, ist Sportruhe angeordnet. In der Zeit von 11.45 Uhr bis 17 Uhr dürfen keine sportlichen Veranstaltungen durchgeführt werden. Dadurch ist der gesamten deutschen Turn- und Sportgemeinde Gelegenheit gegeben, die große Rede des Führers anläßlich der Eröffnung des Deutschen Reichstages zu hören. Alle sportlichen Veranstaltungen müssen also um 11.45 Uhr beendet sein und dürfen erst wieder um 17 Uhr beginnen.

Der Beginn der Meisterschaftspiele im Gau Westfalen wird hiermit auf 10 Uhr festgesetzt.

Rede des Führers unterbricht Sport. Abb.: WV 18.2.1938

Bruno Franke (WZ.-Bild. Privat.)

Bruno Franke mit 700. Spiel für Arminia!
Abb.: WZ Bi 18.06.38

## Gauliga Westfalen

| | Vereine | Sp | Tore | Punkte |
|---|---|---|---|---|
| 1. | FC Schalke 04 | 18 | 81:10 | 34:2 |
| 2. | Borussia Dortmund | 18 | 45:28 | 26:10 |
| 3. | SC Westfalia Herne | 18 | 37:17 | 25:11 |
| 4. | SpVg. Röhlinghausen (N) | 18 | 31:27 | 21:15 |
| 5. | SV Germania Bochum | 18 | 27:42 | 17:19 |
| 6. | SpVg. Hörntrup | 18 | 27:34 | 16:20 |
| 7. | SpVg. Herten 12 | 18 | 33:32 | 14:22 |
| 8. | SV Arminia Marten (N) | 18 | 23:28 | 13:23 |
| 9. | SUS Hüsten 09 | 18 | 21:52 | 10:26 |
| 10. | SpVg. Rotthausen | 18 | 16:71 | 4:32 |
| | | | 341:341 | 180:180 |

SV Germania 06 Bochum, TUS 08 Bochum und TV 48 Bochum fusionieren nach der Sasion zum VfL 48 Bochum.

## Aufstiegsrunde zur Gauliga Westfalen, Gruppe 2

| | Vereine | Sp | Tore | Punkte |
|---|---|---|---|---|
| 1. | Arminia Bielefeld | 4 | 15:1 | 8:0 |
| 2. | FC Schwelm 06 | 4 | 4:9 | 2:6 |
| 3. | Alemannia Dortmund | 4 | 5:14 | 2:6 |
| | | | 24:24 | 12:12 |

## 1. Bezirksklasse Gruppe 5 Minden

| | Vereine | Sp | S | U | N | Tore | Punkte |
|---|---|---|---|---|---|---|---|
| 1. | Arminia Bielefeld | 22 | 18 | 2 | 2 | 93:17 | 38:6 |
| 2. | Teutonia Lippstadt | 22 | 16 | 3 | 3 | 54:34 | 35:9 |
| 3. | VfB Bielefeld | 22 | 11 | 7 | 4 | 61:44 | 29:15 |
| 4. | Beckum | 22 | 9 | 6 | 7 | 44:45 | 24:20 |
| 5. | VfJ 08 Paderborn | 22 | 6 | 8 | 8 | 41:59 | 20:24 |
| 6. | Union Herford | 22 | 7 | 5 | 10 | 49:48 | 19:25 |
| 7. | Borussia Lippstadt | 22 | 7 | 5 | 10 | 40:48 | 19:25 |
| 8. | SpVg. Schildesche | 22 | 8 | 2 | 12 | 53:46 | 18:26 |
| 9. | VfL Geseke | 22 | 8 | 2 | 12 | 51:63 | 18:26 |
| 10. | SuS Herford | 22 | 7 | 4 | 11 | 45:66 | 18:26 |
| 11. | SpVg. Gütersloh (N) | 22 | 7 | 3 | 12 | 37:55 | 17:27 |
| 12. | SV Neuhaus (N) | 22 | 2 | 5 | 15 | 29:72 | 9:35 |
| | | | 106 | 52 | 106 | 596:596 | 264:264 |

# 1938/39

In der letzten Vorkriegssaison setzte sich der Negativtrend fort und weitere Vereine zogen sich vom Spielbetrieb zurück. Gerade in den kleineren Ortschaften standen nicht mehr genügend Fußballer zur Verfügung. Der Boom, der gerade zu Beginn der 1930er zu verzeichnen gewesen war, war längst gebrochen. Dieses ist nicht allein auf die nationalsozialistische Vereinnahmung insbesondere durch die Hitlerjugend zurückzuführen, sondern auch darauf, dass die Vielfalt der Verbände unter dem Nazi-Regime aufgelöst worden war. Für die Kreise Paderborn, Höxter und Warburg kann festgehalten werden, dass die ehemaligen DJK-Vereine mit dem Verbot ihrer Organisation sich nicht nur aufgelöst hatten, sondern auch nur wenige Spieler an andere Vereine weitergewandert waren. Lediglich dort, wo ein gutes örtliches Miteiandern zwischen DJK- und WSV-Verein bestand, wechselten die DJK-Spieler. Noch gravierender war der Verlust der Sportler, die im ATSB organisiert gewesen waren. Da nicht nur die ATSB-Vereine nicht in den WSV/DFB aufgenommen wurden, sondern bei jedem einzelnen Spieler eine Prüfung seiner Gesinnung und letztendlich ein Beschluss des jeweiligen Gauvorstandes vor seiner Aufnahme standen, verzichtete der ganz überwiegende Anteil der ATSB-Spieler auf eine Fortsetzung ihrer Fußballerkarriere.

Überschattet war die Spielzeit von der aggressiven deutschen Außenpolitik, die eine nahende Kriegsgefahr heraufbeschwor. Die Sudetenkrise im Herbst 1938, die anschließende Einverleibung der Tschechoslowakei und der zunehmende Druck auf Polen lenkten die Aufmerksamkeit auf andere Dinge als den Sport. Dennoch zog Schalke 04 weiterhin einsam seine Kreise in Westfalen und im Deutschen Reich. Am Ende stand die vierte deutsche Meisterschaft.

Mit dem VfB Bielefeld gelang es einer zweiten Mannschaft aus Ostwestfalen, in die Gauliga aufzusteigen. Mit dem MSV Paderborn schaffte es erstmals eine Militärmannschaft bis in die 1.Bezirksklasse. Um sich für die Aufstiegsspiele zu qualifizieren, musste man sich zuvor in einem Entscheidungsspiel gegen den punktgleichen VfB Salzkotten zunächst die Meisterschaft in der 1.Kreisklasse Paderborn sichern und anschließend ein weiteres Entscheidungsspiel um den Kreismeister des Kreises Paderborn gegen den MSV Höxter, einem weiteren aufstrebenden Militärverein, bestreiten, das Paderborn 5:0 gewann. Die souveränste Vorstellung in ganz OWL lieferte aber eine Betriebssportgemeinschaft: die BSG Dürkopp Bielefeld setzte sich in der 2.Kreisklasse Bielefeld mit 128:15 Toren und 43:1 Punkten durch.

## Gauliga Westfalen

|     | Vereine | Sp | Tore | Punkte |
|-----|---------|-----|------|--------|
| 1. | FC Schalke 04 | 18 | 51:12 | 31:5 |
| 2. | VfL Bochum | 18 | 39:13 | 24:12 |
| 3. | Borussia Dortmund | 18 | 46:40 | 20:16 |
| 4. | SC Westfalia Herne | 18 | 26:24 | 19:17 |
| 5. | SpVg. Röhlinghausen | 18 | 22:32 | 18:18 |
| 6. | Arminia Bielefeld (N) | 18 | 27:28 | 17:19 |
| 7. | Preußen Münster (N) | 18 | 26:31 | 17:19 |
| 8. | SV Arminia Marten (N) | 18 | 25:31 | 17:19 |
| 9. | SpVg. Herten 12 | 18 | 27:43 | 14:22 |
| 10. | SpVg. Hörntrup | 18 | 15:50 | 3:33 |
|     |         |     | 304:304 | 180:180 |

## Aufstiegsrunde zur Gauliga Westfalen, Gruppe 2

|     | Vereine | Sp | Tore | Punkte |
|-----|---------|-----|------|--------|
| 1. | VFB Bielefeld | 6 | 16:11 | 10:2 |
| 2. | SC Münster 08 | 6 | 15:18 | 6:6 |
| 3. | SUS Hüsten 09 | 6 | 10:11 | 5:7 |
| 4. | SG Mengede | 6 | 12:13 | 3:9 |
|     |         |     | 53:53 | 24:24 |

## 1. Bezirksklasse Gruppe 5 Minden

|     | Vereine | Sp | Tore | Punkte |
|-----|---------|-----|------|--------|
| 1. | VfB Bielefeld | 18 | 72:19 | 32:4 |
| 2. | Teutonia Lippstadt | 18 | 50:23 | 24:12 |
| 3. | Borussia Lippstadt | 18 | 42:28 | 23:13 |
| 4. | BV Lemgo (N) | 18 | 39:33 | 20:16 |
| 5. | Union Herford | 18 | 30:34 | 18:18 |
| 6. | VfL Geseke | 18 | 23:31 | 18:18 |
| 7. | GW Bielefeld (N) | 18 | 36:46 | 15:21 |
| 8. | SpVg. Schildesche | 18 | 35:46 | 13:23 |
| 9. | SuS Herford | 18 | 23:44 | 11:25 |
| 10. | VfJ 08 Paderborn | 18 | 22:68 | 6:30 |
|     |         |     | 372:372 | 180:180 |

# Kriegsmeisterschaft 1939/40

Die Vorbereitungen auf die neue Spielzeit liefen im üblichen Rahmen. Mal wieder gab es Überlegungen zur Neueinteilung der Klassen. Im Mittelpunkt der Diskussion stand die Einführung einer Reichsliga ab der Saison 1940/41. Dafür sollte ein Qualifikationssystem gefunden werden, das in der neuen Spielzeit für alle Vereine verbindlich sein sollte.[1] Gleichzeitig wurde im Gau Westfalen über die Erweiterung der Bezirksklassen von bisher 7 auf 8 beraten. Insbesondere im Hinblick auf die Aufstiegsrunden wurde die Zahl 8 als besser und gerechter erachtet, um gleich große Aufstiegsgruppen bilden zu können.[2]

Und aus Berlin kam kurz vor Kriegsausbruch das Gerücht, dass der nominelle Führer der Fachschaft Fußball, Felix Linnemann, letzter DFB-Präsident, abgelöst werde. Linnemann war aber nach Nils Havemann praktisch schon nach den Olympischen Spielen 1936 mehr oder weniger kalt gestellt worden und durfte nur noch repräsentative Aufgaben wahrnehmen. Gleichzeitig wurde der vielleicht beste Fußballer dieser Zeit, Fritz Szepan, un-

mittelbar nach dem gegen Admira Wien gewonnenen Endspiel (9:0) in den „Führerrat" des Fachamtes Fußball berufen.[3] Offensichtlich wollte man sich dort mit einem Fußballer schmücken, der nicht nur das Aushängeschild des Serienmeisters FC Schalke 04, sondern des ganzen deutschen Fußballs war.

Während die Bevölkerung durch immer schärfere Rhetorik in den Zeitungen auf den Feldzug gegen Polen vorbereitet wurde und wie aus dem Nichts ein Bündnis mit der Sowjetunion (Hitler-Stalin-Pakt) präsentiert bekam, gingen die Vereine mit Freundschafts- und Pokalspielen in die neue Saison. Die Meisterschaftsspiele sollten am 10.9.1939 beginnen, am Wochenende davor die reichsweiten „Opferspiele". Am Mittwoch, den 30.08.1939, kam dann vollkommen überraschend die Absage der Opferspiele und bis auf weiteres auch aller Meisterschaftsspiele.[4] Am 1.9.1939 begann mit dem Überfall auf Polen der II.Weltkrieg.

Doch die Reichssportführung war darum bemüht, so schnell wie möglich zur Normalität zurückzukehren, um mit Hilfe des Sports die Menschen vom Krieg abzulenken. So wurde auch für den ersten Kriegssonntag kurzerhand in Bielefeld ein Spiel der alten Rivalen Arminia und VfB organisiert, das 5:5 endete. Da die Meisterschaftsspiele zunächst weiterhin ausgesetzt blieben, wurde ein „Westfälischer Erinnerungspokal" ausgerufen, an dem aus den Städten Bielefeld, Osnabrück und Münster jeweils zwei Mannschaften teilnahmen. Gleichzeitig ging man im Gau Westfalen an eine Umplanung der Meisterschaftsspiele, die aufgrund der befürchteten Einschnitte bei den Verkehrsverhältnissen sowie dem zu erwartenden Spielermangel möglichst regional stattfinden sollten. Ende September wurden die Vereine aufgerufen, sich am „Notspielprogramm" zu beteiligen.[5] Die „Notspiele" ersetzten die ausgefallenen Meisterschaftsspiele und hatten den Charakter von Pflichtfreundschaftsspielen. Im Oktober wurde schließlich festgelegt, dass die „Notspiele" ab Dezember durch „Kriegsspiele" ersetzt werden und ab

**Opfertagspiele fallen aus**

**Amtlich wird mitgeteilt:**

Die für den 3. September 1939 vorgesehenen Opfertagspiele für Fußball werden auf einen späteren Zeitpunkt verlegt.

Die Vereine und Gemeinschaften können am 3. September Freundschaftsspiele abschließen.

**Auch keine Meisterschaftsspiele**

Der Reichssportführer hat angeordnet, daß alle Pflichtspiele vorläufig ausfallen. Diese Anordnung bezieht sich auf alle Spielarten, also Fußball, Handball, Hockey, Rugby usw. Alle anderen Veranstaltungen können durchgeführt werden. Somit werden sich die Vereine auf Freundschaftsspiele beschränken müssen.

Absage der Spiele. Abb.: WB Bi 30.8.1939

108

**„Ausweis für Gastmitglieder!"**

Spieler, die durch militärische Einberufungen oder militärische und berufliche Versetzungen ihren Wohnsitz wechseln, können für die Zeit der Kriegsmeisterschaft die Gastmitgliedschaft in einem NSRL-Verein erwerben. Bisher haben Unstimmigkeiten über die Paßfrage für diese Spieler bestanden, die nun eine amtliche Klärung erfahren haben. Der NSRL-Mitgliedsausweis gilt für die Zeit der Kriegsmeisterschaft als Nachweis für die Spielberechtigung. Entsprechend muß auch für die Gastmitglieder der NSRL-Ausweis vorhanden sein. Die Gastmitgliedschaft wird besonders kenntlich gemacht durch ein Blatt, den „Ausweis für Gastmitglieder der Kriegsmeisterschaft", den die Gaue den Vereinen auf Anforderung liefern. Der Vereinsführer des Stamm-Vereins muß auf diesem Blatt die Gastmitgliedschaft für den neuen Verein genehmigen, der Vereinsführer des neuen Vereins bestätigt sie.

Künftighin muß also auch für die Soldaten der Spielerpaß vorgelegt werden, den die Stammvereine in allen Fällen gewiß ohne Schwierigkeiten zustellen werden; denn die Hauptsache ist schließlich, daß die Soldaten ihren Fußballsport weiter betreiben können.

Ausweis für Gastspieler Abb.: WB Bi 22.11.39

diesem Zeitpunkt eine reguläre „Kriegsmeisterschaft" in den verschiedenen Spielklassen ausgetragen werde. Bereits am 5.11.1939 begann die Gauliga mit ihren 10 Vereinen ihre Meisterschaftsspiele, die Bezirksklasse Ostwestfalen, die in die Untergruppen Herford und Lippstadt aufgeteilt worden war, startete am 19.11.1939 und die Kreisklassen Anfang Dezember.

In den Monaten Dezember 1939 und Januar 1940 liefen die Meisterschaftsspiele relativ geordnet an, doch dann kam es immer wieder zu Spielausfällen. Einige Ausfälle waren dem strengen Winter geschuldet, immer häufiger aber standen den Vereinen nicht genügend Spieler zur Verfügung, da diese zur Wehrmacht eingezogen waren. So gestattete der Verband zwar ein großzügiges Gastspielerrecht (siehe unten), aber für etliche Vereine waren die Rahmenbedingungen einfach zu schlecht, um weiterhin an einem geregelten Spielbetrieb teilnehmen zu können.

**Gauliga**

| | Vereine | Sp | S | U | N | Tore | Punkte |
|---|---|---|---|---|---|---|---|
| 1. | FC Schalke 04 | 18 | 15 | 2 | 1 | 98:18 | 32:4 |
| 2. | Arminia Bielefeld | 18 | 10 | 1 | 7 | 49:42 | 21:15 |
| 3. | VfL Bochum | 18 | 10 | 1 | 7 | 54:50 | 21:15 |
| 4. | SC Westfalia Herne | 18 | 9 | 2 | 7 | 47:56 | 20:16 |
| 5. | VfB Bielefeld (N) | 18 | 8 | 3 | 7 | 45:47 | 19:17 |
| 6. | Preußen Münster | 18 | 6 | 4 | 8 | 43:52 | 16:20 |
| 7. | Gelsenguß Gelsenkirchen (N) | 18 | 7 | 2 | 9 | 43:39 | 16:20 |
| 8. | SV Arminia Marten | 18 | 5 | 3 | 10 | 31:54 | 13:23 |
| 9. | Borussia Dortmund | 18 | 5 | 1 | 12 | 35:60 | 11:25 |
| 10. | SpVg. Röhlinghausen | 18 | 4 | 3 | 11 | 33:60 | 11:25 |
| | | 79 | 22 | 79 | | 478:478 | 180:180 |

109

## 1. Bezirksklasse Minden – Untergruppe Herford

|   | Vereine | Sp | S | U | N | Tore | Punkte |
|---|---------|-----|---|---|---|------|--------|
| 1. | SV 06/07 Bielefeld | 12 | 9 | 0 | 3 | 32:9 | 18:6 |
| 2. | Union Herford | 12 | 7 | 2 | 3 | 31:29 | 16:8 |
| 3. | SpVg. Schildesche | 12 | 5 | 2 | 5 | 26:25 | 12:12 |
| 4. | SUS Herford | 12 | 5 | 1 | 6 | 35:23 | 11:13 |
| 5. | GW Bielefeld | 12 | 5 | 1 | 6 | 16:22 | 11:13 |
| 6. | VfB Bünde | 12 | 3 | 2 | 7 | 7:31 | 8:16 |
| 7. | MSV/Kpster Minden | 12 | 4 | 0 | 8 | 10:27 | 8:16 |
|   |   |   | 37 | 8 | 37 | 157:166 | 84:84 |

## 1. Bezirksklasse Minden – Untergruppe Lippstadt

|   | Verein |
|---|--------|
| 1. | VfR Heeßen |
| 2. | Teutonia Lippstadt |
| 3. | VfL Geseke |
| 4. | Borussia Lippstadt |
| 5. | Ahlen 05 |
| 6. | SpVg. Beckum |

So schieden im Frühjahr rund ein Viertel der Vereine in den einzelnen Klassen aus. Lediglich die Gauliga war hiervon nicht betroffen. Die 10 Teams hielten durch und der FC Schalke 04 wurde wie immer seit Bestehen der Gauliga Meister, während Arminia Bielefeld stolz auf die Vizemeisterschaft war.

In den beiden Untergruppen der Bezirksklasse Ostwestfalen setzten sich der SV 06/07 Bielefeld und Union Herford sowie Teutonia Lippstadt und VfR Heeßen durch und ermittelten in einer Quali-Runde den Teilnehmer an den Aufstiegsspielen zur Gauliga. Hier hatte der VfR Heeßen die Nase nur aufgrund des besseren Torverhältnisses vorn, sollte aber in der Aufstiegsrunde dann keine Rolle spielen. Die Aufstiegsspiele zogen sich bis in den September 1940 hin.

## Ermittlungsrunde des Teilnehmers an den Aufstiegsspielen zur Gauliga

|   | Vereine | Sp | S | U | N | Tore | Punkte |
|---|---------|-----|---|---|---|------|--------|
| 1. | VfR Heeßen | 6 | 3 | 2 | 1 | 12:8 | 8:4 |
| 2. | SV 06/07 Bielefeld | 6 | 4 | 0 | 2 | 14:11 | 8:4 |
| 3. | Teutonia Lippstadt | 6 | 3 | 2 | 1 | 16:12 | 8:4 |
| 4. | Union Herford | 6 | 0 | 0 | 6 | 9:20 | 0:12 |
|   |   |   | 10 | 4 | 10 | 51:51 | 24:24 |

## Aufstiegsspiele zur Bezirksklasse

|   | Vereine | Sp | S | U | N | Tore | Punkte |
|---|---------|-----|---|---|---|------|--------|
| 1. | BSG Dürkopp Bielefeld | 6 | 4 | 0 | 2 | 15:6 | 8:4 |
| 2. | BSV Oeynhausen | 6 | 4 | 0 | 2 | 15:14 | 8:4 |
| 3. | SV Neuhaus | 6 | 4 | 0 | 2 | 16:17 | 8:4 |
| 4. | BSV Leese | 6 | 0 | 0 | 6 | 7:16 | 0:12 |
|   |   |   | 12 | 0 | 12 | 53:53 | 24:24 |

Auch die Entscheidungen in den Kreisklassen benötigten mehr Zeit als üblich. Erst Ende Juli 1940 standen hier die Meister endgültig fest, die dann in einer Runde die Aufsteiger zur Bezirksklasse ermittelten. Aufsteiger waren die BSG Dürkopp Bielefeld und der BV Bad Oeynhausen.

Am längsten spielte die 2.Kreisklasse Bielefeld, die ihre große Anzahl an Spielen (13 Mannschaften nahmen teil) selbst Mitte September noch nicht beendet hatte, als offiziell schon die neue Spielzeit begonnen hatte. Daraus wird deutlich, dass auch erstmals die in früheren Jahren als so wichtig erachtete Sommerpause nicht eingehalten wurde. So sehr sich die offiziellen Stellen des Regimes auch bemühten, trotz des Krieges den Menschen eine größtmögliche Normalität vorzugaukeln, die Realität war doch anders und machte auch vor dem Fußball nicht Halt. Die Vereine, sofern sie denn überhaupt noch bestanden, hatten immer größere Schwierigkeiten, spielfähige Teams antreten zu lassen. Hinzu kamen die erschwerten Verkehrsverhältnisse, die etliche Spiele ausfallen ließen. Von ursprünglich rund 30.000 Fußballmannschaften im Jahr 1937 waren zu Beginn des zweiten Kriegsjahres nur noch 14.000 übrig geblieben.[6]

## Endnoten

150 1 WZ Bi 18.8.1939

151 2 WZ Bi 27.7.1939

152 3 WZ Bi 20.6.1939

153 4 WZ Bl 30.08.1939

154 5 WV Pb 29.9.1939

155 6 Stürmer für Hitler, S.221

# 1940/41

Nachdem sich die erste Kriegssaison durch die zahlreichen Spielausfälle über den Sommer hinausgezogen hatte, begann die zweite Spielzeit praktisch nahtlos mit den ersten Spielen im September 1940. Während die Gauliga auf 12 Vereine aufgestockt wurde, damit niemand absteigen musste, wurden die unteren Klassen teilweise neu zusammengestellt. Das war notwendig geworden, da die einzelnen Ligen durch Rückzüge vieler Vereine weiter ausgedünnt worden waren. Zudem meldeten sich verstärkt Betriebssportgemeinschaften insbesondere von Rüstungsbetrieben mit eigenen Mannschaften an. Das war ganz im Sinne der Machthaber, denn es gab etliche einflussreiche Nationalsozialisten, denen ohnehin das Vereinswesen ein Dorn im Auge war und die das Betriebssportwesen als gute Alternative ansahen. Schließlich wurde die Bezeichnung der Ligen mal wieder geändert: aus der Gauliga wurde die Bereichsklasse, aus der Bezirksklasse die 1.Klasse, aus der Kreisklasse die 2.Klasse und darunter wurde (zumindest im Kreis Bielefeld) noch eine 3.Klasse gebildet.

Durch den aus deutscher Sicht zunächst erfolgreichen Kriegsverlauf mit der Besetzung Polens, Hollands, Belgiens und Frankreichs sowie dem Vordringen auf dem Balkan und nach Dänemark und Norwegen glaubte man, auch den Sport wie gewohnt betreiben zu können. Vor allem die Nationalmannschaft führte im zweiten Halbjahr 1940 nicht weniger als 7 Länderspiele durch. Besonderer Wert wurde auf das Einhalten der Spielpläne gelegt, da sie ein Gradmesser für Normalität waren. Im Januar 1941 wurde sogar mal wieder über die Einführung einer „Reichsliga" diskutiert, die der DFB ja ursprünglich 1933 oder 1934 hatte einführen wollen. Allerdings gab es hierzu auch etliche kritische Stimmen, die vor allem aus der Führung des Fachamtes Fußball kamen. Hauptargument war dabei, das eine reichsweite Liga weite Anreisen der Spieler mit sich bringen würde, so dass die Spieler deshalb ihren bisher so sorgfältig ge-

hüteten (Schein-)Amateurstatus würden aufgeben müssen. Hier wurde auf das Beispiel Italien verwiesen.[1] Die kommenden Kriegsereignisse verhinderten aber weitere Überlegungen.

## Urban spielt in Bielefeld

Der VfB Bielefeld hat eine wesentliche Verstärkung erhalten und trat zum ersten Meisterschaftsspiel der neuen Saison am Sonntag, 1. September, gegen VfL Bochum 48 mit dem Schalker Urban an, der augenblicklich in Bielefeld weilt und von seinem Stammverein die Gastspielerlaubnis für den VfB erhalten hat. Auch die Urlauber Haale und Wörmann standen den Bielefelder Rot-Weißen am Sonntag zur Verfügung.

Urban von Schalke spielt in Bielefeld. Abb.: WV 2.9.1940

### Bereichsklasse (Gauliga)

|  | Vereine | Sp | S | U | N | Tore | Punkte |
|---|---|---|---|---|---|---|---|
| 1. | FC Schalke 04 | 22 | 21 | 1 | 0 | 101:13 | 43:1 |
| 2. | Gelsenguß Gelsenkirchen | 22 | 13 | 3 | 6 | 52:29 | 29:15 |
| 3. | VfB Bielefeld | 22 | 12 | 5 | 5 | 53:33 | 29:15 |
| 4. | Borussia Dortmund | 22 | 10 | 4 | 8 | 62:50 | 24:20 |
| 5. | SC Westfalia Herne | 22 | 10 | 3 | 9 | 50:37 | 23:21 |
| 6. | Arminia Bielefeld | 22 | 10 | 3 | 9 | 56:52 | 23:21 |
| 7. | SV Röhlinghausen | 22 | 9 | 4 | 9 | 50:47 | 22:22 |
| 8. | VfL Bochum | 22 | 8 | 5 | 9 | 51:54 | 21:23 |
| 9. | DSC Hagen (N) | 22 | 7 | 5 | 10 | 41:52 | 19:25 |
| 10. | SV Arminia Hagen | 22 | 5 | 5 | 12 | 35:71 | 15:29 |
| 11. | Union Gelsenkirchen (N) | 22 | 5 | 3 | 14 | 29:64 | 13:31 |
| 12. | Preußen Münster | 22 | 1 | 1 | 20 | 27:105 | 3:41 |
|  |  |  | 111 | 42 | 111 | 607:607 | 264:264 |

In der Bereichsklasse Westfalen beherrschte der FC Schalke 04 seine Gegner weiterhin nach Belieben und gab nur einen Punkt gegen Westfalia Herne ab. Erstmals schossen die „Knappen" sogar über 100 Tore. Der VfB Bielefeld als Dritter und Arminia als Sechster spielten eine gute Saison.

## Aufstiegsspiele
### Gruppe 1

| | Vereine | Sp | S | U | N | Tore | Punkte |
|---|---|---|---|---|---|---|---|
| 1. | SpVg. Herten 12 | 5 | 4 | 1 | 0 | 14:4 | 9:1 |
| 2. | SUS Hüsten 09 | 5 | 2 | 1 | 2 | 13:10 | 5:5 |
| 3. | BSG Dürkopp Bielefeld | 4 | 2 | 0 | 2 | 10:13 | 4:4 |
| 4. | SpVg. Olpe 19 | 6 | 1 | 0 | 5 | 7:20 | 2:10 |
| | | | 9 | 2 | 9 | 44:47 | 20:20 |

### Qualifikationrunde für die Aufstiegsspiele

| | Vereine | Sp | S | U | N | Tore | Punkte |
|---|---|---|---|---|---|---|---|
| 1. | BSG Dürkopp Bielefeld | 4 | 3 | 0 | 1 | 10:7 | 6:2 |
| 2. | VfR Heeßen | 4 | 2 | 1 | 1 | 11:7 | 5:3 |
| 3. | SC 08 Unna | 4 | 0 | 1 | 3 | 5:12 | 1:7 |
| | | | 5 | 2 | 5 | 26:26 | 12:12 |

SV 06/06 Bielefeld ausgeschieden.

### 1. Klasse – Untergruppe Herford

| | Vereine | Sp | S | U | N | Tore | Punkte |
|---|---|---|---|---|---|---|---|
| 1. | SV 06/07 Bielefeld | 10 | 6 | 3 | 1 | 30:11 | 15:5 |
| 2. | SpVg. Union Herford | 10 | 6 | 2 | 2 | 43:17 | 14:6 |
| 3. | BSG Dürkopp Bielefeld | 10 | 6 | 2 | 2 | 34:25 | 14:6 |
| 4. | SpVg. Schildesche | 10 | 4 | 0 | 6 | 21:34 | 8:12 |
| 5. | BV Bad Oeynhausen | 10 | 3 | 0 | 7 | 24:30 | 6:14 |
| 6. | GW Bielefeld | 10 | 1 | 1 | 8 | 13:48 | 3:17 |
| | | | 26 | 8 | 26 | 165:165 | 60:60 |

Es fehlt das Ergebnis des Spieles SV 06/07 Bielefeld – GW Bielefeld. Da SV 06/07 als Meister an den Aufstiegsspielen teilnahm, muss der SV 06/07 das Spiel gewonnen haben.

### 1. Klasse Minden – Untergruppe Lippstadt

| | Vereine | Sp | S | U | N | Tore | Punkte |
|---|---|---|---|---|---|---|---|
| 1. | VfR Heeßen | 14 | 10 | 0 | 4 | 61:33 | 20:8 |
| 2. | SC Unna 08 | 13 | 10 | 0 | 3 | 56:20 | 20:6 |
| 3. | Teutonia Lippstadt | 14 | 9 | 1 | 4 | 47:30 | 19:9 |
| 4. | SV Neuhaus (N) | 13 | 6 | 3 | 4 | 21:32 | 15:11 |
| 5. | SpVg. Beckum | 14 | 6 | 1 | 7 | 33:43 | 13:15 |
| 6. | Borussia Lippstadt | 14 | 5 | 3 | 6 | 42:39 | 13:15 |
| 7. | SUS Ahlen 05 | 14 | 1 | 3 | 10 | 23:52 | 5:23 |
| 8. | VfL Geseke | 14 | 2 | 1 | 11 | 20:55 | 5:23 |
| | | | 49 | 12 | 49 | 304:304 | 60:60 |

WB Pb 3.10.40: SV Neuhaus wurde der Aufstieg nachträglich gestattet. Es fehlt: Unna – Neuhaus

### Gruppe 2

| | Vereine | Sp | Tore | Punkte |
|---|---|---|---|---|
| 1. | VfL Altenbögge | 4 | 17:8 | 5:3 |
| 2. | SC Borussia Rheine | 4 | 8:10 | 5:3 |
| 3. | SpVg. Hörntrup | 4 | 9:16 | 2:6 |
| | | | 34:34 | 12:12 |

Die 1.Klasse im Bezirk Minden blieb in zwei Untergruppen gegliedert, um die Fahrten so gering wie möglich zu halten. In der Untergruppe Herford wurde die SV 06/07 Bielefeld vor der SpVg. Union Herford und der Betriebssportgemeinschaft(BSG) Dürkopp Bielefeld Meister. In der Untergruppe Lippstadt setzte sich erneut der VfR Heeßen aus Hamm vor dem SC Unna 08 durch. Während der Aufstiegsspiele der jeweiligen beiden Gruppenersten zog sich jedoch der SV 06/07 zurück, so dass sich am Ende die BSG Dürkopp Bielefeld als ostwestfälischer Vertreter für die Aufstiegsspiele zur Bereichsklasse qualifizierte, hier aber scheiterte.

In der 2.Klasse, der früheren Kreisklasse, hatte im Kreis Bielefeld die Reserve von VfB Bielefeld die Nase vorn. Da man nicht aufstiegsberechtigt war, nahm der Vizemeister SpVg. Gütersloh an den Aufstiegsspielen teil. In Paderborn setzte sich der neue SF RW Paderborn, der aus der Fusion der Traditionsvereine VfJ 08 und SV 13 entstanden war, durch. In Lippe qualifizierte sich der VfB Oerlinghausen, im Kreis Minden-Herford die SpVg. Minden 05 für die Aufstiegsspiele, doch beide Vereine verzichteten auf eine Teilnahme. So stiegen SF RW Paderborn und SpVg. Gütersloh automatisch auf.

Im Kreis Höxter waren die Meisterschaftsspiele zunächst Ende 1939 eingestellt worden. Allerdings nahmen in der Saison 1940/41 die Vereine TUS Höxter, SUS Lüchtringen, SF Warburg 08 und RSV Ottbergen den Spielbetrieb wieder auf und der TUS Höxter wurde Meister, scheiterte aber in den Entscheidungsspielen klar an SF RW Paderborn.

Das Regime hatte erkannt, dass der Sport und hier insbesondere der zuschauerträchtige Fußball ein gutes Mittel der Ablenkung war. So wurde nahezu täglich über sportliche Ereignisse in den Tageszeitungen berichtet. Um entsprechenden „Stoff" anbieten zu können, mussten die Wettbewerbe, so gut es ging, fortgesetzt werden. Neben die Meisterschaftsspiele in den oft verkleinerten Spielklassen traten die Pokalspiele. Zudem wurde im Sommer 1941 im Gau Westfalen ein „Kriegserinnerungspokal" gestiftet, wo in verschiedenen regionalen Gruppen den Sommer über die Sieger ausgespielt wurden. Das war möglich, da 1941 die Meisterschaftsspiele zu Beginn des Sommers weitgehend abgeschlossen waren. Und auch die Jugendspiele gewannen immer mehr an Bedeutung, da hier auch die kleinen Vereine weiterhin zahlreich teilnehmen konnten. Die Jugendarbeit lief aber inzwischen komplett unter dem Dach der Hitler-Jugend, die das gesamte Reichsgebiet in Banne aufgeteilt hatte und dort Bannmeisterschaften durchführte. Hieran nahmen sowohl Vereine als auch die örtlichen HJ-Organisationen teil. Die Bannmeister spielten dann die Gebietsmeister aus, die sich wiederum für die deutsche Meisterschaft qualifizierten.

### Ein Mustersportplatz wird angelegt

Für die Betreuung der Land- und Dörfbewohner wurden schon vor einiger Zeit Richtlinien verschiedener Art getroffen. So soll jede Gemeinde neben ihrem Gemeinschaftshaus nach dem Kriege auch ihren Sportplatz oder nach Möglichkeit auch ihr Schwimmbad haben, um auch auf dem Lande die Leibesübungen in entsprechendem Umfang zu pflegen und damit die Arbeit fortzusetzen, die in kleinerem Maße schon vor einigen Jahren von der Deutschen Arbeitsfront durch den Einsatz von Wanderlehrern begonnen wurde und bei der Bevölkerung viel Anklang fand.

Die sogenannte Dorfsport-Anlage soll nach einem einheitlichen Muster erstehen. Das Hochschulinstitut für Leibesübungen an der neuen Reichsuniversität Posen beschäftigte sich eingehend mit diesen Fragen und wird in Posen eine solche Muster-Kampfstätte errichten. Der Plan für den Dorf-Sportplatz sieht neben den unerläßlichen Spielfeldern für Fußball und Handball mehrere Laufbahnen, eine Hindernisbahn mit einer Fallgrube, Kletterwand, Kriech- und sonstigen Hindernissen, ferner Sprunggruben, Anlagen für Geschicklichkeitsprüfungen, einen Wurfring und Basketballfelder auf.

Mustersportplatz. Abb.: WV 20.5.1941

**Endnote**

1    WZ Bi 24.01.1941

# 1941/42

Aufgrund der frühzeitigen Beendigung der letzten Saison plante man im Gau Westfalen, im September 1941 die neue Saison beginnen zu lassen. So lagen für den September die Spielpläne vor und die Bereichsklasse (früher Gauliga) startete bereits am 1.9.1941 in die neue Saison. Eine Woche später zogen die 1.Klassen nach. Hitler hatte am 22.6.1941 der Sowjetunion den Krieg erklärt. Damit wurden noch mehr Soldaten als zuvor benötigt, was die Mannschaften weiter ausdünnte. Doch davon war im Spielbetrieb zunächst wenig zu verspüren. Der Herbst begann mit regelmäßigen Spielen, von denen genauso regelmäßig berichtet wurde. Zu Schwierigkeiten kam es erst zu Beginn des Jahres 1942. Sowohl die Kriegslage als auch der strenge Winter verzögerten den Beginn der Rückrunde, so dass es erst Ende März zur Fortsetzung der Saison kam. Spielabsagen wurden mit „technischen Gründen" erklärt.

In der Bereichsklasse (früher Gauliga) blieb alles wie immer: der FC Schalke 04 war nicht aufzuhalten und wurde wieder Meister. Der VfB Bielefeld als Dritter und Arminia Bielefeld als Sechster wiederholten ihre Vorjahresergebnisse.

In den 1.Klassen der beiden ostwestfälischen Untergruppen standen am Ende die Wehrmachtsportgemeinschaft (WSG) Herford und der SV 06/07 Bielefeld in der Untergruppe Herford und der VfR Heeßen und Teutonia Lippstadt in der Untergruppe Lippstadt auf den beiden ersten Plätzen und spielten den Qualifikanten zu den Aufstiegsspielen zur Bereichsklasse aus. Während sich der SV 06/07 Bielefeld erneut während der laufenden Spiele zurückzog, standen der VfR Heeßen und Teutonia Lippstadt punktgleich an der Spitze und es mussten zwei weitere Entscheidungsspiele herhalten, bevor Teutonia Lippstadt als ostwestfälischer Aufstiegsvertreter feststand. In den dann folgenden Aufstiegsspielen war man aber chancenlos. Die Stärke der Hammer Vorstädter aus Heeßen wurde vor allem darauf zurückgeführt, dass man sich mit zwei Dortmunder Gastspielern verstärkt hatte. Im Vorjahr hatte hiervon auch der VfB Bielefeld profitiert, bei denen der Schalker Nationalspieler Urban mitwirken durfte. Durch die Gast-

## Bereichsklasse (Gauliga)

| | Vereine | Sp | S | U | N | Tore | Punkte |
|---|---|---|---|---|---|---|---|
| 1. | FC Schalke 04 | 18 | 15 | 2 | 1 | 93:10 | 32:4 |
| 2. | Borussia Dortmund | 18 | 11 | 2 | 5 | 58:38 | 24:12 |
| 3. | VfL Bochum | 18 | 9 | 2 | 7 | 20:27 | 20:16 |
| 4. | BSG Gelsenkirchen | 18 | 8 | 3 | 7 | 37:35 | 19:17 |
| 5. | VfL Altenbögge (N) | 18 | 7 | 5 | 6 | 49:53 | 19:17 |
| 6. | Arminia Bielefeld | 18 | 9 | 1 | 8 | 44:48 | 19:17 |
| 7. | SC Westfalia Herne | 18 | 7 | 3 | 8 | 26:32 | 17:19 |
| 8. | SpV. Rödinghausen | 18 | 4 | 4 | 10 | 20:44 | 12:24 |
| 9. | SpV. Herten(N) | 18 | 4 | 2 | 12 | 24:54 | 10:26 |
| 10. | VfB Bielefeld | 18 | 3 | 0 | 15 | 20:60 | 6:30 |
| | | | 77 | 24 | 79 | 401:401 | 178:182 |

## Wieder ohne Fußball

### Meisterschaftsspiele in Westfalen abgesagt.

Nach einer amtlichen Mitteilung fallen sämtliche für Sonntag in Westfalen angesetzten Meisterschaftsspiele aus. Auch die Spiele der ersten Zwischenrunde um den Tschammerpokal müssen ebenfalls aus technischen Gründen verschoben werden.

Meisterschaftsspiele abgesagt. Abb.: WB Bi 06.03.42

## Aufstiegsspiele zur Bereichsklasse
Gruppe 1

|  | Vereine | Sp | Tore | Punkte |
|---|---|---|---|---|
| 1. | SV Arminia Marten | 6 | 19:4 | 8:4 |
| 2. | Vg. Preußen Bochum | 6 | 11:8 | 8:4 |
| 3. | DSC Hagen | 6 | 21:19 | 4:8 |
| 4. | SpVg. Olpe 19 | 6 | 15:25 | 4:8 |
|  |  |  | 66:66 | 24:24 |

spielerlaubnis kam es nun immer häufiger zu überraschenden Ergebnissen, da sich hier ständige Wechsel vollzogen. In der Berichterstattung wurde aber betont, dass am Ende nicht die Ergebnisse vorrangig seien, sondern dass überhaupt gespielt werde. Zudem sah sich der Gausportführer gleich mehrfach veranlasst zu betonen, dass die Kriegsspielzeiten gesondert zu betrachten seien und nach dem Krieg die Spielklassen aufgrund der Vorkriegsergebnisse neu zusammengesetzt würden.

Um zu verdeutlichen, dass Fußball praktisch wie in Vorkriegsjahren ein beliebter Freizeitspaß war, gab es auch immer wieder Meldungen bzw. Statistiken über die Besucherzahl von Fußballspielen. Damit sollte ebenfalls ein Stück Vorkriegsnormalität vorgegaukelt werden.

In den 2. Klassen setzten sich Friesen Milse, Tura Elsen und der MSV Minden durch und ermittelten die Aufsteiger zur 1.Klasse. Die Bielefelder Gruppe war zunächst mit 9 Teams gestartet, von denen sich aber drei während der Spielzeit zurückzogen. In der 3.Klasse wurde lediglich noch im Kreis Bielefeld mit zuletzt 5 Mannschaften gespielt.

Gruppe 2

|  | Vereine | Sp | S | U | N | Tore | Punkte |
|---|---|---|---|---|---|---|---|
| 1. | STV Horst Emscher | 4 | 4 | 0 | 0 | 14:4 | 8:0 |
| 2. | SC Preußen Münster | 3 | 1 | 0 | 2 | 7:8 | 2:4 |
| 3. | Teutonia Lippstadt | 3 | 0 | 0 | 3 | 1:10 | 0:6 |
|  |  |  | 5 | 0 | 5 | 22:22 | 10:10 |

### 1. Klasse Minden – Untergruppe Herford

|  | Vereine | Sp | S | U | N | Tore | Punkte |
|---|---|---|---|---|---|---|---|
| 1. | WSG Union Herford | 10 | 9 | 0 | 1 | 54:7 | 18:2 |
| 2. | SV 06/07 Bielefeld | 11 | 7 | 1 | 3 | 28:21 | 15:7 |
| 3. | BSG Dürkopp Bielefeld | 12 | 6 | 1 | 5 | 30:26 | 13:11 |
| 4. | SpVg. Gütersloh | 12 | 6 | 1 | 5 | 35:27 | 13:11 |
| 5. | SpVg. Schildesche | 12 | 5 | 0 | 7 | 15:34 | 10:14 |
| 6. | BV Oeynhausen | 10 | 1 | 3 | 6 | 22:34 | 5:15 |
| 7. | GW Bielefeld | 11 | 2 | 0 | 9 | 12:47 | 4:18 |
|  |  |  | 36 | 6 | 36 | 196:196 | 78:78 |

Teilnehmer an Aufstiegsrunde: SV 06/07 Bielefeld und SpVg. Gütersloh. WSG Herford ist als Kriegsspielgemeinschaft nicht zum Aufstieg berechtigt (WNN 28.5.42).
Es fehlen: SV 06/07 Bielefeld – WSG Herford
BV Oeynhausen – GW Bielefeld
WSG Herford – BV Oeynhausen

### 1. Klasse Minden – Untergruppe Lippstadt

|  | Vereine | Sp | S | U | N | Tore | Punkte |
|---|---|---|---|---|---|---|---|
| 1. | VfR Heeßen | 9 | 6 | 1 | 2 | 30:23 | 13:5 |
| 2. | Teutonia Lippstadt | 10 | 5 | 2 | 3 | 35:28 | 12:8 |
| 3. | Borussia Lippstadt | 9 | 5 | 0 | 4 | 28:18 | 10:8 |
| 4. | SF RW Paderborn | 10 | 5 | 0 | 5 | 35:28 | 10:10 |
| 5. | SG Ahlen | 10 | 4 | 2 | 4 | 13:23 | 10:10 |
| 6. | SV Neuhaus | 10 | 1 | 1 | 8 | 23:42 | 3:17 |
|  |  |  | 26 | 6 | 26 | 164:163 | 58:58 |

SpVg. Beckum ausgeschieden. Es fehlt: Heeßen – Borussia Lippstadt

### Aufstiegsspiele

|  | Vereine | Sp | S | U | N | Tore | Punkte |
|---|---|---|---|---|---|---|---|
| 1. | Teutonia Lippstadt | 4 | 2 | 1 | 1 | 27:12 | 5:3 |
| 2. | VfR Heeßen | 4 | 2 | 1 | 1 | 19:9 | 5:3 |
| 3. | SpVg. Gütersloh | 4 | 1 | 0 | 3 | 10:35 | 2:6 |
|  |  |  | 5 | 2 | 5 | 56:56 | 12:12 |

SV 06/07 Bielefeld ausgeschieden.

### Entscheidungsspiele wegen Punktgleichheit:
VfR Heeßen – Teutonia Lippstadt **3:3**
VfR Heeßen – Teutonia Lippstadt **1:3**

„Lili Marlen" – sportlich

Wenn irgendwo vom Sender Belgrad gesprochen wird, dann geschieht das totsicher irgendwie in Verbindung mit der „Lili Marlen", die diesem deutschen Soldatensender so viele Freunde erworben hat. Wer Belgrad einschaltet, kann sich aber auch an manchen anderen Darbietungen besonderer Art erfreuen, bei denen auch der Sport nicht zu kurz kommt. Letzthin hat der Sender Belgrad von dem in Budapest ausgetragenen Fußball-Länderkampf Ungarn gegen Deutschland sogar eigene Berichte gegeben. Der Sportschriftleiter der „Donauzeitung" in Belgrad, Karl Brinkmann, vermittelte den Hörern des Senders nicht nur einen Kampfbericht, sondern auch eine Unterhaltung mit Reichstrainer Herberger und bekannten Spielern der deutschen Nationalmannschaft wie Rohde, Walter und Jahn, die nach dem Länderkampf in Budapest auf Platten aufgenommen, dann mit dem Flugzeug nach Belgrad gebracht wurde und dort wenige Stunden später beim Sender Belgrad vorlag. Erklärlicherweise haben alle Sendungen aus Belgrad nach dem 5:3-Sieg der deutschen Nationalmannschaft bei den im Südostraum stehenden deutschen Soldaten eine ganz besonders große Freude ausgelöst!

Lilli Marleen. Abb.: WNN 20.5.1942

# 1942/43

Der Nationalsozialistische Reichsverband für Leibesübungen (NSRL), der den gesamten Sport beaufsichtigte, hatte festgestellt, dass die Gauzuschnitte im Fußball nicht mit den Gaugrenzen der Partei übereinstimmten. So kam es mitten im Krieg zu Veränderungen, wovon der Gau Westfalen allerdings nicht betroffen war. Deren Gaufachwart Karl Gillmann aus Hamm erfuhr zu Beginn der neuen Spielzeit eine besondere Ehrung. Gillmann erhielt den Großen Ehrenbrief des NSRL für seine über 30jährige Mitwirkung an verantwortlicher Position im Gau Westfalen.

Die neue Spielzeit begann zwar pünktlich im September 1942, doch es musste improvisiert werden. Die Bereichsklasse wurde wieder auf 10 Teilnehmer reduziert, um Fahrten einzusparen.

Die 1.Klasse Minden blieb in die Unterstaffeln Herford/Bielefeld und Lippstadt unterteilt. Während die Bielefelder Gruppe mit 10 Vereinen an den Start ging und nur die BSG Dürkopp Bielefeld gleich zu Beginn verlor, sah die Lage in der anderen Gruppe prekärer aus. Im Oktober spielten nur noch vier Vereine in der Gruppe. Im November kamen dann allerdings Borussia Lippstadt und die Kriegsspielgemeinschaft (KSG) Ahlen hinzu.

### Bereichsklasse (Gauliga)

|  | Vereine | Sp | S | U | N | Tore | Punkte |
|---|---|---|---|---|---|---|---|
| 1. | FC Schalke 04 | 18 | 17 | 1 | 0 | 91:19 | 35:1 |
| 2. | VfL Altenbögge | 18 | 11 | 1 | 6 | 67:44 | 23:13 |
| 3. | SV Röhlinghausen | 18 | 10 | 1 | 7 | 46:32 | 21:15 |
| 4. | VfL Bochum | 18 | 8 | 3 | 7 | 47:50 | 19:17 |
| 5. | Westfalia Herne | 18 | 8 | 2 | 8 | 49:46 | 18:18 |
| 6. | Borussia Dortmund | 18 | 6 | 5 | 7 | 46:46 | 17:19 |
| 7. | Arminia Bielefeld | 18 | 8 | 1 | 9 | 41:43 | 17:19 |
| 8. | Alemannia Gelsenkirchen (N) | 18 | 6 | 3 | 9 | 36:55 | 15:21 |
| 9. | TSG Horst-Emscher(N) | 18 | 5 | 1 | 12 | 49:69 | 11:25 |
| 10. | Arminia Marten (N) | 18 | 2 | 0 | 16 | 29:111 | 4:32 |
|  |  |  | 81 | 18 | 81 | 501:515 | 180:180 |

Karl Gillmann. Abb.: WSV-Jubiläumsschrift 1925

## Großer Ehrenbrief für Karl Gillmann.

Am letzten Sonnabend wurde dem im Gau Westfalen-Lippe des NSRL. allseits hochgeschätzten Fußball-Spielreihenobmann Karl Gillmann (Hamm) der Große Ehrenbrief des NSRL. verliehen. Der stellv. Sportgauführer Jasper (Bielefeld) konnte diese hohe Auszeichnung dem Kameraden Gillmann selbst überreichen. Damit ist eine Persönlichkeit geehrt worden, die nicht allein über 30 Jahre lang im westfälischen Sportleben, vor allem aber im Fußballsport, eine führende Rolle gespielt hat, sondern es wurde gleichzeitig auch ein Mann geehrt und ausgezeichnet, der es verstand, immer wieder in engster Zusammenarbeit mit den Vereinen und Gemeinschaften Ersprießliches zu leisten. Im alten WSV. war Gillmann lange Jahre Mitglied des Bezirksvorstandes. Er war Bezirksgeschäftsführer und leitete die westfälischen Fußballangelegenheiten als Bezirksfachbearbeiter. Heute steht Kamerad Gillmann im Fußball neben dem Kameraden Jersch immer noch an führender Stelle. Er betreut die westfälische Fußballgauliga sowie die 1. Spielklasse, setzt die Schiedsrichter an und zeichnet für den ordnungsgemäßen Ablauf der Meisterschaftsspiele verantwortlich.

Außer Gillmann wurde auch der im Gau Westfalen gleichfalls von allen Vereinen und Gemeinschaften hochgeschätzte Gaurechtswart Eicholz (Gladbeck) mit dem Großen Ehrenbrief des NSRL. ausgezeichnet.

Ehrung für Karl Gillmann. Abb.: WB Bi 28.8.1942

## Aufstiegsspiele zur Bereichsklasse

Gruppe 1

| | Vereine | Sp | Tore | Punkte |
|---|---|---|---|---|
| 1. | SpVg. Erkenschwick | 6 | 14:11 | 9:3 |
| 2. | SG Wattenscheid 09 | 6 | 26:12 | 8:4 |
| 3. | SC Preußen Münster | 6 | 16:12 | 7:5 |
| 4. | RTSV Wanne | 6 | 7:28 | 0:12 |
| | | | 63:63 | 24:24 |

Gruppe 2

| | Vereine | Sp | S | U | N | Tore | Punkte |
|---|---|---|---|---|---|---|---|
| 1. | Alemannia Dortmund | 6 | 5 | 0 | 1 | 22:2 | 10:2 |
| 2. | KSG Siegen | 4 | 3 | 0 | 1 | 1:16 | 6:2 |
| 3. | DSC Hagen | 3 | 0 | 0 | 3 | 1:6 | 0:6 |
| 4. | VfR Heeßen | 3 | 0 | 0 | 3 | 0:0 | 0:6 |

In den unteren Klassen war dagegen kaum noch an einen Spielbetrieb zu denken. Im Kreis Bielefeld fanden sich zunächst noch 8 Vereine für die 2. und 3 Vereine für die 3.Klasse. In Minden und Lippe kam es ebenfalls noch zu überschaubaren 2.Klassen, im Kreis Paderborn dagegen nun nicht mehr. In den Kreisen Büren, Warburg und Höxter waren bereits zuvor keine Spielklassen im Seniorenbereich mehr zustande gekommen.

Mit der endgültigen Niederlage vor Stalingrad und der Landung der Alliierten in Italien wandelte sich der bisherige Offensivkrieg für Deutschland zu einem Rückzug an allen Fron-

**Fußball**

**Brafe gegen Friefen Milfe.**

Am Sonnabend tritt Brafe gegen Friefen Milfe auf dem Sportplatz in Brafe an. Da einige Urlauber in der Heimat weilen, stellt Milfe nach längerer Paufe wieder eine Mannfchaft zufammen. Vorher tragen die beiden Jugendmannfchaften ein Spiel aus.

Urlauber verstärken Mannschaften. Abb.: WB Bi 18.6.1943

### 1. Klasse Untergruppe Bielefeld

| | Vereine | Sp | S | U | N | Tore | Punkte |
|---|---|---|---|---|---|---|---|
| 1. | WSG Union Herford | 16 | 12 | 1 | 3 | 75:25 | 25:7 |
| 2. | VfB Bielefeld | 16 | 9 | 4 | 3 | 59:36 | 22:10 |
| 3. | SV 06/07 Bielefeld | 16 | 10 | 1 | 5 | 59:35 | 21:11 |
| 4. | WSG Minden | 16 | 9 | 2 | 4 | 53:35 | 20:10 |
| 5. | SpVg. Gütersloh | 16 | 6 | 2 | 8 | 47:55 | 14:18 |
| 6. | SR RW Paderborn | 16 | 5 | 3 | 8 | 37:41 | 13:19 |
| 7. | SV Neuhaus | 16 | 5 | 1 | 10 | 36:58 | 11:21 |
| 8. | BV Oeynhausen | 16 | 2 | 4 | 10 | 34:43 | 8:24 |
| 9. | SpVg. Schildesche | 16 | 3 | 2 | 10 | 27:96 | 8:22 |
| | | | 61 | 20 | 61 | 427:424 | 142:142 |

Dürkopp Bielefeld hat zurückgezogen (4.9.42).
SpVg. Gütersloh andere Zuordnung.
Es fehlt WSG Minden – Schildesche.

ten. Unmittelbar nach Stalingrad rief Goebbels im Februar 1943 im Berliner Sportpalast den „totalen Krieg" aus, dem sich auch der Sport unterzuordnen hatte.

In der 1.Klasse wurden die WSG Union Herford und Teutonia Lippstadt in ihren Untergruppen Meister. Da Lippstadt „wegen Mannschaftsschwierigkeiten" auf den Aufstieg verzichtete, nahm aus der Untergruppe Lippstadt der VfR Heeßen an den weiteren Qualifikationsspielen teil und setzte sich zunächst mit 8:0 und 1:5 in zwei Spielen gegen die WSG Union Herford durch. Doch in den weiteren Aufstiegsspielen zur Bereichsklasse blieb man dann mal wieder auf der Strecke.

Die Berichterstattung in den Tageszeitungen konzentrierte sich nun vermehrt auf Jugendspiele, da die Seniorenspiele immer weniger wurden und oftmals ausfielen. Um so viel wie möglich Sport und dabei insbesondere Fußball anbieten zu können, wurde nach Beendigung der Saison sofort eine weitere Kriegserinnerungsmeisterschaft ins Leben gerufen, an der alle noch bestehenden Vereine teilnehmen und möglichst in regionalen Gruppen ohne Rücksicht auf ihre Klassenzugehörigkeit untereinander spielen sollten. Seit Beginn des Krieges wurde auf eine Sommerpause weitgehend verzichtet.

### 1. Klasse Minden – Untergruppe Münster

|    | Vereine | Sp | S | U | N | Tore | Punkte |
|----|---------|----|---|---|---|------|--------|
| 1. | Teutonia Lippstadt | 10 | 7 | 1 | 2 | 38:13 | 15:5 |
| 2. | VfR Heeße | 10 | 6 | 0 | 4 | 40:26 | 12:8 |
| 3. | SpVg. Beckum | 9 | 4 | 1 | 4 | 26:24 | 9:9 |
| 4. | KSG Ahlen | 8 | 4 | 0 | 4 | 17:26 | 8:8 |
| 5. | TUS Neubeckum | 9 | 3 | 0 | 6 | 26:26 | 6:12 |
| 6. | Borussia Lippstadt | 10 | 2 | 2 | 6 | 19:43 | 6:14 |
|    |   |   | 26 | 4 | 26 | 166:158 | 56:56 |

Es fehlen: Ahlen – Neubeckum und Ahlen – Beckum
Teutonia Lippstadt verzichtet auf Aufstiegsspiele. (WB Pb 29.05.43)

### Entscheidungsspiele um die Meisterschaft
VfR Heeßen – WSG Union Herford **8:0** (WB Bi 14.5.43)
WSG Union Herford – VfR Heeßen **5:1** (WB Pb 17.5.43)

### Aufstiegsspiele zur 1. Klasse

|    | Vereine | Sp | S | U | N | Tore | Punkte |
|----|---------|----|---|---|---|------|--------|
| 1. | MSV Lemgo | 4 | 4 | 0 | 0 | 13:1 | 8:0 |
| 2. | LSV Gütersloh | 4 | 2 | 0 | 2 | 21:14 | 4:4 |
| 3. | MSV Minden | 4 | 0 | 0 | 4 | 2:21 | 0:8 |
|    |   |   | 6 | 0 | 6 | 36:36 | 12:12 |

## WV-Sportumschau
### Totaler Krieg und Sport
#### Ein Erlaß des Reichssportführers

Zur Einordnung des Sports in die Aufgaben der totalen Kriegführung trifft der Reichssportführer folgende Anordnungen:

1. Die Leibesertüchtigung des Volkes ist kriegswichtig. Sie ist mit Nachdruck zu betreiben und zu fördern.

2. Sportliche Veranstaltungen und Wettbewerbe örtlichen und nachbarlichen Charakters bis zur Gaustufe sind zur Erhaltung des Arbeits- und Leistungswillens durchzuführen. Als nachbarlicher Sportverkehr gilt auch ein Verkehr über die Gaugrenzen bis zu einer Entfernung von 100 Kilometer in einer Richtung vom Heimatort.

Ich behalte mir vor, über sportliche Veranstaltungen, die über diesen Rahmen hinausgehen, von Fall zu Fall zu befinden.

Länderkämpfe, internationale Wettkämpfe, Meisterschaften in der Reichsstufe usw. sind bis auf weiteres abzusetzen, weil Frontsoldaten nicht mehr verfügbar sind und Personen, die im Arbeitseinsatz stehen, hierfür nicht beurlaubt werden sollen.
gez. *von Tschammer*

Totaler Krieg. Abb.: WV 22.2.1943

## Schildbürgerstreich
### im französischen Fußball.

Unter den Spielern, die Frankreichs Fußballverband für die 16 Verbandsmannschaften der Berufsspieler ausgewählt hat, befinden sich auch zwei naturalisierte jüdische Spieler. Die deutsche „Pariser Zeitung" schreibt dazu in einer Stellungnahme:

„Die sog. „Verbandsspieler" werden von der französischen Sportführung bezahlt, sind also faktisch „Staats-Fußballspieler". Daß der gleiche Staat, der die Juden aus allen öffentlichen Aemtern entfernte, und auch sonst eine Reihe von Maßnahmen zur Entjudung des französischen Volkes traf, nun jüdische Fußballspieler engagiert, ist so widersinnig, daß man es kaum für möglich hält."

Man darf gespannt sein, ob die getroffene Spielerauswahl, die dem französischen Sportführer Oberst Pascot vorgeschlagen und von diesem genehmigt wurde, nachträglich noch geändert wird.

Judenverfolgung bis in den franz. Fußball. Abb.: WB Bi 27.7.1943

# 1943/44

Die Kriegspropaganda machte auch vor dem Sport nicht Halt und „verkaufte" schlechte Nachrichten stets als Erfolge. So wurde die Bildung von „Kriegsspielgemeinschaften", die mangels Spielern entstanden, als „erfreuliche Konzentration der Kräfte" und ein Beispiel für die „Anpassungsfähigkeit" des Sports gefeiert.

Wie dramatisch inzwischen aber die Situation geworden war, zeigen die Zahlen: in den ostwestfälischen Kreisen gab es nur noch 19 Seniorenmannschaften, die die letzte komplette Kriegssaison aufnahmen. Die beiden Untergruppen der 1.Klasse wurden nun zusammengelegt und starteten mit 11 Vereinen, von denen sich 3 im Laufe der Spielzeit abmeldeten. Mit dem MTV 1860 Minden kam dann im Oktober 1943 vorübergehend ein Team hinzu, das sich aber nach vielen hohen Niederlagen im März 1944 wieder zurückzog. In der 2.Klasse gab es darüber hinaus nur noch Spiele im Kreis Bielefeld mit 6 Teams. Und die Not hatte auch die beiden Bielefelder Aushängeschilder in der Bereichsklasse erreicht. Die ewigen Rivalen Arminia und VfB fusionierten zur KSG Bielefeld.

Doch auch das gemeinsame Spielerpotential reichte nicht mehr aus, um den Abstieg aus der höchsten Klasse zu verhindern. Meister in Westfalen wurde wie immer der FC Schalke 04.

In der 1.Klasse setzte sich die Wehrsportgemeinschaft Minden knapp vor dem Militärsportverein Lemgo durch und nahm an den Aufstiegsspielen teil. Zusammen mit Wattenscheid 09 blieb man hier erfolgreich und erreichte die Qualifikation zur Bereichsklasse. In der 2.Klasse Bielefeld wurde der Luftwaffensportverein Gütersloh Meister. Wie fast überall in Deutschland gewannen auch im Gau Westfalen mehr und mehr die Militärsportvereine die Oberhand, da es ihnen leichter fiel, (gute) Spieler zu rekrutieren.

Trotz aller Not und der in der Normandie entstandenen zweiten Front nach der Invasion der Alliierten wurde im Sommer 1944 wie in den vergangenen Jahren eine Kriegserinnerungsmeisterschaft durchgeführt, an der in der Staffel Bielefeld sechs Vereine teilnahmen. Und auch die Jugendspiele wurden unvermindert fortgesetzt.

**Die Anpassungskraft des Sportes**

zeigt sich in der erfreulichen Konzentration der Kräfte, wie sie die Bildung immer neuer Kriegsspielgemeinschaften darstellt. In Ahlen hat sich jetzt auch SuS. 05 und Westfalia 06 auch Vfl. Fortuna als Dritter im Bunde gesellt. Wenn sich in dem kleinen Drewer in dem Verein Spiel und Sport 1914 eben jetzt eine Damenabteilung zusammenfindet, wenn der LSB. „Gütersloh ein großzügiges Hallen-Handballturnier vorbereitet, wenn sich in Westfalia Brackwede die „alten Kanonen" für die Meisterschaftsspiele wieder zur Verfügung stellen, wenn schließlich in diesen Wochen die amtlichen Pflichtspiele in allen Leistungs- und Altersklassen wieder einsetzen, so sind das alles sprechende Beweise für den unvermindert gesunden Tatwillen unseres Sports. Und in gleichem Sinne darf auch das

Anpassungskraft des Sports. Abb.: WB Bi 3.9.1943

## Bereichsklasse (Gauliga)

|     | Vereine | Sp | S | U | N | Tore | Punkte |
|-----|---------|----|----|----|----|------|--------|
| 1. | FC Schalke 04 | 18 | 16 | 1 | 1 | 61:10 | 33:3 |
| 2. | VfL Altenbögge | 18 | 11 | 3 | 4 | 43:22 | 25:11 |
| 3. | Borussia Dortmund | 18 | 10 | 4 | 4 | 46:21 | 24:12 |
| 4. | SpVg. Erkenschwick (N) | 18 | 8 | 3 | 7 | 49:52 | 19:17 |
| 5. | Westfalia Herne | 18 | 7 | 2 | 9 | 31:35 | 16:20 |
| 6. | VfL Bochum | 18 | 6 | 3 | 9 | 26:42 | 15:21 |
| 7. | SV Röhlinghausen | 18 | 5 | 5 | 8 | 29:37 | 15:21 |
| 8. | Alemannia Dortmund (N) | 18 | 5 | 3 | 10 | 33:45 | 13:23 |
| 9. | KSG Arminia/VfB Bielefeld | 18 | 2 | 6 | 10 | 23:50 | 10:26 |
| 10. | Alemannia Gelsenkirchen | 18 | 3 | 4 | 11 | 20:47 | 10:26 |
|  |  |  | 73 | 34 | 73 | 361:361 | 180:180 |

## Aufstiegsspiele zur Bereichsklasse/Gauliga

Gruppe 1

|     | Vereine | Sp | S | U | N | Tore | Punkte |
|-----|---------|----|----|----|----|------|--------|
| 1. | WSG Minden | 6 | 5 | 0 | 1 | 29:6 | 10:2 |
| 2. | SG Wattenscheid 09 | 6 | 5 | 0 | 1 | 23:6 | 10:2 |
| 3. | Sportunion Hagen 10 | 6 | 2 | 0 | 4 | 10:18 | 4:8 |
| 4. | SF Gladbeck | 6 | 0 | 0 | 6 | 5:35 | 0:12 |
|  |  |  | 12 | 0 | 12 | 67:67 | 24:24 |

Gruppe 2

|     | Vereine | Sp | Tore | Punkte |
|-----|---------|----|------|--------|
| 1. | BC Bövinghausen | 7 | 27:11 | 10:4 |
| 2. | SC Hassel | 5 | 7:6 | 6:4 |
| 3. | SC Borussia Rheine | 6 | 14:13 | 7:5 |
| 4. | KSG Ahlen | 6 | 10:18 | 3:9 |
| 5. | KSG Siegen/Eiserfeld | 2 | 2:12 | 0:4 |

Rheine verzichtet auf den Aufstieg.

## 1. Klasse Untergruppe Bielefeld

|     | Vereine | Sp | S | U | N | Tore | Punkte |
|-----|---------|----|----|----|----|------|--------|
| 1. | WSG Minden | 14 | 9 | 1 | 4 | 52:23 | 19:9 |
| 2. | MSV Lemgo | 13 | 8 | 0 | 5 | 50:29 | 16:10 |
| 3. | Teutonia Lippstadt | 14 | 8 | 0 | 6 | 33:32 | 16:12 |
| 4. | SV Neuhaus | 14 | 8 | 0 | 6 | 32:33 | 16:12 |
| 5. | WSG Union Herford | 14 | 7 | 1 | 6 | 45:49 | 15:13 |
| 6. | SF RW Paderborn | 13 | 5 | 1 | 7 | 26:33 | 11:15 |
| 7. | VfB Detmold | 14 | 5 | 1 | 8 | 36:45 | 11:17 |
| 8. | SV 06/07 Bielefeld | 14 | 3 | 0 | 11 | 27:58 | 6:22 |
|  |  |  | 53 | 4 | 53 | 301:302 | 110:110 |

Ausgeschieden: SpVg. Schildesche, BV Oeynhausen und SpVg. Gütersloh.
MTV 1860 Minden spielte vom 23.10.43 bis März 1944 mit, schied dann aber wieder aus.
Es fehlt MSV Lemgo – SF Paderbron

# 1944/45

Je lauter die Durchhalteparolen wurden, desto schwieriger wurde die Lage. Aufschlussreich ist ein Artikel von Carl Koppehel aus dem Fachamt Fußball, der sich befleißigt sah, den Fußball trotz der geforderten vermehrten Kriegsanstrengungen zu verteidigen (siehe unten). Dabei ginge es nicht mehr um Spitzenleistungen, sondern darum „Körper, Geist und Seele zu stählen" und „Sorgenbrecher zu sein, abzulenken von den Erschwernissen des Alltags". Immerhin ergab seine Hochrechnung, dass noch über 460.000 Fußballspiele mit über 11,5 Millionen Teilnehmern stattfanden. Das

war inmitten des Krieges eine erstaunliche Zahl, die aber an dieser Stelle nicht verifiziert werden kann. Da der Fußball aber, auch darauf wies Koppehel hin, nicht unnötige Ressourcen verbrauchen sollte, wurde die Bereichsklasse Westfalen in drei Gruppen aufgeteilt. Die Gruppe 3 erfasste die Vereine Ostwestfalens und ging mit 7 Teams an den Start. Am 18. und 25.9.1944 fanden auch die beiden ersten Spieltage statt, unter anderem das Ortsderby SF RW Paderborn gegen SV Neuhaus (5:0) vor 600 Zuschauern. Und noch am 6.10.1944 wurde stolz verkündet, dass über 100 Punktspiele in

Abb.: WB Bi 11.8.1944

den Gauklassen durchgeführt worden seien.[1] In der 1.Klasse hatten sich noch 7 Vereine aus dem Raum Bielefeld/Gütersloh zusammengefunden. Aber hier wurde im September 1944 nur noch das Spiel SV Löhne/Obernbeck gegen TUS Brake (6:4) durchgeführt.

Im Oktober 1944 kamen in Westfalen keine weiteren Spiele mehr zustande und trotz mehrfacher Neuansetzungen wurde die Saison schließlich trotz aller Durchhalteparolen abgebrochen. Mit der auf Deutschland vorrückenden Front und der Aufstellung des sogenannten „Volkssturms" als letztem Aufgebot war an Fußball nicht mehr zu denken. Die Nationalsozialisten hatten Deutschland zugrunde gerichtet und in ihrem Sog auch den Fußball.

Nach dem totalen Zusammenbruch und der Besetzung Deutschlands durch die Alliierten wurden alle Vereine verboten, da sie als Teil des nationalsozialistischen Systems betrachtet wurden. Insofern kam es hier tatsächlich zunächst zu einer „Stunde Null", da vieles neu aufgebaut werden musste. Allerdings sollte dieser Neuaufbau oftmals mit den gleichen Köpfen vonstatten gehen, die auch zuvor schon in den Vereinen und Verbänden aktiv waren.

**Endnote**

1   WNN 6.10.1944

### Bereichsklasse (Gauliga), Gruppe 1

|    | Vereine | Sp | Tore | Punkte |
|----|---------|-----|------|--------|
| 1. | SC Westfalia Herne | 3 | 13:6 | 5:1 |
| 2. | FC Schalke 04 | 2 | 28:1 | 4:0 |
| 3. | SG Wattenscheid 09 | 2 | 7:4 | 3:1 |
| 4. | KSG Bochum | 2 | 7:4 | 2:2 |
| 5. | SpVg. Erkenschwick | 1 | 0:12 | 0:2 |
| 6. | Alemannia Gelsenkirchen | 1 | 1:3 | 0:2 |
| 7. | SC Hassel (N) | 3 | 3:29 | 0:6 |
|    |  |  | 59:59 | 14:14 |

### Bereichsklasse (Gauliga), Gruppe 2

|    | Vereine | Sp | Tore | Punkte |
|----|---------|-----|------|--------|
| 1. | SF RW Paderborn | 2 | 8:0 | 4:0 |
| 2. | KSG Bielefeld | 1 | 2:2 | 1:1 |
| 3. | WSG Minden (N) | 0 | 0:0 | 0:0 |
| 4. | MSV Lemgo (N) | 0 | 0:0 | 0:0 |
| 5. | Teutonia Lippstadt (N) | 0 | 0:0 | 0:0 |
| 6. | WSG Union Herford (N) | 1 | 2:5 | 1:3 |
| 7. | SV Neuhaus (N) | 1 | 0:5 | 0:2 |
|    |  |  | 12:12 | 6:6 |

### Bereichsklasse (Gauliga), Gruppe 3

|    | Vereine | Sp | Tore | Punkte |
|----|---------|-----|------|--------|
| 1. | Borussia Dortmund | 2 | 7:1 | 4:0 |
| 2. | Alemannia Dortmund | 2 | 4:3 | 2:2 |
| 3. | Vfl Altenbögge | 2 | 1:3 | 2:2 |
| 4. | BC Bövinghausen (N) | 0 | 0:0 | 0:0 |
| 5. | KSG Ahlen (N) | 1 | 0:1 | 0:2 |
| 6. | SpCg. Röhlinghausen | 1 | 0:4 | 0:2 |
|    |  |  | 12:12 | 8:8 |

Im Oktober 1944 wurde die Saison aufgrund der Kriegslage abgebrochen.

### 1. Klasse Staffel Bielefeld (WNN 14.9.44)

|    | Vereine |
|----|---------|
| 1. | SV 06/07 Bielefeld |
| 2. | SV Gadderbaum |
| 3. | WSG Bielefeld |
| 4. | Westfalia Brackwede |
| 5. | SC Halle 1920 |
| 6. | TUS Brake |
| 7. | SV Löhne-Obernbeck |

Es fand am 24.9.44 nur das Spiel Löhne-Obernbeck – TUS Brake (6:4) statt.

# Der Arbeiterturn- und Sportbund

# Die Zeit bis 1918

„Die seit 1893 bestehende sozialistische Arbeiterturn- und -sportbewegung trug zur Entwicklung des Fußballs anfangs wenig bei und war bis 1918 keine ernsthafte Konkurrenz für die bestehenden Vereine und Verbände." So versucht Hartmut Hering in seinem Buch „Im Land der 1000 Derbys" über die Geschichte des Ruhrgebietsfußballs die Vorgeschichte des Arbeiterfußballs zusammenzufassen.[1] Der Arbeiter-Turnbund (ATB) war als Gegenstück zu den streng nationalkonservativ ausgerichteten Deutschen Turnern von den Sozialisten im Kaiserreich gegründet worden und zeigte zunächst wenige Ambitionen, sich dem Fußball zu öffnen, denn Fußball wurde als „verrohend und demoralisierend" angesehen.[2] Doch als der Druck aus den Vereinen zu groß wurde, nahm man ab 1909 auch Fußball in das Repertoire auf und organsierte erste Ligaspiele. Schnell hatte man im ATB die Bedeutung des Fußballs erkannt und auch gesehen, dass viele Arbeiter sich hier mangels Alternativen bereits bürgerlichen Vereinen angeschlossen hatten. In der letzten Vorkriegssaison konnte dann von einem regelmäßigen Spielbetrieb in 14 der 16 Kreise des ATB berichtet werden. 1913 gab es bereits über 1.000 Mannschaften im ATB, die an regelmäßigen Meisterschaftsspielen in den einzelnen Kreisen teilnahmen.[3]

Nach dem Krieg versuchte auch der ATB trotz erheblicher Verluste und dem Rückzug vieler Vereine, schnell neu Fuß zu fassen. Beim 12. Bundestag Pfingsten 1919 benannte man sich in Arbeiter-Turn- und Sportbund (ATSB) um, um damit zu zeigen, dass man nun allumfassend für jede Sportart offen und das Turnen nur noch eine von vielen Möglichkeiten war. Der ATSB bekräftigte dabei nochmals seine politische Ausrichtung als Sportverband der Arbeiter, in dem sowohl Sozialdemokraten als auch Kommunisten vertreten waren.

Das gesamte noch vorhandene Reichsgebiet blieb weiterhin in 16 Kreise unterteilt. Später kamen der 17.Kreis (Österreich), 18.Kreis (Tschechoslowakei) und ab 1923 der 19.Kreis Südbayern hinzu. Unterhalb der Kreise wur-

den Bezirke gebildet. Auf Bezirksebene wurden die Meisterschaftsspiele durchgeführt, um die Fahrten so gering wie möglich zu halten. Die Bezirksmeister spielten dann den Kreismeister aus. Je vier Kreismeister ermittelten dann den Verbandsmeister und die vier Verbandsmeister spielten schließlich den Bundesmeister aus.

Das heutige Ostwestfalen gehörte dem 11.Kreis Nordwestdeutsche Spielvereinigung an, während alle westlichen Gebiete (Rheinland, Ruhrgebiet, Sauerland) dem 6. Kreis Freie Westdeutsche Spielvereinigung zugeordnet waren. Der 11.Kreis gliederte sich in die Bezirke 1.Wilhelmshaven, 2.Bremen, 3.Hannover, **4.Bielefeld**, 5.Bremerhaven, 6. Osnabrück, **7.Minden**, 8.Hildesheim (Fuß-baller 3.Bezirk). Die südlich und östlich an-grenzenden Vereine gehörten zum 13.Kreis Kurhessen-Waldeck-Südhannover.

Der Meister des 11.Kreises nahm an den Nordwestdeutschen Verbandsmeisterschaften teil und traf hier auf die Meister der Kreise 3 (Norddeutsche Spielvereinigung mit Hamburg, Schleswig, Holstein und Mecklenburg), 6 (Freie Westdeutsche Spielvereinigung, etwa das Gebiet des heutigen Nordrhein-Westfalens ohne OWL) und 13 (Freie Spielvereinigung Kurhessen-Südhannover).

Im Gegensatz zum WSV blieb die Organisation des Fußballs im ATSB in der Weimarer Republik konstant. Die Anzahl der Kreise blieb unverändert, lediglich die Bezirkszuschnitte wurden hin und wieder erneuert, wenn sich die Anzahl der Mannschaften verändert hatte und neue Gebiete für den Arbeiterfußball erschlossen werden konnten.

Aus dem Geschäftsbericht des ATSB 1920[4] geht hervor, dass im Bezirk Bielefeld 55 Vereine existierten, von denen sich 19 am Fußballspielbetrieb beteiligten. Es waren dies Freie Turner (FT) Bielefeld, FT Brackwede, Arbeiterverein

Eintracht Brake, Freie Turn- und Spielvereinigung Gütersloh, Freie Turn- und Sportvereinigung Herford, Arbeiterverein Einigkeit Hillegossen, Arbeiterverein „Vater Jahn" Hunnebrock, Arbeiter Turn- und Sportverein Lage, FT Lemgo, Arbeiterverein Friesen Milse, TV Einigkeit Oerlinghausen, TUS Quelle, Freie Turn- und Spielvereinigung Senne II, TV Frischauf Sudbrack, Arbeiterverein Eintracht Südlenglern, FT Schildesche, FT Steinhagen, TV Einigkeit Stieghorst und ATV Deutsche Eiche Ubedissen.

Der größte Verein war die Freie Turnerschaft (ab 1919 Freie Turn- und Sportvereinigung-FTSV) Bielefeld, die 1908 aus den bis dahin eigenständigen Arbeitersportvereinen Frisch Auf, Eichenkranz, Westfalia und Eintracht hervorgegangen war.[5] Die Ursprungsvereine wurden aber als Abteilungen fortgeführt, so dass diese Namen auch immer wieder auftauchten. In den weiteren Abteilungen Vorwärts und Hoffnung wurde bereits ab 1909 auch Fußball gespielt. Vorwärts und Hoffnung schlossen sich 1913 zur Abteilung Ost zusammen und nahmen 1918 an den ersten Fußballspielen der Arbeitersportbewegung teil. Im Fürstentum Lippe gab es vor dem Krieg nachweislich 7 Arbeitersportvereine.[6] Ob dort allerdings auch Fußball gespielt wurde, ist nicht bekannt. Mit der Spielzeit 1920/21 sind dann die ersten Lipper Fußballvereine im Arbeitersport nachgewiesen. Sie gehörten dem 4. Bezirk an.

Im Bezirk Minden spielten von 55 Vereinen folgende 6 im Jahr 1920 Fußball: Fußballklub Concordia Dankersen, Arbeiter Turn-und Sportverein Hessisch-Oldendorf, Freier Turn- und Sportbund Minden, TV Vorwärts Porta Barkhausen, Freier Turn-und Sportverein Rinteln, Freier Turn-und Sportverein Steinbergen.[7]

Während der Spielbetrieb zunächst in den jeweiligen Bezirken noch in A-, B- und C-Klassen unterteilt war, wurden ab 1922/23 die besten Mannschaften in einer Sonderklasse zusammengefasst. Darunter blieben die A-C-Klassen bestehen.

**ATSB-Bezirksmeister**

| | 4. Bezirk Bielefeld | 7. Bezirk Minden |
|---|---|---|
| 1918/19 | TV Jahn Bielefeld o. FTSV Sudbrack | |
| 1920/20 | Jahn oder Ost Bielefeld oder FT Gadderbaum | |
| 1920/21 | FTSV Bielefeld-Ost | FSV Minden |
| 1921/22 | FT Vorwärts Schildesche | |
| 1922/23 | Union Bielefeld | VfL Minden |
| 1923/24 | FTSV Bielefeld-Ost | |
| 1924/25 | FT Vorwärts Schildesche | |
| 1925/26 | FT Vorwärts Schildesche | |
| 1926/27 | FTSV Bielefeld-Ost | |
| 1927/28 | VfL Minden | |
| 1928/29 | Fichte Bielefeld-Sieker | |
| 1929/30 | FT Vorwärts Schildesche | VfL Minden |
| 1930/31 | FT Brackwede | VfL Minden |
| 1931/32 | Fichte Bielefeld-Sieker | VfL Minden |
| 1932/33 | Fichte Bielefeld-Sieker | |

Abb.: Volkswacht (VW) 5.12.1918

**Endnoten**

1 Im Land der tausend Derbys, Fußballgeschichte des Ruhrgebiets, S. 61

2 Fußball in der Weimarer Republik; S.52

3 www.arbeiterfussball.de – Historie

4 www.arbeiterfussball.de

5 www.tus-ost.de – Vereinsgeschichte des TUS Ost Bielefeld

6 Arbeitersport in Lippe, S. 12

7 www.arbeiterfussball.de – Geschäftsbericht 1920

# 1918/19

Noch während des Krieges begann die Spielzeit 1918/19 im 4.Bezirk Bielefeld. Schon am 11.9.1918 hatte der ATB ein Bezirkssportfest im 4.Bezirk ausgerichtet, bei dem auch Fußball gespielt wurde. Zwei Wochen später wurden dann erste Spielansetzungen für die A-Klasse in der Volkswacht, der Zeitung der Sozialdemokratie in Lippe, bekanntgegeben.

Erste Spielansetzungen. Abb.: VW 27.9.1918

Zudem wurden die Vereine aufgefordert, bis spätestens zum 1.Oktober auch ihre Mannschafts-meldungen für die B-Klasse abzugeben.[1] Un-mittelbar nach Beendigung des Krieges versuchte der ATB die heimkehrenden Soldaten für ihre Vereine zu gewinnen. Ein Aufruf in der Volks-wacht vom 29.11.1918 verdeutlicht dabei auch, wie man versuchte, sich gegenüber den konser-vativen Verbänden abzugrenzen und die Arbeiter moralisch an sich

zu binden (siehe unten). Die Bielefelder Vereine riefen ihre Mitglieder zu Versammlungen auf und organisierten sich neu. Und nahezu alle Vereine gedachten in Nachrufen der gefallenen Mitglieder in Anzeigen in der Volkswacht.

Gespielt wurde in einer A-Klasse, für die sich 10 Mannschaften nachweisen lassen und einer B-Klasse, bei deren Spielbetrieb 11 Mannschaften aufgeführt werden.

Erster Nachkriegsmeister des 4.Bezirks wurde angeblich der TV Jahn Bielefeld.[2] Am 16.7.19 berichtet dagegen die Volkswacht, dass der „dies-jährige Bezirksmeister Sudbrack" im Endspiel um die Kreismeisterschaft gegen Wilhelmshaven stehe. *Das passt allerdings nicht zu den Infos unter www.arbeitersport.de, so dass an dieser Stelle offenbleiben muss, wer Bezirksmeister wurde.* Die Kreismeisterschaft im 11.Kreis errang jedenfalls der ATV Heppens 1895 Rüstringen. Eine Verbandsmeisterschaft und eine sich daran anschließende Bundesmeisterschaft wurden in dieser ersten Spielzeit nach dem Krieg noch nicht ausgespielt.

### Endnoten

1 Volkswacht 27.9.1918

2 www.vfb-fichte.de

**A-Klasse**

| | |
|---|---|
| 1. | TV Jahn Bielefeld |
| 2. | Fichte Bielefeld |
| 3. | Eintracht Bielefeld |
| 4. | TV Einigkeit Stieghorst |
| 5. | FTSV Frisch auf Sudbrack |
| 6. | FTSV Bielefeld-Ost |
| 7. | FT Brackwede |
| 8. | FT Vorwärts Schildesche |
| 9. | FT Gadderbaum |
| 10. | Atlas Bielefeld |

**B-Klasse**

| | |
|---|---|
| 1. | FTSV Bielefeld-Ost II |
| 2. | FTSV Sudbrack II |
| 3. | Fichte Bielefeld II |
| 4. | FT Vorwärts Schildesche II |
| 5. | AV Friesen Milse |
| 6. | FT Brackwede |
| 7. | ATV Deutsche Eiche Ubedissen |
| 8. | TV Jahn Bielefeld II |
| 9. | Atlas Bielefeld II |
| 10. | Eintracht Bielefeld II |
| 11. | Westfalia |

# Aufruf des Arbeiter-Turnerbundes.

Die roten Arbeiterturner, die unter diesem Spitznamen von Behörden und bürgerlichen Turn- und Sportverbänden, allen voran von der Deutschen Turnerschaft, vor dem Kriege aufs schärfste bekämpft wurden, grüßen die neue deutsche Freiheit als das Symbol der Menschheitsliebe und erwarten, daß ihre Bestrebungen in Zukunft auch von jenen Tausenden von Volksgenossen gewürdigt werden, die bis heute noch immer die Reihen der bürgerlichen Vereine füllen helfen. Jener Vereine und Verbände, die während der ganzen Dauer des Krieges in Wort und Schrift und durch Bildung von Jugendkompagnien und Uebungen im Handgranatenwerfen die Stimmung zur Fortsetzung des Mordens bis zum endlichen Sieg förderten. Auf solche Stimmung gestützt, konnten es die Regierenden nur wagen, den Krieg fortzusetzen und Friedensangebote abzulehnen. Die Arbeiterturner sind von Anfang an gegen die Beteiligung an diesem Treiben gewesen und haben ihre friedliebende Tätigkeit trotz der dadurch bedingten Benachteiligung bei allerlei Vergünstigungen aufrechterhalten. Das werden uns auch unsere nun heimkehrenden Turngenossen danken. Wir grüßen die Freunde in der Heimat und hoffen, daß sie sich recht bald wieder ihrem alten Verein anschließen und recht viele Kameraden mitbringen. Mögen auch die vielen, der Deutschen Turnerschaft angehörenden Vereine, deren Mitglieder fast nur aus Arbeitern bestehen, die ebenfalls die Aufrichtung der roten Fahne mit betreiben halfen, prüfen, ob sie auch fernerhin einer Organisation angehören wollen, welche bis zur letzten Stunde mit allen ihren Maßnahmen die zu Boden geworfene Reaktion stützten.

Aufruf des ATB. Abb.: VW 29.11.1918

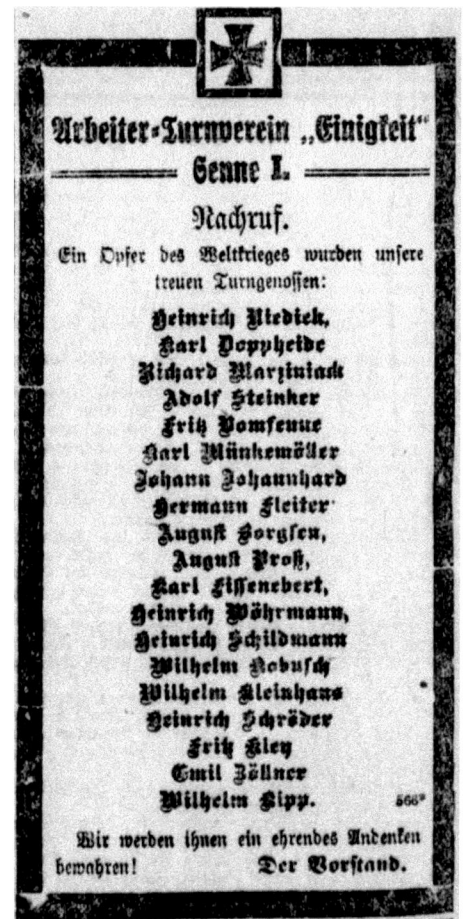

Nachrufe. Abb.: VW 11.1.1919

# 1919/20

Mit der zweiten Nachkriegsspielzeit zeigten sich die Verantwortlichen im ATSB, wie man sich jetzt nannte, zufrieden. Der Geschäftsbericht für das Jahr 1920 listet detailliert auf, dass man sowohl als Gesamtverband als auch in der Sparte Fußball zugelegt hatte. Erstmals wurden die Fußballer im ATSB gesondert erfasst und stellten 18 Prozent der Mitglieder (58.450). Insgesamt hatte man 306 Vereine hinzugewonnen, die aus dem „bürgerlichen Lager" (gemeint waren der DFB und die DT) gekommen waren. Im 4. Bezirk des 11. Kreises (Bielefeld) wurde im Herbst 1919 berichtet, dass inzwischen 40-50 Mannschaften am Fußballspielbetrieb teilnahmen. Allerdings warnte man gerade die Fußballer davor, sich mit den bürger-lichen Vereinen einzulassen. Einige Vereine spielten in den Regionalverbänden des DFB mit und dort sah man die Gefahr des Abwerbens. Darüber hinaus hatten die ATSB-Vereine mit den gleichen Schwierigkeiten zu kämpfen, wie alle Sportvereine. Insbesondere die Verkehrsbeschränkungen und die Sportplatzfragen standen dabei im Mittelpunkt.[1]

Arbeitersportler gehören in den ATSB. Abb.: VW 15.7.1920

Erste Spiele 1920. Abb.: VW 3.3.1920

Abb.: VW 19.6.1920

Im 4.Bezirk begann die Saison am 7.9.1919. Die Rückserie startete am 7.März (siehe unten). Gespielt wurde nun auch in der C-Klasse. 16 erste Mannschaften waren in der A- und B-Klasse am Start, hinzu kamen 6 zweite Mannschaften in der C-Klasse und einige in der A-II-Klasse. Die Meisterschaft musste in einem Entscheidungsspiel im Juli 1920 zwischen Jahn Bielefeld und Bielefeld-Ost entschieden werden.[2] Das Ergebnis liegt leider nicht vor. An den Kreismeisterschaften soll laut www.arbeiterfussball.de aber die Abteilung Gadderbaum des FTSV Bielefeld teilgenommen haben.

In der B-Klasse kam es zum Ausscheidungsspiel zwischen Sudbrack und Brackwede. Hier müsste Sudbrack gewonnen haben, wenn die Mitteilung aus dem Folgejahr stimmt, dass diese Mannschaft zum dritten Mal in Folge Meister der B-Klasse wurde.[3] Abschlusstabellen liegen auch beim ATSB für die ersten Jahre nicht vor. Erst ab 1922 werden erste Tabellen veröffentlicht, ab 1924 dann auch Abschlusstabellen, so dass eine Ergebnisrekonstruktion schwierig ist.

Der größte ATSB-Verein, die FTSV Bielefeld, feierte im Sommer 1920 sein 25. Stiftungsfest.

### Endnoten

1 www.arbeiterfussball.de – Geschäftsbericht 1920

2 Volkswacht 15.7.1920

3 Volkswacht 22.4.1921

# 1920/21

Die wichtigste Nachricht der Spielzeit kam aus Minden: Am 28.Januar 1921 wurde auch im Kreis Minden ein „Arbeiter-Turn- und Sportkartell" gegründet, das zukünftig den Arbeitersport organisieren sollte (siehe unten). Diese Neugründung mündete schließlich im 7.Bezirk des 11.Kreises. Erster Meister im Kreis Minden wurde die Freie Sportvereinigung (FSV) Minden.

Im 4.Bezirk (Bielefeld) wurden die Spielklassen A-C nun in jeweils zwei Gruppen unterteilt, um vor allem die Fahrtkosten so gering wie möglich zu halten. In der A-Klasse setzten sich in ihren Gruppen die FTSV Bie-

lefeld-Ost und die FT Vorwärts Schildesche durch, wobei Schldesche noch ein Entscheidungsspiel gegen Gadderbaum (2:1) benötigte. Im Entscheidungsspiel der Gruppenmeister behielt Ost mit 4:3 n.V. die Oberhand und vertrat damit den 4. Bezirk bei den anstehenden Kreismeisterschaftsspielen. Hier war man sehr erfolgreich und drang bis in das Finale vor. Vor 2.500 Zuschauern fand dieses am 3.4.1921 in Geestemünde statt. Gegen die FT Unterweser Abt. I Bremerhaven waren die Bielefelder aber chancenlos und unterlagen glatt mit 0:6.

Gleichzeitig ging der Kampf um Sportler weiter. Der ATSB wehrte sich gegen Vorwür-

Gründung des Bezirks Minden. Abb.: VW 26.1.1921

fe der bürgerlichen Sportorganisationen, die Sportler unter Druck zu setzen („zu terrorisieren") und auf unlautere Weise abzuwerben.[1] Aber auch intern wurden die Bruchstellen zwischen Sozialdemokraten und Kommunisten in die Sportorganisation getragen. Beim 1. Arbeiter-Sport-Kongress am 15. Januar in Jena kam es zum Eklat, als die Kommunisten eine an den Kongress sich anschließende Gedenkfeier für Karl Liebknecht und Rosa Luxemburg zu massiven Protesten gegen die frühere sozialdemokratisch geführte Regierung von Philipp Scheidemann nutzen wollten.[2] In Bielefeld wurde dagegen von einem „einmütigen und geschlossenen Vorgehen aller" auf der Generalversammlung der Freien Turn- und Sportvereinigung Bielefeld berichtet. Besonders stolz konnte man auf die deutlich wachsenden Mitglieder- und Teilnehmerzahlen verweisen. An den Fußballspielen hatten sich in Bielefeld 5.400 Sportler beteiligt.[3]

Die gleiche Aufwärtsentwicklung konstatierte der Kreistag des Nordwestdeutschen Kreises, der am 5. und 6. März in Minden tagte und damit seine Reverenz gegenüber dem neuen Bezirk zeigte. Man freute sich über rund 10.000 neue Mitglieder und zusätzlich 13.000 Schüler, die dem Arbeitersportbund beigetreten und in allen Sportarten aktiv waren. 230 Vereine waren neu hinzugestoßen.[4]

Ein besonderes Politikum bildete zum Abschluss der Saison das Spiel einer Bielefelder Arbeiterauswahl gegen eine Pariser Mannschaft, die als eine der führenden der französischen Arbeitersportbewegung angekündigt wurde. Dass man gegen den früheren Kriegsgegner ein solches Spiel veranstaltete, stieß im bürgerlichen Lager auf Protest und wurde als „deutsche Würdelosigkeit" betitelt.[5] Die Arbeitersportbewegung rief aber dazu auf, dass nicht „Völkerhass, sondern Völkerverständigung" das Ziel der Arbeiterklasse sein müsse.[6]

Fußballpropagandaspiele über Pfingsten. Abb.: VW 14.5.1921

Abb.: VW 14.5.21

133

**Arbeiter-Sport-Kartell Herford.**

**R. A.** **S. T.**

L. REICHS. ARBEITER SPORTTAG. 1921.

**Sonnabend, 28. Mai, abends 8 Uhr:**
Freiübungen der Schüler auf dem Alten Markt, Werbelauf der Turner und Sportler, Volkstänze der Arbeiterjugend.

**Sonntag, 29. Mai, morgens von 8 bis 10:**
Turnerische und sportliche Veranstaltungen auf allen öffentlichen Plätzen der Stadt.

**Nachmittags 1 Uhr:** 4128
Antreten zum Festzug auf dem Lübberbruch.

**Festzug**
durch die Stadt zurück zum Lübberbruch.
Dort Begrüssung durch die Arbeiter-Sänger.

**Festrede.**

**Ab 3.15:** Freiübungen der Turner und Reigen der Arbeiterjugend. — Freiübungen der Schüler und Reigen der Arbeiter-Radfahrer. — Stafettenlauf der Turner und Schauringkämpfe der Kraftsportler. — Humoristischer Wettlauf der Schüler. — Schlagballwettspiel der Turner. — Raffballspiel der Schüler und Volkstänze der Arbeiterjugend — Fussballspiel: Radewig I — Jahn I.

RAST-Tag. Abb.: VW 27.5.21

Mit dem RAST-Tag (Reicharbeitersporttag) setzte die Arbeitersportbewegung am letzten Mai-Wochenende dann noch einmal einen Höhepunkt, der einerseits den Arbeitersport der Öffentlichkeit vorstellen sollte, andererseits aber auch dazu diente, neue Mitglieder zu werben. Nicht zuletzt diese Veranstaltung zeigte, dass sich die Arbeitersportbewegung rasant aufwärts entwickelte hatte. Bei den Fußballern hatte sich das Gebiet über Bielefeld hinaus erweitert und mittlerweile auch kleinere Ortschaften im Umkreis erfasst. Zudem waren neue Schwerpunkte in Herford, Gütersloh und Lippe sowie ein neuer Bezirk im Kreis Minden entstanden.

**Endnoten**

1 Volkswacht 8.1.1921

2 Volkswacht 18.1.1921

3 Volkswacht 21.1.1921

4 Volkswacht 9.3.1921

5 WZ Bi 12.05.1921

6 Volkswacht 14.5.1921

# 1921/22

Die Zahl der am Spielbetrieb teilnehmenden Mannschaften nahm in dieser Spielzeit weiter zu. Die großen Bielefelder Vereine meldeten auch zunehmend zweite und dritte Mannschaften sowie Jugendteams an. Allerdings kam es auch zu ersten Rückzügen,[1] womit deutlich wurde, dass Vereine weiterhin mit Schwierigkeiten zu kämpfen hatten. Vor allem die Sportplatzfrage blieb ein großes zu lösendes Problem. So war man im ATSB des 4. Bezirks stolz, als man im Juni 1922 einen eigenen großen Sportplatz in Quelle mit einem großen Fest einweihen konnte.

Und im Freistaat Lippe wurde im Herbst 1922 sogar ein Gesetz verabschiedet, das die Kommunen ab einer gewissen Größe verpflichtete, innerhalb von 10 Jahren Spielplätze zu errichten. Das war und blieb einmalig in Deutschland, denn der Reichstag diskutierte in den Folgejahren zwar mehrfach über ein Spielplatzgesetz, verabschiedete es aber schließlich nicht.[2]

Bezirksmeister dieser Spielzeit wurden die Freien Turner Vorwärts Schildesche. Die Kreismeisterschaft ging erneut in den hohen Norden nach Rüstringen.

## Die Groß-Spielplatzweihe der Arbeiter-Sportbewegung.

### Am 9. Juli 1922 in Quelle.

Eine größere sportliche Veranstaltung wird die Arbeiter-Sportbewegung am 9. Juli auf der von seiten der Stadt in der Rennbahn in Quelle geschaffenen Stadionanlage zeigen. Da die Arbeiter-Sportbewegung damit den Großspielplatz erstmalig in großzügiger Weise betritt, bedeutet diese Veranstaltung gleichzeitig die Weihe des Platzes durch die Arbeiter-Sportwelt.

Neuer Sportplart des ATSB in Quelle. Abb.: VW 23.6.1922

**Endnoten**

1   Volkswacht 6.1.1922

2   Geschichte des Sports in Lippe, S. 239 ff

# 1922/23

Mit der Saison 1922/23 wurde im 4.Bezirk eine Sonderklasse als höchste Liga eingeführt, der 7 Mannschaften angehörten. Der Meister der Sonderklasse, Union Bielefeld, vertrat den Bezirk dann bei den anschließenden Kreismeisterschaftsspielen und stieß dabei bis in das Endspiel gegen ATV Germania Wilhelmshaven vor, unterlag aber mit 1:3. In der A-Klasse setzte sich Eintracht Bielefeld durch und stieg damit in die Sonderklasse auf. Aus

dem 7.Bezirk hatte als Meister VfL Minden teilgenommen, war aber chancenlos.

Mit 138 an den Serien (=Meisterschafts-) spielen teilnehmenden Mannschaften im Senioren- und Jugendbereich war eine neue Höchstmarke erreicht. Unterhalb der Sonderklasse spielten 12 Mannschaften in zwei Gruppen in der A-Klasse, 15 in der B-Klasse und 76 in der C-Klasse. Hinzu kamen 25 Jugendmannschaften in drei Klassen.

Abb.: VW 1.12.1922

## Bekanntmachung des Ausschusses, 11. Kreis, 4. Bezirk.
### Fußball

Trotz zweimaliger Aufforderung haben folgende Vereine ihre Pflicht gegenüber dem Bezirk nicht erfüllt: Isselhorst, Dünne, Herringhausen, Schwenningdorf, Ummeln, Sundern, Schötmar und Brake (Westfalen). Dieselben werden durch Beschluß nach dem § 12 Absatz e laut Spielerpaß mit Spielverbot bestraft. Das Spielverbot kann wieder aufgehoben werden, wenn die Vereine ihren Pflichten nachgekommen sind. Die Serienspiele, die an den einzelnen Sonntagen ausgefallen sind, können nicht wieder angesetzt werden, sondern hier fallen den Vereinen die Punkte zu, die Gegner waren. Spielverbot gilt von Sonntag, den 29. Oktober, ab.

An dieser Stelle soll auch gesagt werden, daß der bauende Verein den Spielbericht freizumachen, den Gegner, der mit der Bahn kommt, von der Bahn abzuholen sowie ihn zum Umziehlokal und nach dem Platz zu begleiten hat, selbstverständlich ist auch der Schiedsrichter nicht zu vergessen.

Bei sämtlichen Nachmeldungen von Spielern zur Serie ist der Paß sowie Mitgliedsbuch mit einzusenden; für Ummeldungen nur der Paß.

Den Schiedsrichtern wird es zur Pflicht gemacht, zu den angesetzten Spielen zu erscheinen. Die Vereinsleitung hat auf die Tätigen einzuwirken und zu prüfen, ob der Schiedsrichter, den sie gestellt haben, auch seiner Pflicht nachkommt. Sollte hier kein Wandel geschaffen werden, so ist der Ausschuß genötigt, die Vereine bzw. die Mannschaften aus der Serie zu streichen.

Aus der Serie ausgeschieden sind nachstehende Vereine: Sonderklasse Sudbrack und Muccum.

### Der Bezirks-Spielausschuß.

Ausschluss von Vereinen. Abb.: VW 3.11.1922

Auch im ATSB machten sich die wachsenden wirtschaftlichen Schwierigkeiten der jungen Wiemarer Republik bemerkbar. Einige Vereine kamen in Zahlungsrückstände gegenüber dem Verband und wurden gesperrt. Hier handelte der ATSB also genauso wie die bürgerlichen Verbände.

Aufmerksam verfolgte man im ATSB das Geschehen der anderen Verbände. In der Volkswacht wurde hin und wieder über die dortigen Missstände berichtet. Da man im DFB 1922 in zwei Spielen keinen Meister ermitteln konnte, wurde dieses als Beweis für die rein kommerzielle Ausrichtung des DFB gewertet. Und besonderen Spott musste der große Lokalrivale TG Arminia ertragen, der gegen eine zusammengewürfelte Mannschaft, die sich Spritania nannte, spielen sollte.

Diese wurde als bisher ungeschlagene große Vereinsmannschaft angekündigt, der ATSB aber berichtete, dass es sich lediglich um einen zusammengewürfelten Haufen von Fußballern handelte, die nur deshalb bisher ungeschlagen waren, weil sie noch gar kein Spiel absolviert hätten. Zudem müssten sie richtig „Sprittania" heißen, da es sich bei den Fußballer um „Spritter" (Trinker) handelte. Dieses Beispiel zeigt, dass durchaus mit harten Bandagen auch propagandistisch gegeneinander gekämpft wurde. Sportliche Vergleiche blieben dagegen aus, da sowohl der WSV als auch der DT Spiele gegen den ATSB ablehnten, genauso wie umgekehrt der ATSB vor solchen Spielen seine Vereine warnte.

erhalten. Und die „Ehre" der Akademiker und anderer Bourgeoissöhne leidet keine Niederlage von den verachteten Plebsmannschaften. Auf solchem Boden kann keine Kameradschaftlichkeit gedeihen. Das beweisen die Spiele dort. Auch im Spiel um die Deutsche Bundesmeisterschaft standen sich nicht nur Spiel-, sondern auch Klassengegner gegenüber. Die exklusive Hamburger Mannschaft gegen die kleinbürgerlichen Nürnberger. Neben der gewissenlosen Aufpeitschung des unbedingten Siegerwillens auf beiden Seiten spielt dieser Klassengegensatz sicher nicht die kleinste Rolle. Uns soll es recht sein. Die Einsicht, daß nur gleich zu gleich sich gern gesellt, kommt auch sicher allen anderen Arbeitsbrüdern dort und siegt über die kleinlichen Gründe größerer materieller Vorteile bei den Bürgerlichen. Unser Bundesfest mit seinen insgesamt 89 Spielen zeigte trotz Vorrunden zur Bundesmeisterschaft und trotz Bundesmeisterschaft selbst glanzvollsten brüderlichen Sportsgeist, stand im denkbar schreiendsten Gegensatz zu der 14 Tage später resultatlos verlaufenen Deutschen Bundesmeisterschaft. Dort erbittertster Kampf von im vollsten Sinne „feindlichen" Gegnern, hier Volkssport im wahrsten Sinne des Wortes unter gleichartigen und gleichstrebenden Brüdern. Diesen Geist weiter zu pflegen und auszubauen ist eine unserer wichtigsten Aufgaben.

(Freie Sportwoche.)

## Die Sprittfußballer im „Westdeutschen Meister".

Der bürgerliche Sport nimmt Formen an, die jedem Sportbetrieb, wenn er als Körperpflege gedacht ist, einfach Hohn spotten. Der Deutsche Fußballbund hat trotz zweimaligen Austragens keinen Meister zum Leidwesen seiner Anhänger. Die sich bis zur Endrunde durchgerungenen beiden Parteien wurden beide nicht als würdige Vertreter dieses Titels angesehen, weil sich gelegentlich der Spiele Vorgänge schlimmster Art abgespielt haben. Sicherlich würde der Deutsche Fußballbund gern noch einmal die Rieseneinnahme eines dritten Spieles einstecken, wie solche bereits die vorhergehenden Spiele gebracht haben. Anscheinend aber befürchtet er wieder die gleichen Reinfälle und schlauerweise vermeidet er solche.

Aber auch in dem in Bielefeld heimischen „Westdeutschen Meister", der für Westdeutschland vorbildlich wirken sollte, scheint man vom wahren Sportgeist wenig oder gar kein Verständnis zu haben. Von einem Verein, der sich, wenn auch nach einigem nicht zu verstehendem Hin und Her, Protesten, die ein wirklicher Sportler lieber unterlassen hätte, zu dem Vertreter Westdeutschlands durchgerungen hat, sollte man zum mindesten fordern können, daß er seine eigenen Mitglieder und Spielmannschaften im Zügel hat, diese also nicht schalten und walten können, wie es wollen. Dem ist aber bei weitem nicht so. Beweis in folgendem:

Im Sommer hatte man ein Spiel einer Mannschaft der „Turngemeinde Arminia Bielefeld" angekündigt gegen die erste Mannschaft von „Spritania". Dabei verstieg man sich auch dazu, zu erwähnen, „bisher ungeschlagene Elf". Der Zweck heiligt eben drüben

ein Schreiben auf unsern Redaktionstisch, das die vorn angegebenen Zustände doch einigermaßen bestätigt. Der Gauvorstand hat nämlich beschlossen, die T.A.B. wegen unsportlichen Benehmens der Spieler bei diesem Spiel mit 1000 Mk. zu bestrafen. Ein anderer Verein hat Zeugengelder in Höhe von 464 Mk. zu erhalten. Nun wendet man sich an die unter „Spritania" spielende damalige Mannschaft, diese Summe aufzubringen und dem Bielefelder Fußballklub „Arminia" zur Verfügung zu stellen, da es sich um ein eigenmächtiges Vorgehen der Mannschaft handelt. Man hofft, daß das Geld überwiesen wird und verweist dabei auch auf die schwierige finanzielle Lage des Vereins. Das Geld bittet man zu überweisen an den Herrn Geschäftsführer Gerhard Farwick, Bielefeld, oder aber ihn zu benachrichtigen.

Daß wir das Schreiben erhalten, ist jedenfalls dem Umstand zuzuschreiben, daß man in der Adressierung nicht vorsichtig genug gewesen ist. Einer unserer Genossen trägt anscheinend den gleichen Namen, wie ein Mitglied der Sprittermannschaft, und man hat sich eben seitens der Geschäftsleitung in der Adressierung geirrt zur Freude des Dritten.

Wir sind jedenfalls der Ansicht, daß eine Bestrafung mit ganzen 1000 Mk. eine wahre Bagatelle darstellt. Würde etwas derartiges in unseren Kreisen eintreten, wir hätten auch den Mut und die Courage, gegen diese Leutchen in schärferer Weise vorzugehen. Mit einer langen Disqualifikationszeit oder sogar Ausschluß aus dem Bund hätten diese sicherlich zu rechnen. Drüben aber ist man etwas rücksichtsvoller. Es kann halt mal passieren. Und bei einem Träger des Meistertitels scheint man doppelt vorsichtig sein zu müssen, weil man befürchtet wird, daß er nach außen hin dann nicht mehr so vertreten wird, wie es sein soll.

Für uns beweist der Vorfall jedenfalls erneut, daß die sportliche Erziehung drüben trotz ihrer gepriesenen günstigen Entwicklung sehr zu wünschen übrig läßt. Das sollte nun endlich einmal den Arbeitern, die auch jetzt noch die Reihen dieser Vereine erfüllen, die Augen öffnen und sie dahin führen, wo ihr Platz ist. Der kann und darf aber nur innerhalb der Vereine der Arbeitersportbewegung sein. Nicht nur das ist es aber, sondern noch mehr auch der Umstand, daß immer noch Angehörige der arbeitenden Schichten zu den Wettspielen dieser Meistervereine hinrennen und damit deren Kassen füllen. Dort, wo wirklicher Volkssport geboten wird, sind sie leider nur wenig zu finden. Wie das Geld aber dann von den Spielern verwendet wird, zeigt vorstehend geschilderter Vorgang.

### Touristenverein „Die Naturfreunde".

Die Ortsgruppe Bielefeld macht darauf aufmerksam, daß ab kommenden Sonntag bis einschließlich Sonntag, den 10. Dezember, die Hütte bei Oerlinghausen für jeden Verkehr gesperrt ist. Die erforderlichen Neueinrichtungen machten diese Maßnahme unbedingt erforderlich. Die angesetzten Hüttenwarte brauchen während dieser Zeit ebenfalls nicht herauszufahren.

Sprit(t)-Fußballer. Abb.: VW 11.11.1922

# 1923/24

Trotz Hyperinflation ließen sich die Arbeiterfußballer nicht vom Spielen abbringen und starteten am 9.9.23 in die neue Saison. Unterhalb der Sonderklasse wurden wieder zwei Gruppen der A-Klasse mit insgesamt 15 Mannschaften, vier Gruppen der B-Klasse mit insgesamt 21 Mannschaften und schließlich vier Gruppen mit rund 20 Mannschaften der C-Klasse gebildet. Allerdings zogen sich in der B- und C-Klasse im Laufe der Spielzeit einige Teams zurück. Meister im 4.Bezirk wurde die FTSV Bielefeld, Abteilung Ost.

## Sonderklasse

|  | Vereine | Sp | S | U | N | Pt |
|---|---|---|---|---|---|---|
| 1. | FTSV Bielefeld-Ost | 12 | 8 | 1 | 3 | 17 |
| 2. | FT Vorwärts Schildesche | 12 | 6 | 4 | 2 | 16 |
| 3. | Union Bielefeld | 12 | 4 | 4 | 4 | 12 |
| 4. | FT Brackwede | 12 | 5 | 2 | 5 | 12 |
| 5. | Eintracht Bielefeld | 12 | 4 | 2 | 6 | 10 |
| 6. | Fichte Bielefeld | 12 | 3 | 3 | 6 | 9 |
| 7. | FTSV Sudbrack | 12 | 2 | 4 | 6 | 8 |
|  |  |  | 32 | 20 | 32 |  |

Absteiger: FTSV Sudbrack
E-Spiel zwischen Fichte Bielefeld – ASV Einigkeit Hillegossen (2. in der A-Klasse) 4:0.

## A-Klasse, Gruppe 1

|  | Vereine | Sp | S | U | N | Pt |
|---|---|---|---|---|---|---|
| 1. | FTSV Gadderbaum (A) | 10 | 8 | 2 | 0 | 18 |
| 2. | FTSV Bielefeld-Ost 2 | 10 | 6 | 0 | 4 | 12 |
| 3. | FTSV Sudbrack 2 | 10 | 5 | 1 | 4 | 11 |
| 4. | FTSV Einigkeit Stieghorst | 10 | 4 | 2 | 4 | 10 |
| 5. | FTSV Jahn Herford | 10 | 3 | 1 | 6 | 7 |
| 6. | FT Helpup (N) | 10 | 1 | 0 | 9 | 2 |
|  |  |  | 27 | 6 | 27 |  |

## A-Klasse, Gruppe 2

|  | Vereine | Sp | S | U | N | Pt |
|---|---|---|---|---|---|---|
| 1. | Eintracht Bielefeld | 8 | 5 | 1 | 2 | 11 |
| 2. | ASV Einigkeit Hillegossen | 8 | 4 | 2 | 2 | 10 |
| 3. | Ennigloh (N) | 8 | 2 | 3 | 3 | 7 |
| 4. | Union Bielefeld | 8 | 3 | 1 | 4 | 7 |
| 5. | Jahn Hunnebrock | 8 | 2 | 1 | 5 | 5 |
|  |  |  | 16 | 8 | 16 |  |

**Endspiel der A-Klassenmeister:** FTSV Gadderbau – ASV Hillegossen 6:1.

## B-Klasse 1. Gruppe

|  | Vereine | Sp | Pt |
|---|---|---|---|
| 1. | Eichenkranz Jöllenbeck | 12 | 20 |
| 2. | FTSV Gadderbaum 2 | 12 | 14 |
| 3. | TV Jahn Heepen | 12 | 14 |
| 4. | FT Quelle | 12 | 9 |
| 5. | FTSV Ummeln | 12 | 8 |
| 6. | FTSV Westfalia Herford | 12 | 7 |
| 7. | FTSV Frisch Auf Brackwede 2 | 12 | 12? |

## B-Klasse 2. Gruppe

|  | Vereine | Sp | S | U | N | Pt |
|---|---|---|---|---|---|---|
| 1. | FTSV Sudbrack 3 | 11 | 8 | 2 | 1 | 18 |
| 2. | Bad Salzuflen | 11 | 7 | 1 | 3 | 15 |
| 3. | BSV Bilsendorf | 11 | 7 | 0 | 4 | 14 |
| 4. | ATSV Lage | 11 | 5 | 1 | 5 | 11 |
| 5. | TV DE Schötmar | 11 | 3 | 3 | 5 | 9 |
| 6. | FTSV Bielefeld-Ost 3 | 11 | 3 | 1 | 7 | 7 |
|  |  |  | 33 | 8 | 25 |  |

**B-Klasse 4. Gruppe**

|    | Vereine | Sp | S | U | N | Pt |
|----|---------|----|----|----|----|----|
| 1. | Friesen Milse | 8 | 6 | 1 | 1 | 13 |
| 2. | FTSV Jahn Herford 2 | 8 | 6 | 0 | 2 | 12 |
| 3. | AV Frisch Auf Herringhausen | 8 | 4 | 0 | 4 | 8 |
| 4. | FT Lemgo | 8 | 2 | 1 | 5 | 5 |
| 5. | Jahn Hunnebrock 2 | 8 | 1 | 0 | 7 | 2 |
|    |  |  | 19 | 2 | 19 |  |

**B-Klasse 3. Gruppe**

|    | Vereine | Sp | S | U | N | Pt |
|----|---------|----|----|----|----|----|
| 1. | FT Vorwärts Schildesche 2 | 4 | 4 | 0 | 0 | 8 |
| 2. | Union Bielefeld 3 | 4 | 2 | 0 | 2 | 4 |
| 3. | FTSV Isselhorst | 4 | 0 | 0 | 4 | 0 |
|    |  |  | 6 | 0 | 6 |  |

3 Mannschaften haben während der Serie zurückgezogen.

Die Bezirksmeister aus Bielefeld, Minden und Osnabrück ermittelten am Ende der Spielzeit zunächst einen Südgruppenmeister, der dann gegen den Nordgruppenmeister die Kreismeisterschaft ausspielte. Bielefeld-Ost konnte sich durchsetzen und traf im Endspiel auf Bremerhaven 93, verlor das Endspiel aber deutlich mit 1:4

Beim Bezirkstag im März 1924 zog der Vorstand trotz aller Widrigkeiten ein positives Fazit, da es gelungen sei, das Gewonnene zu erhalten. Zwar habe es auch wieder einige wirtschaftlich bedingte Abmeldungen gegeben, aber nach wie vor sei die Mitgliederentwicklung positiv. Mit Sorge blickte man allerdings auf die Erhöhung der wöchentlichen Arbeitszeit. Ziel müsse es sein, wieder zum Acht-Stunden-Tag zurück zu gelangen, um am Abend noch Zeit für Sport zu haben.[1]

**Arbeiter-Turn- und Sportbund, 11. Kreis, 4. Bezirk.**

**Fußballserie 1923.**

Aus Anlaß des Spielfestes der Freien Turn- und Sport-Vereinigung Herford fallen folgende Spiele auf dem Lübberbruch aus: Spiel Nr. 433 Jahn-Herford—Ost, Nr. 560 Jahn-Herford—Spradow. Strafen vom 9. 9. 23. — Spiel Nr. 75 Gütersloh nicht angetreten. — Spiel Nr. 247 Brackwede nicht angetreten. — Spiel Nr. 331 Gadderbaum nicht angetreten. — Berichte fehlen: Nr. 599, Nr. 333. — Schiedsrichter fehlen: Nr. 73, 147, 187, 291, 472.

Die Strafen sind wie folgt festgesetzt: Nichtantreten der Mannschaft oder Spielabbruch neben Punktverlust 8 Millionen Mark, Fehlen der Spielberichte 3 Millionen Mark, Fehlen der Schiedsrichter 4 Millionen Mark, Protestgebühren 15 Millionen Mark. Der Betrag ist 6 Tage nach der Veröffentlichung an den Kassierer Heinz Esser, Schildesche, Bielefelder Straße 52, einzusenden. Die Abteilungen sind für die Einsendung der Gelder haftbar.

Der Bezirks-Spielausschuß.

Millionenstrafen. Abb.: VW 14.9.1923

## C-Klasse 1. Gruppe

| | Vereine | Sp | S | U | N | Pt |
|---|---|---|---|---|---|---|
| 1. | Fichte Bielefeld 2 | 8 | 7 | 0 | 1 | 14 |
| 2. | FTSV Ummeln 2 | 8 | 4 | 0 | 4 | 8 |
| 3. | FTSV Senne II | 8 | 4 | 0 | 4 | 8 |
| 4. | FTSV Rheda | 8 | 4 | 0 | 4 | 8 |
| 5. | FTSV Isselhorst 2 | 8 | 1 | 0 | 7 | 2 |
| | | | 20 | 0 | 20 | |

C-Klasse 3. Gruppe ist nicht vorhanden.

## C-Klasse 2. Gruppe

| | Vereine | Sp | S | U | N | Pt |
|---|---|---|---|---|---|---|
| 1. | FTSV Einigkeit Stieghorst 2 | 6 | 4 | 1 | 1 | 9 |
| 2. | FTSV Sudbrack 4 | 6 | 3 | 1 | 2 | 7 |
| 3. | TV Eichenkranz Jöllenbeck 2 | 6 | 3 | 0 | 3 | 6 |
| 4. | FTSV Werl | 6 | 0 | 2 | 4 | 2 |
| | | | 10 | 4 | 10 | |

## C-Klasse 4. Gruppe

| | Vereine | Sp | S | U | N | Pt |
|---|---|---|---|---|---|---|
| 1. | FTSV Oldentrup | 6 | 4 | 0 | 2 | 8 |
| 2. | ASV Hillegossen 2 | 6 | 3 | 1 | 2 | 7 |
| 3. | FTSV Westfalia Herford 2 | 6 | 3 | 0 | 3 | 6 |
| 4. | TV Eichenkranz Jollenbeck 3 | 6 | 1 | 1 | 4 | 3 |
| | | | 11 | 2 | 11 | |

**Endnoten**

1 Volkswacht 8.3.1922

# 1924/25

Die Sonderklasse wurde auf 12 Mannschaften erweitert und in zwei Gruppen eingeteilt. Aus dem 7.Bezirk spielte dort nun auch der mehrfache Bezirksmeister VfL Minden in der Gruppe 1 mit, belegte aber nur den 6. und letzten Platz. Die Bezirksmeisterschaft sicherte sich Vorwärts Schildesche durch einen 4:1-

Sieg im Entscheidungsspiel gegen den Meister der Gruppe 1, Union Bielefeld. Bei den Spielen um die Kreismeisterschaft siegte Schildesche zunächst gegen Hannover-Alfeld, unterlag aber dann Bremerhaven 93 deutlich mit 0:6. Bremerhaven konnte den Kreismeistertitel erfolgreich verteidigen.

## 1. Klasse 1. Gruppe

|   | Vereine | Sp | S | U | N | Tore | Punkte |
|---|---------|----|---|---|---|------|--------|
| 1. | Union Bielefeld | 10 | 6 | 3 | 1 | 25:9 | 15 |
| 2. | Fichte Bielefeld | 10 | 5 | 4 | 1 | 37:12 | 14 |
| 3. | FTSV Einigkeit Stieghorst (N) | 10 | 4 | 4 | 2 | 21:13 | 12 |
| 4. | Eintracht Bielefeld | 10 | 3 | 2 | 5 | 19:21 | 8 |
| 5. | VfR Gütersloh | 10 | 2 | 2 | 6 | 16:29 | 6 |
| 6. | VfL Minden | 10 | 2 | 1 | 7 | 13:39 | 5 |
|   |   |   | 22 | 16 | 22 | 131:123 |   |

## 1. Klasse 2. Gruppe

|   | Vereine | Sp | S | U | N | Tore | Punkte |
|---|---------|----|---|---|---|------|--------|
| 1. | FT Vorwärts Schildesche | 10 | 10 | 0 | 0 | 45:6 | 20 |
| 2. | FT Brackwede | 10 | 6 | 1 | 3 | 33:16 | 13 |
| 3. | FTSV Sudbrack | 10 | 6 | 0 | 4 | 30:20 | 12 |
| 4. | FTSV Gadderbaum (N) | 10 | 5 | 1 | 4 | 22:19 | 11 |
| 5. | ASV Einigkeit Hillegossen (N) | 10 | 2 | 0 | 8 | 16:39 | 4 |
| 6. | VfL Stadthagen (N) | 10 | 0 | 0 | 10 | 6:52 | 0 |
|   |   |   | 29 | 2 | 29 | 152:152 |   |

# 1925/26

In dieser Spielzeit wurde in allen Klassen nur eine einfache Runde gespielt und auf die Rückspiele verzichtet. Dadurch lagen die Abschlusstabellen bereits im Januar vor und die Vereine konnten in Ruhe notwendige Entscheidungs- oder Aufstiegsspiele absolvieren. Der ATSB stellte nun nach und nach die Spiel-

zeit auf das Kalenderjahr um, sodass bereits im Dezember die Meister der unteren Klassen feststanden. Im 4. Bezirk hatte sich Vorwärts Schildesche als Meister durchgesetzt, spielte aber bei den sich anschließenden Kreismeisterschaften keine Rolle. Kreismeister wurde der SV Weser 08 Bremen.

Abb.: VW 8.1.1926

## 1. Klasse 1. Gruppe

| | Vereine | Sp | S | U | N | Tore | Punkte |
|---|---|---|---|---|---|---|---|
| 1. | FT Vorwärts Schildesche | 5 | 4 | 0 | 1 | 15:10 | 8 |
| 2. | Eintracht Bielefeld | 5 | 3 | 0 | 2 | 10:10 | 6 |
| 3. | FTSV Bielefeld-Ost (N) | 5 | 2 | 1 | 2 | 15:12 | 5 |
| 4. | Fichte Bielefeld | 5 | 2 | 1 | 2 | 11:8 | 5 |
| 5. | FT Brackwede | 5 | 2 | 1 | 2 | 11:12 | 5 |
| 6. | FTSV Sudbrack | 5 | 0 | 1 | 4 | 10:20 | 1 |
| | | | 13 | 4 | 13 | 72:72 | |

## 1. Klasse 2. Gruppe

| | Vereine | Sp | S | U | N | Tore | Punkte |
|---|---|---|---|---|---|---|---|
| 1. | FTSV Gadderbaum | 5 | 4 | 0 | 1 | 13:8 | 8 |
| 2. | Eichenkranz Jöllenbeck (N) | 5 | 3 | 0 | 2 | 13:9 | 6 |
| 3. | Union Bielefeld | 5 | 3 | 0 | 2 | 7:5 | 6 |
| 4. | FTSV Einigkeit Stieghorst | 5 | 2 | 0 | 3 | 8:10 | 4 |
| 5. | VfR Gütersloh | 5 | 1 | 1 | 3 | 8:10 | 3 |
| 6. | ASV Einigkeit Hillegossen | 5 | 1 | 1 | 3 | 14:17 | 3 |
| | | | 14 | 2 | 14 | 63:59 | |

### Endspiele um die Meisterschaft:
FT Vorwärts Schildesche – FTSV Gadderbaum
**1:1** n.V. (16.11.25) und
**7:0** (24.11.25).

# 1926/27

Der Geschäftsbericht des ATSB für 1926 konnte auf eine weitere Aufwärtsentwicklung verweisen.

> Im 11. Kreis gab es 478 Vereine und inzwischen knapp 7.000 Fußballer. Mit 2.202 Mitgliedern war der Bielefelder Bezirk der mitgliederstärkste Fußballbezirk im gesamten Kreis, in Minden (7.Bezirk) wurden dagegen nur 161 Mitglieder in der Sparte Fußball gezählt.

Diese Entwicklung war auch auf den vermehrten Zulauf von Jugendlichen zurückzuführen, die nun verstärkt den Fußball entdeckten und sich in den Vereinen anmeldeten. Der Widerstand der Schule schien jetzt endgültig gebrochen zu sein. Der größte Verein im 4. Bezirk blieb weiterhin der FTSV Bielefeld mit seinen verschiedenen Abteilungen. Insgesamt führte der Verein in der Sparte „Fußball" 1926 527 (männliche) Mitglieder. Zweitgrößter Fußballverein war der FTSV Brackwede mit 119 Mitgliedern. Von den 106 aufgeführten Vereinen des 4.Bezirks betrieben 55 Vereine Fußball und hatten lediglich zweistellige Mitgliederzahlen. Im 7.Bezirk gab es 81 Vereine, von denen aber nur 8 Fußball im Angebot hatten. Größter Fußballverein war hier der VfL Minden mit 60 Mitgliedern.[1]

Die Bezirksmeisterschaft wurde in einem Entscheidungsspiel zwischen Bielefeld-Ost und Stieghorst (1:0) entschieden. Die Abteilung Ost war dann erfolgreich bei den Spielen um die Kreismeisterschaft, musste sich aber schließlich in einem notwendig gewordenen Entscheidungsspiel dem Vorjahresmeister SV Weser 08 Bremen mit 2:5 geschlagen geben. Nordwestdeutscher Verbandsmeister wurde erstmals der SC Lorbeer 06 Hamburg, in dessen Reihen ein gewisser Erwin Seeler für die Tore sorgte. Er war der Vater von Uwe Seeler und schaffte es sogar in die Nationalmannschaft der Arbeiterfußballer. Allerdings war der Personenkult, wie wir ihn vor allem heute mit den vielen Fußballstars kennen, im ATSB verpönt. So wurden lange Zeit keine Torschützen genannt, sondern stets der Mannschaftsgedanke vorangestellt.

Aus den unteren Spielklassen ist bekannt, dass der VfL Minden nach einem 3:1-Sieg gegen VfL Stadthagen Meister der 2. Klasse Gruppe 1 wurde und Fichte Bielefeld 2 Meister der Gruppe 2. Minden schaffte die Rückkehr in die 1.Klasse. Eichenkranz Jöllenbeck wurde Meister in der 3.Klasse.

**Kreismeisterschaftsspiel**
**Weser 08, Bremen — Ost, Bielefeld.**
**Sonntag, 6. Febr., 2.15 Uhr, in den Heeper Fichten.**
Omnibus-Verkehr ab 1.15 Uhr Jahnplatz—Bleichstraße—Heeper Fichten.

**Fußball.**
**Weser 08, Bremen — Ost-Bielefeld.**
Der Endspurt am Sonntag dürfte beide Mannschaften in stärkster Aufstellung zeigen. Der erste 7:2-Sieg der Ostmannschaft gilt nicht als Maßstab, Weser hat aufgefrischt. Anstoß 2.15 Uhr in den Heeper Fichten. — Die Leitung des Spieles hat Schiedsrichter H. Aren, Bremerhaven.

**Am Sonntag, den 6. Februar.**
| | | |
|---|---|---|
| 10.30 Uhr, | Stadtholz, Gadderbaum — Union I. | |
| 10.30 „ | Oldentrup, Oldentrup — Ost II. | |
| 10.30 „ | Stieghorst, Stieghorst — Gadderbaum II. | |
| 9.00 „ | Heeper Fichten, Ost — Herford III. | |
| 10.30 „ | Quelle, Ost — Gadderbaum III. | |
| 9.00 „ | Heeper Fichten, Union — Heepen 1. Jgd. | |

Anstoßzeiten. Abb.: VW 4.2.1927

**Endnote**

1   www.arbeiterfussball.de – Geschäftsbericht 1926

**Rekordjägerei und Massensport.**

Trotz aller Werbetrommeln wird der Massensport noch wenig gepflegt. Die Sportbegeisterung erstreckt sich vielfach auf sportliche Veranstaltungen berufsmäßiger Wettkämpfer. Erfolg und Rekord sind die geheimnisvoll-zugkräftigen Worte unserer Zeit. Was für „Weltmeisterschaften" gibt es nicht alles.

und viel Rekordjägerei wird betrieben, die fälschlich unter dem Namen Sport auftritt. Sport muß nicht verbunden sein mit einem Personenkultus, wie es heute noch gang und gäbe ist. Das Streben nach Höchstleistungen um jeden Preis fördert sonderbare Blüten zutage. Auf die Dauer wird sich das Berufssportlertum nur in wenigen Sportarten, die aus technischen Gründen der Masse nur schwer zugänglich sind, halten können. Die Zukunft gehört dem Massensport. Wie überall, so gibt es auch im Sport Auswüchse. Mit Recht wird dagegen Front gemacht, daß sich ein Berufssportlertum selbst in solchen Sportarten einnistet, wo das Massenspiel bis zu einem gewissen Grade heimisch ist, wie z. B. beim Fußballspiel. Eine große Zuneigung bringt die breite Masse heute dem technischen Sport entgegen. Das ist kein Wunder bei der rasenden Entwicklung der Technik auf allen Gebieten. Es kommt hierin die tief im Menschen steckende Sehnsucht nach Ueberwindung von Raum und Zeit zum Ausdruck. Motorrad, Auto, Flugzeug, Segel- und Motorboot haben heute eine Stätte im Sport.

Gegen den Personenkult. Abb.: VW 15.2.1927

## 1. Klasse 1. Gruppe

| | Vereine | Sp | S | U | N | Tore | Punkte |
|---|---|---|---|---|---|---|---|
| 1. | FTSV Bielefeld-Ost | 10 | 6 | 2 | 2 | 42:18 | 14 |
| 2. | Eintracht Bielefeld | 10 | 4 | 4 | 2 | 20:17 | 12 |
| 3. | FT Vorwärts Schildesche | 10 | 4 | 2 | 4 | 27:25 | 10 |
| 4. | FT Brackwede | 10 | 2 | 5 | 3 | 23:23 | 9 |
| 5. | FTSV Gadderbaum | 10 | 4 | 0 | 6 | 21:40 | 8 |
| 6. | Fichte Bielefeld | 10 | 2 | 3 | 5 | 15:25 | 7 |
| | | | 22 | 16 | 22 | 148:148 | |

## 1. Klasse 2. Gruppe

| | Vereine | Sp | S | U | N | Tore | Punkte |
|---|---|---|---|---|---|---|---|
| 1. | FTSV Einigkeit Stieghorst | 10 | 8 | 2 | 0 | 37:14 | 18 |
| 2. | Eichenkranz Jöllenbeck | 10 | 6 | 2 | 2 | 25:17 | 14 |
| 3. | VfR Gütersloh | 10 | 4 | 3 | 3 | 21:17 | 11 |
| 4. | Union Bielefeld | 10 | 2 | 2 | 6 | 18:29 | 6 |
| 5. | Ennigloh | 10 | 1 | 4 | 5 | 15:25 | 6 |
| 6. | FTSV Oldentrup | 10 | 1 | 3 | 6 | 18:27 | 5 |
| | | | 22 | 16 | 22 | 134:129 | |

# 1927/28

Die neue Spielzeit begann bereits im März 1927, um Zeit genug für einen rechtzeitigen Abschluss im Kalenderjahr zu erhalten. Gestartet wurde mit 160 Mannschaften im Jugend- und Seniorenbereich. Die Senioren spielten in 5 Klassen. In der 1.Klasse setzten sich der Vorjahresmeister Bielefeld-Ost und der VfL Minden durch. Minden gewann Anfang Dezember das notwendige Entscheidungsspiel der Gruppenmeister mit 2:1 und vertrat damit den 4. Bezirk bei den anstehenden Kreismeisterschaften. Der 7.Bezirk (Minden) führte keinen eigenen Meisterschaftsspielbetrieb mehr durch und war genauso wie die lippischen Vereine in den 4. Bezirk integriert. Kreismeister wurde erstmals ATS Buntentor Bremen.

Meister der 2.Klasse wurde Jahn Herford, die das Entscheidungsspiel gegen Hillegossen mit 4:1 gewannen.

## 3. Klasse 1. Gruppe

| | Vereine | Sp | S | U | N | Tore | Punkte |
|---|---|---|---|---|---|---|---|
| 1. | Brake I.W. | 12 | 9 | 2 | 1 | 44:14 | 20 |
| 2. | Eintracht Bielefeld 2 | 12 | 7 | 0 | 5 | 42:35 | 14 |
| 3. | FTSV Senne II | 12 | 7 | 0 | 5 | 40:34 | 14 |
| 4. | FTSV Bielefeld-Ost 2 | 12 | 5 | 1 | 6 | 37:30 | 11 |
| 5. | FTSV Ummeln | 12 | 5 | 0 | 7 | 24:35 | 10 |
| 6. | FT Brackwede 3 | 12 | 4 | 1 | 7 | 22:39 | 9 |
| 7. | FT Vorwärts Schildesche 3 | 12 | 3 | 0 | 9 | 16:38 | 6 |
| | | | 40 | 4 | 40 | 225:225 | |

## 3. Klasse 2. Gruppe

| | Vereine | Sp | S | U | N | Tore | Punkte |
|---|---|---|---|---|---|---|---|
| 1. | FTSV Hiddenhausen | 14 | 12 | 0 | 2 | 72:25 | 24 |
| 2. | Jahn Herford | 14 | 10 | 0 | 4 | 61:27 | 20 |
| 3. | Jahn Hunnebrock 2 | 14 | 7 | 1 | 6 | 36:42 | 15 |
| 4. | ATSV Holsen | 14 | 6 | 0 | 8 | 30:54 | 12 |
| 5. | FTSV Frisch auf Dünne | 14 | 5 | 2 | 7 | 24:38 | 12 |
| 6. | TV Vorwärts Lübbeke | 14 | 4 | 2 | 8 | 28:44 | 10 |
| 7. | ATSV Vorwärts Werl | 14 | 4 | 1 | 9 | 28:42 | 9 |
| 8. | AV Einigkeit Herringhausen | 14 | 4 | 0 | 10 | 35:44 | 8 |
| | | | 52 | 6 | 54 | 314:316 | |

**1. Klasse, 1. Gruppe.**

| Spiele | gew. | verl. | unent. | Tore | Punkte |
|---|---|---|---|---|---|
| 10 | 6 | 3 | 1 | 28/24 | 13 |
| 10 | 6 | 3 | 1 | 24/12 | 13 |
| 10 | 5 | 5 | — | 18/24 | 10 |
| 10 | 4 | 6 | — | 15/18 | 8 |
| 10 | 4 | 6 | — | 15/23 | 8 |
| 10 | 3 | 5 | 2 | 15/23 | 8 |

**1. Klasse, 2. Gruppe.**

| Spiele | gew. | verl. | unent. | Tore | Punkte |
|---|---|---|---|---|---|
| 10 | 8 | 2 | — | 39/20 | 16 |
| 10 | 7 | 3 | — | 34/16 | 14 |
| 10 | 6 | 4 | — | 30/20 | 12 |
| 10 | 6 | 4 | — | 29/18 | 12 |
| 10 | 2 | 8 | — | 20/47 | 4 |
| 10 | 1 | 9 | — | 12/43 | 2 |

**2. Klasse, 1. Gruppe.**

| Spiele | gew. | verl. | unent. | Tore | Punkte |
|---|---|---|---|---|---|
| 8 | 7 | 1 | — | 29/12 | 14 |
| 8 | 6 | 2 | — | 27/12 | 12 |
| 8 | 3 | 5 | — | 27/22 | 6 |
| 8 | 2 | 6 | — | 14/32 | 4 |
| 8 | 2 | 6 | — | 18/37 | 4 |

**2. Klasse, 2. Gruppe.**

| Spiele | gew. | verl. | unent. | Tore | Punkte |
|---|---|---|---|---|---|
| 10 | 8 | 1 | 1 | 35/ 8 | 17 |
| 10 | 5 | 3 | 2 | 25/26 | 12 |
| 10 | 4 | 4 | 2 | 22/21 | 10 |
| 10 | 4 | 5 | 1 | 23/20 | 9 |
| 10 | 2 | 5 | 3 | 14/22 | 7 |
| 10 | — | 9 | 1 | 7/49 | 1 |

**2. Klasse, 3. Gruppe.**

| Spiele | gew. | verl. | unent. | Tore | Punkte |
|---|---|---|---|---|---|
| 10 | 7 | 1 | 2 | 32/10 | 16 |
| 10 | 5 | 2 | 3 | 37/17 | 13 |
| 10 | 4 | 6 | — | 34/34 | 8 |
| 10 | 4 | 6 | — | 25/49 | 8 |
| 10 | 3 | 6 | 1 | 28/35 | 7 |
| 10 | 2 | 6 | 2 | 15/36 | 6 |

Gegen den Personenkult. Abb.: VW 2.12.1927

09.12.27 VW: Um die Meisterschaft der 3. Klasse: Lemgo – Hiddenhausen **4:4**
20.12.27 VW: Abstiegsspiel: Herringhausen – Schildesche 3 kampflos für H.

Tabellen 4. und 5. Klasse fehlen

# 1928/29

Im Bezirk wurden die Spiele dieser Saison bis Dezember 1928 beendet. Fichte Bielefeld hatte sich souverän in der Gruppe 1 der 1.Klasse durchgesetzt und auch das Entscheidungsspiel um die Bezirksmeisterschaft gegen Vorwärts Schildesche mit 2:1 gewonnen. In den Spielen um die Kreismeisterschaft bestätigten die Sieker ihre Stärke und konnten erstmals für den 4.Bezirk die Kreismeisterschaft durch ein 4:0 gegen Delmenhorst Bremen erringen. Dadurch war Fichte für die Spiele um die Verbandsmeisterschaft qualifiziert und

traf hier im Halbfinale auf den Nordmeister SC Lorbeer 06 Hamburg. Damit hatte man allerdings den schwersten Gegner erhalten und unterlag denkbar knapp mit 2:3 vor 5.000 Zuschauern in Hamburg. 10 Minunten vor Ende der Partie hatte man noch mit 2:1 in Führung gelegen.[1] Der SC Lorbeer gewann anschließend auch das Finale der Nordwestdeutschen Verbandsmeisterschaft gegen den Kasseler RSV Eintracht 1920 und danach auch die Deutsche Meisterschaft der ATSB-Fußballer.

Fichte Kreismeister. Abb.: VW 21.1.1929

### 1. Klasse 1. Gruppe

|  | Vereine | Sp | S | U | N | Tore | Punkte |
|---|---|---|---|---|---|---|---|
| 1. | Fichte Bielefeld | 8 | 7 | 0 | 1 | 37:11 | 14 |
| 2. | Jahn Herford (N) | 8 | 4 | 1 | 3 | 26:26 | 9 |
| 3. | FTSV Gadderbaum | 7 | 3 | 2 | 2 | 19:17 | 8 |
| 4. | VfL Minden | 7 | 2 | 1 | 4 | 18:21 | 5 |
| 5. | Union Bielefeld | 8 | 0 | 2 | 6 | 13:38 | 2 |
|  |  |  | 16 | 6 | 16 | 113:113 |  |

### 1. Klasse 2. Gruppe

|  | Vereine | Sp | S | U | N | Tore | Punkte |
|---|---|---|---|---|---|---|---|
| 1. | FT Vorwärts Schildesche | 10 | 8 | 0 | 2 | 32:17 | 16 |
| 2. | Eintracht Bielefeld | 10 | 6 | 1 | 3 | 29:21 | 13 |
| 3. | FTSV Bielefeld-Ost | 10 | 4 | 4 | 2 | 17:11 | 12 |
| 4. | FT Brackwede | 10 | 4 | 3 | 3 | 15:15 | 11 |
| 5. | FTSV Einigkeit Stieghorst | 10 | 2 | 1 | 7 | 12:27 | 5 |
| 6. | Eichenkranz Jöllenbeck | 10 | 0 | 3 | 7 | 6:30 | 3 |
|  |  |  | 24 | 12 | 24 | 111:121 |  |

**Endnote**

1   www.vfb-fichte.de

# 1929/30

Mit Beginn der neuen Saison konnte der ATSB auf sein 30jähriges Bestehen im 4.Bezirk zurückblicken und beging dieses Jubiläum mit einer großen Feier im „Rütli" in Bielefeld.[1] So gern man auf die erfolgreiche Gründungszeit und die Entwicklung auch zurückblickte, so musste man sich den Sorgen der Zeit stellen. Die Kommunisten bereiteten die Spaltung des Arbeitersports vor und gründeten mit dem Rot-Sport-Bund einen eigenen Verband. In der Volkswacht kam es daraufhin zu schweren Vorwürfen in Richtung der Kommunisten bis hin zu geschmacklosen Kartoons.

Die Spaltung führte zu einer deutlichen Schwächung des ATSB, der viele Mitglieder verlor. Der Rot-Sport-Bund konnte sich jedoch im Minden-Ravensberger Land sowie im Freistaat Lippe nur bedingt durchsetzen.[2]

In der Meisterschaft kam es zudem zur Trennung von den Mindener Vereinen, die nun wieder eigene Spiele in ihrem Bezirk durchführten. Der VfL Minden setzte sich erwartungsgemäß durch und vertrat den 7.Bezirk bei den Kreismeisterschaften. Im 4.Bezirk wurde Vorwärts Schildesche souverän Meister. Bei den Kreismeisterschaftsspielen konnte man sich in der Südgruppe allerdings genauso wenig durchsetzen wie der VfL Minden.

## 1. Klasse 1. Gruppe

| | Vereine | Sp | S | U | N | Tore | Punkte |
|---|---|---|---|---|---|---|---|
| 1. | FT Vorwärts Schildesche | 16 | 13 | 0 | 3 | 61:26 | 26 |
| 2. | Fichte Bielefeld | 16 | 9 | 1 | 6 | 49:27 | 19 |
| 3. | FT Brackwede | 16 | 9 | 1 | 6 | 34:29 | 19 |
| 4. | FTSV Bielefeld-Ost | 17 | 7 | 2 | 8 | 44:46 | 16 |
| 5. | FTSV Einigkeit Stieghorst | 16 | 8 | 0 | 8 | 33:42 | 16 |
| 6. | Eintracht Bielefeld | 16 | 7 | 1 | 8 | 37:44 | 15 |
| 7. | Union Bielefeld | 16 | 5 | 2 | 9 | 33:45 | 12 |
| 8. | FTSV Gadderbaum | 16 | 5 | 1 | 10 | 25:46 | 11 |
| 9. | Jahn Herford | 15 | 5 | 0 | 10 | 34:44 | 10 |
| | | | 68 | 8 | 68 | 350:349 | |

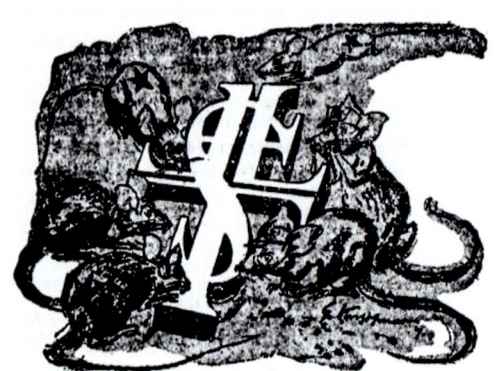

**Kommunistische Ratten.**
Am Arbeiter-Turn- und Sportbund.

Abb.: VW 21.10.1929

## Bürgerlicher Dank an die KPD.-Sportler.

An einer langen Reihe von Beispielen kann nachgewiesen werden, daß von den Wühlereien und Spaltereien der Kommunisten im Arbeitersport nur die bürgerliche Sportbewegung Gewinn hat. Den großen „Revolutionären" ist der Arbeiter-Turn- und Sportbund sozialfaschistisch. Sie gebärden sich wie Wilde, provozieren mit allen Regeln der Kunst ihren Ausschluß aus dem Bund, machen den längst gewünschten eigenen Laden auf und landen dann einer nach dem anderen im bürgerlichen Sportlager. Das reaktionäre „Westfälische Tageblatt" in Hagen ist darüber so entzückt, daß es dem kommunistischen Sportspaltern eine Danksagung widmete. Die führende bürgerliche Fußballmannschaft Hagen 1911 besteht nämlich zum allergrößten Teil aus Spielern des Sauerländischen Meisters von der kommunistischen Westdeutschen Spielvereinigung und Spielern anderer Vereine dieses kommunistischen Sportlagers. Nachstehend die Danksagung des reaktionären Blattes:

„1911 kann nach seinen zwei eindrucksvollen Siegen gegen 05 und 72 mit Ruhe den weiteren Kämpfen entgegensehen. — 1911 ist eine für südwestfälische Verhältnisse fertige Elf, eine Mannschaft, der die starke Blutauffrischung aus dem Lager der Arbeitersportler sehr genützt hat! Zu erwarten ist allerdings, daß die Neulinge im WSB. die Anschauungen, denen sie früher einmal gehuldigt, radikal über Bord werfen! In bürgerlichen Verbänden ist kein Raum für Politik und Verseuchung mit klassenkämpferischen Ideen. Man kann aber annehmen, daß gerade die Abkehr von diesen falschen Ideen die Arbeitersportler bewogen hat, dem Arbeitersportkartell dauernd Valet zu sagen. So offenbart sich denn die Erstärkung der 1911er als ein Sieg der bürgerlichen Sportauffassung und eine offene Pleite des roten Sports."

Auf diese Danksagung aus dem reaktionären Lager können die Kommunisten und ihr Anhang stolz sein.

### Fußball-Rowdies in Moskau.

Zu einer unerwarteten Sensation kam es auf der letzten Sitzung des Moskauer Bezirksrates für Körperkultur: der Leiter der Sektion für Sportspiele stellte den Antrag auf Verbot des Fußballspiels, und zwar wegen der in unerhörter Weise zunehmenden Roheitsexzesse bei diesem Spiel auf den Moskauer Sportplätzen. Die Zahl der Disqualifizierungen während der diesjährigen Frühjahrs- und Herbstwettspiele überstieg die Gesamtzahl der Disziplinarstrafen im Verlauf der letzten fünf Jahre. Die rücksichtslose Rekordsucht der einzelnen Sportvereine ist bedenklich ins Kraut geschossen, so daß diese Sportfunktionäre wie die „Wetschernaja Moskwa" hervorhebt, allmählich „das Geschäft eines Sowjetsportlers verlieren und sich die bürgerlichen Sportunsitten zu eigen machen". Die Versammlung verlangte zwecks Vermeidung eines behördlichen Verbots des Fußballsports, sofortige Maßnahmen zur Hebung der sporterzieherischen Arbeit, eine strengere Auslese der Sportrichter, eine Erweiterung der Disziplinarausschüsse und dergleichen.

### Endnoten

1 Volkswacht 5.4.1929

2 Geschichte des Sports in Lippe, S.220/221

Bürgerlicher Dank. Abb.: VW 28.10.1929

# 1930/31

Bereits Mitte November stand der Meister im 4.Bezirk fest: der FTSV Brackwede gewann die Entscheidungsspiele gegen Vorwärts Schildesche mit 3:1 und 4:0. Kurz vor Weihnachten schlug Brackwede auch den VfL Minden als Meister des 7.Bezirks deutlich mit 4:0 und wurde anschließend Südkreismeister. Im Endspiel gegen Wesermünde-Lehe behielt man dann mit 5:4 die Oberhand und durfte sich Kreismeister nennen. Bei den nordwestdeutschen Verbandsmeisterschaften ging die Reise zum SC Lorbeer Hamburg. Vor 5.000 Zuschauern wurde Brackwede mit 12:1 regelrecht gedemütigt. Lorbeer Hamburg wurde nicht nur Verbandsmeister, sondern später auch Deutscher ATSB-Meister.

### 1. Klasse, 1. Gruppe.

| Vereine | Spiele | gew. | verl. | unent. | Tore | Punkte |
|---|---|---|---|---|---|---|
| Schildesche | 12 | 8 | — | 4 | 48/22 | 20 |
| Sudbrack | 12 | 8 | 4 | — | 37/26 | 16 |
| Ost | 12 | 7 | 4 | 1 | 26/18 | 15 |
| Stieghorst | 12 | 5 | 4 | 3 | 28/25 | 13 |
| Eintracht | 12 | 2 | 7 | 3 | 17/31 | 7 |
| Ennigloh | 12 | 2 | 7 | 3 | 17/48 | 7 |
| Salzuflen | 12 | 3 | 9 | — | 20/30 | 6 |

### 1. Klasse, 2. Gruppe.

| Vereine | Spiele | gew. | verl. | unent. | Tore | Punkte |
|---|---|---|---|---|---|---|
| Brackwede | 12 | 8 | 2 | 2 | 32/16 | 18 |
| Union | 12 | 6 | 3 | 3 | 26/26 | 15 |
| Gadderbaum | 12 | 5 | 4 | 3 | 23/20 | 13 |
| Herford | 12 | 5 | 5 | 2 | 27/25 | 12 |
| Fichte | 12 | 5 | 6 | 1 | 27/23 | 11 |
| Schötmar | 12 | 4 | 6 | 2 | 22/31 | 10 |
| Bilfendorf | 12 | 2 | 9 | 1 | 28/36 | 5 |

Abb.: VW 2.1.1931

### 2. Klasse, 1. Gruppe.

| Vereine | Spiele | gew. | verl. | unent. | Tore | Punkte |
|---|---|---|---|---|---|---|
| Hillegossen | 12 | 10 | 2 | — | 38/12 | 20 |
| Eichenfranz | 12 | 9 | 2 | 1 | 49/10 | 19 |
| Gütersloh | 12 | 6 | 5 | 1 | 29/29 | 13 |
| Stieghorst | 12 | 5 | 5 | 2 | 18/22 | 12 |
| Eintracht | 12 | 5 | 7 | — | 25/25 | 10 |
| Brackwede | 12 | 2 | 9 | 1 | 13/37 | 5 |
| Gadderbaum | 12 | 2 | 9 | 1 | 14/49 | 5 |

### 2. Klasse, 2. Gruppe.

| Vereine | Spiele | gew. | verl. | unent. | Tore | Punkte |
|---|---|---|---|---|---|---|
| Ost | 14 | 11 | 3 | — | 48/32 | 22 |
| Oerlinghausen | 14 | 9 | 3 | 2 | 37/24 | 20 |
| West | 14 | 9 | 4 | 1 | 54/26 | 19 |
| Heepen | 13 | 8 | 4 | 1 | 54/27 | 17 |
| Werl | 14 | 5 | 6 | 3 | 35/35 | 13 |
| Brake i. W. | 14 | 4 | 9 | 1 | 33/47 | 9 |
| Asemissen | 14 | 3 | 9 | 2 | 26/48 | 8 |
| Lemgo | 13 | 1 | 12 | — | 10/58 | 2 |

### 2. Klasse, 3. Gruppe.

| Vereine | Spiele | gew. | verl. | unent. | Tore | Punkte |
|---|---|---|---|---|---|---|
| Oldentrup | 14 | 9 | — | 5 | 60/21 | 23 |
| Bünde | 14 | 9 | 3 | 2 | 39/16 | 20 |
| Ummeln | 14 | 8 | 3 | 3 | 35/32 | 19 |
| Hiddenhausen | 14 | 6 | 7 | 1 | 39/39 | 13 |
| Hunnebrock | 14 | 5 | 6 | 3 | 32/32 | 13 |
| Fichte | 14 | 5 | 8 | 1 | 34/50 | 11 |
| Schildesche | 14 | 4 | 9 | 1 | 31/44 | 9 |
| Lübbecke | 14 | 2 | 12 | — | 8/53 | 4 |

Abb.: VW 2.1.1931

### 3. Klasse, 1. Gruppe.

| Vereine | Spiele | gew. | verl. | unent. | Tore | Punkte |
|---|---|---|---|---|---|---|
| West | 12 | 11 | 1 | — | 36/12 | 22 |
| Ost | 12 | 8 | 1 | 3 | 42/17 | 19 |
| Senne II | 12 | 6 | 4 | 2 | 39/28 | 14 |
| Quelle | 12 | 4 | 6 | 2 | 24/33 | 10 |
| Brackwede | 12 | 3 | 7 | 2 | 21/34 | 8 |
| Eichenkranz | 12 | 3 | 8 | 1 | 19/36 | 7 |
| Paderborn | 12 | 3 | 9 | — | 20/37 | 6 |

### 3. Klasse, 2. Gruppe.

| Vereine | Spiele | gew. | verl. | unent. | Tore | Punkte |
|---|---|---|---|---|---|---|
| Elverdissen | 12 | 10 | 2 | — | 63/23 | 20 |
| Subbrack | 12 | 9 | 2 | 1 | 51/17 | 19 |
| Fichte | 12 | 8 | 3 | 1 | 46/31 | 17 |
| Schildesche | 12 | 5 | 6 | 1 | 29/24 | 11 |
| Uerentrup | 12 | 3 | 8 | 1 | 12/47 | 7 |
| Union | 12 | 2 | 8 | 2 | 17/43 | 6 |
| Dornberg | 12 | 2 | 9 | 1 | 23/55 | 5 |

### 3. Klasse, 3. Gruppe.

| Vereine | Spiele | gew. | verl. | unent. | Tore | Punkte |
|---|---|---|---|---|---|---|
| Dünne | 14 | 10 | 1 | 3 | 43/19 | 23 |
| Ahle | 14 | 10 | 1 | 3 | 34/20 | 23 |
| Schweicheln | 14 | 8 | 4 | 2 | 45/24 | 18 |
| Blasheim | 14 | 6 | 7 | 1 | 32/32 | 13 |
| Gehlenbeck | 14 | 5 | 8 | 1 | 29/33 | 11 |
| Frotheim | 14 | 3 | 6 | 5 | 26/39 | 11 |
| Holsen | 14 | 4 | 8 | 2 | 31/42 | 10 |
| Hunnebrock | 14 | — | 11 | 3 | 15/36 | 3 |

### 3. Klasse, 4. Gruppe.

| Vereine | Spiele | gew. | verl. | unent. | Tore | Punkte |
|---|---|---|---|---|---|---|
| Berlebeck | 12 | 10 | 2 | — | 55/12 | 20 |
| Hiddesen | 12 | 7 | 3 | 2 | 29/26 | 16 |
| Pivitsheide | 12 | 6 | 3 | 3 | 39/24 | 15 |
| Brake i. L. | 12 | 5 | 6 | 1 | 37/38 | 11 |
| Barntrup | 12 | 3 | 6 | 3 | 21/32 | 9 |
| Blomberg | 12 | 3 | 7 | 2 | 25/43 | 8 |
| Detmold | 12 | 2 | 9 | 1 | 14/15 | 5 |

### 3. Klasse, 5. Gruppe.

| Vereine | Spiele | gew. | verl. | unent. | Tore | Punkte |
|---|---|---|---|---|---|---|
| Oetinghausen | 14 | 11 | 1 | 2 | 39/17 | 24 |
| Sundern | 14 | 9 | 3 | 2 | 53/29 | 20 |
| Herford | 14 | 6 | 7 | 1 | 41/44 | 13 |
| Westerenger | 14 | 6 | 7 | 1 | 34/39 | 13 |
| Herserheide | 14 | 5 | 6 | 3 | 29/34 | 13 |
| Herringhausen | 14 | 5 | 8 | 1 | 34/58 | 11 |
| Lage | 14 | 5 | 9 | — | 39/45 | 10 |
| Schötmar | 14 | 4 | 10 | — | 31/33 | 8 |

Abb.: VW 2.1.1931

### 4. Klasse, 1. Gruppe.

| Vereine | Spiele | gew. | verl. | unent. | Tore | Punkte |
|---|---|---|---|---|---|---|
| Eintracht | 16 | 11 | 3 | 2 | 57/23 | 24 |
| Risse | 16 | 10 | 3 | 3 | 64/21 | 23 |
| Stieghorst | 16 | 10 | 6 | — | 48/31 | 20 |
| Werther | 16 | 8 | 6 | 2 | 34/34 | 18 |
| Heepen | 16 | 6 | 8 | 2 | 32/64 | 14 |
| Ummeln | 16 | 4 | 8 | 4 | 31/40 | 12 |
| Eichenkranz | 16 | 3 | 8 | 5 | 27/49 | 11 |
| West | 16 | 5 | 10 | 1 | 27/54 | 11 |
| Versmold | 16 | 3 | 10 | 3 | 28/41 | 9 |

### 4. Klasse, 2. Gruppe.

| Vereine | Spiele | gew. | verl. | unent. | Tore | Punkte |
|---|---|---|---|---|---|---|
| Ubbedissen | 12 | 10 | 2 | — | 46/17 | 20 |
| Oldentrup | 12 | 8 | 2 | 2 | 36/21 | 18 |
| Leopoldshöhe | 12 | 6 | 5 | 1 | 37/29 | 13 |
| Werl | 12 | 5 | 6 | 1 | 31/25 | 11 |
| Salzuflen | 12 | 4 | 7 | 1 | 28/39 | 9 |
| Kusenbaum | 12 | 3 | 6 | 3 | 18/34 | 9 |
| Oerlinghausen | 12 | 1 | 9 | 2 | 19/50 | 4 |

### 4. Klasse, 3. Gruppe.

| Vereine | Spiele | gew. | verl. | unent. | Tore | Punkte |
|---|---|---|---|---|---|---|
| Talle | 12 | 8 | 2 | 2 | 45/16 | 18 |
| Pottenhausen | 12 | 7 | 3 | 2 | 41/26 | 16 |
| Brake i. L. | 12 | 7 | 4 | 1 | 34/25 | 15 |
| Hohenhausen | 12 | 7 | 4 | — | 19/18 | 15 |
| Hohenwarth | 12 | 5 | 7 | — | 18/26 | 10 |
| Pivitsheide | 12 | 4 | 8 | — | 23/26 | 8 |
| Hiddessen | 12 | — | 12 | — | 8/60 | 0 |

### 4. Klasse, 4. Gruppe.

| Vereine | Spiele | gew. | verl. | unent. | Tore | Punkte |
|---|---|---|---|---|---|---|
| Hunnebrock | 12 | 11 | 1 | — | 48/12 | 20 |
| Enniglob | 12 | 9 | 2 | 1 | 35/16 | 19 |
| Dünne | 12 | 7 | 5 | — | 31/27 | 14 |
| Schweicheln | 12 | 5 | 5 | 2 | 25/20 | 12 |
| Gehlenbeck | 12 | 4 | 7 | 1 | 20/38 | 9 |
| Eildhausen | 12 | 1 | 8 | 3 | 15/31 | 5 |
| Blasheim | 12 | 1 | 10 | 1 | 15/51 | 3 |

### 4. Klasse, 5. Gruppe.

| Vereine | Spiele | gew. | verl. | unent. | Tore | Punkte |
|---|---|---|---|---|---|---|
| Löhne | 10 | 10 | — | — | 47/3 | 20 |
| Gickum | 10 | 7 | 3 | — | 39/27 | 14 |
| Herford | 10 | 4 | 5 | 1 | 18/26 | 9 |
| Bilsendorf | 10 | 3 | 6 | 1 | 33/39 | 7 |
| Spenge | 10 | 2 | 7 | 1 | 21/33 | 5 |
| Oetinghausen | 10 | 2 | 7 | 1 | 13/45 | 5 |

### 4. Klasse, 6. Gruppe.

| Vereine | Spiele | gew. | verl. | unent. | Tore | Punkte |
|---|---|---|---|---|---|---|
| Bustedt | 5 | 4 | — | 1 | 19/7 | 9 |
| Eichenkranz | 5 | 2 | 2 | 1 | 13/6 | 5 |
| Mennighüffen | 5 | 2 | 2 | 1 | 10/11 | 5 |
| Subbrack | 4 | 1 | 2 | 1 | 7/12 | 3 |
| Löhne | 4 | 1 | 2 | 1 | 6/11 | 3 |
| Holsen | 5 | 1 | 3 | 1 | 8/15 | 3 |

### 4. Klasse, 7. Gruppe.

| Vereine | Spiele | gew. | verl. | unent. | Tore | Punkte |
|---|---|---|---|---|---|---|
| Babenhausen | 4 | 4 | — | — | 33/6 | 8 |
| Billerbeck | 5 | 3 | 2 | — | 10/11 | 6 |
| Orble | 4 | 2 | 2 | — | 10/8 | 4 |
| Werl | 5 | 2 | 3 | — | 9/19 | 4 |
| Lockhausen | 5 | 1 | 4 | — | 8/11 | 2 |
| Berlebeck | 5 | 1 | 4 | — | 8/23 | 2 |

Die Serie 1930 ist in allen Klassen abgeschlossen. Die erforderlichen Ausscheidungsspiele bzw. Auf- und Abstiegsspiele werden auf dem am Sonntag, 4. Januar, in der Eisenhütte stattfindenden Börsentag angesetzt. Alle Reklamationen müssen auf der Börse vorgebracht werden.

Bezirksfußballeitung.
J. A.: Fischer.

Abb.: VW 2.1.1931

# 1931/32

Die 1.Klasse spielte wie fast immer in zwei Gruppen, aus denen sich Fichte und die Abteilung Nord als Meister für das Endspiel um die Bezirksmeisterschaft qualifizierten. Fichte gewann mit 6:4 und 2:1 und auch ein drittes Spiel, das aufgrund des Protestes von Nord notwendig geworden war, mit 3:1. Im 7.Bezirk durchbrach erstmals Porta Neesen die Dominanz des VfL Minden und sicherte sich die Meisterschaft. Im Endspiel des Südkreises mussten die Neeser aber dann doch Fichte Bielefeld den Vortritt lassen (4:2). Gegen die SportVg. Hildesheim war dann jedoch auch für Fichte beim 0:7 Schluss. Kreismeister wurde der Blumenthaler SV 1919.

Als besonderes Ereignis in dieser Spielzeit ist sicherlich der Auftritt des Bundesmeisters SC Lorbeer Hamburg mit Erwin Seeler in Bielefeld festzuhalten, der am 12.Juli 1931 in Bielefeld zu Gast war. Vor rund 3.500 Zuschauern unterlag Fichte Bielefeld den Hamburgern deutlich mit 2:6.

## Warnung!

In letzter Zeit wird wiederholt von der KPD. versucht, Sportvereine ins Leben zu rufen. Um diese Vereine zu finanzieren, geht man bei den Geschäftsleuten schnorren. Dabei ist es vorgekommen, daß man unter dem Namen unseres am Ort bestehenden Vereins sammelte. Wir erklären hiermit, daß die uns angeschlossenen Vereine mit diesen Machenschaften nichts zu tun haben.

Arbeiter=Turn= und Sportbund. Lippische Gruppe.
J. A.: Fried_ichs.

Abb.: Volksblatt Lippe 6.10.31

## Arbeiter-
## Turn- und Sportbund

Detmold. Freie Turnerschaft. Heute abend 8,15 Uhr Versammlung im Volkshaus. Wichtige Tagesordnung. — Handballer Sonntag morgen 9 Uhr Treffen im Volkshaus. Spiel gegen Ahmsen.
Schötmar. Turnerbund „Deutsche Eiche". (Abteilung Fußball.) Sonntag morgen 9,30 Uhr wichtige Versammlung. Alle, die nach Dortmund mitfahren wollen, müssen unbedingt zur Stelle sein.
Lage. B.S.K. Montag, 2. Nov., abends 8 Uhr, erweiterte Vorstandssitzung in der „Reichskrone".

Abb.: Volksblatt Lippe 31.10.31

Nationalspieler Karl Beckmann.
Abb.: www.vfb-fichte.de

## Fußball-Tabelle.
### 1. Klasse.

| Verein | Spiele | gew. | verl. | unent. | Punkte | Tore |
|---|---|---|---|---|---|---|
| **1. Gruppe** | | | | | | |
| Fichte | 12 | 9 | 1 | 2 | 20 | 43/16 |
| Union | 12 | 8 | 2 | 2 | 18 | 42/18 |
| Brackwede | 12 | 7 | 3 | 2 | 16 | 27/21 |
| Ost | 12 | 7 | 4 | 1 | 15 | 31/35 |
| Stieghorst | 12 | 3 | 8 | 1 | 7 | 16/38 |
| Schötmar | 12 | 2 | 9 | 1 | 5 | 21/26 |
| Gadderbaum | 12 | 1 | 10 | 1 | 3 | 12/38 |
| **2. Gruppe** | | | | | | |
| Nord | 12 | 10 | — | 2 | 22 | 51/19 |
| Herford | 12 | 7 | 4 | 1 | 15 | 46/25 |
| Eintracht | 12 | 6 | 6 | — | 12 | 32/51 |
| Bißendorf | 12 | 5 | 6 | 1 | 11 | 28/44 |
| Enniglob | 12 | 4 | 5 | 3 | 11 | 27/34 |
| Sudbrack | 12 | 4 | 5 | 3 | 11 | 25/26 |
| Hillegossen | 12 | 0 | 10 | 2 | 2 | 19 41 |

Abb.: VW 26.10.1931

## Ein großes Sportereignis.

# Bundesmeister in Bielefeld.
### Kommenden Sonntag, 16 Uhr, Sportplatz West.

W. Rohlfs,   A. Springer,   J. Wolff,   J. Wawrzyniak,   E. Seeler,   A. Postler,   E. Daldorf,   B. Postler
H. Müller,   A. Freese,   F. Müller

Abb.: VW 10.7.1931

# 1932/33

Die Spielzeit 1932/33 des ATSB begann planmäßig und auch hier deutete nichts daraufhin, dass es die letzte ihrer Art sein sollte. Ende 1932 standen sich die besten Mannschaften der letzten Jahre, Fichte Bielefeld und FTSV Brackwede, im Bezirksendspiel gegenüber, das Fichte mit 2:1 für sich entschied. Der Erfolg von Fichte in dieser Zeit war eng verbunden mit den Spielern Karl Beckmann und „Jack" Holtkamp, die beide in die ATSB-Nationalmannschaft berufen wurden. Während Beckmann dem Arbeitersport die Treue hielt, wechselte Holtkamp 1931 zum bürgerlichen DSC Arminia Bielefeld und soll dafür ein neues Schlafzimmer erhalten haben.[1]

Im 7.Bezirk setzte sich erneut Porta Neesen durch. Porta Neesen hatte eine so gute Mannschaft entwickelt, dass sie auch bei den Kreismeisterspielen erfolgreich waren und damit erstmals diesen Titel für den 7.Bezirk gewannen. Im Endspiel besiegten sie den AGSV Bremen mit 4:3. Das war die letzte Sportmeldung, die in der Volkswacht, der Zeitung der Sozialdemokratie im östlichen Westfalen, am 27.2.33 veröffentlicht wurde.

Danach musste das Blatt sein Erscheinen aufgrund der nationalsozialistischen Repressalien einstellen. Porta Neesen spielte dann vier Wochen später noch in Hamburg gegen den dortigen VfL 05 im Halbfinale der Verbandsmeisterschaft, verlor aber. Das Verbandsmeisterendspiel durfte ebenso wie die Endspiele um

den Bundesmeistertitel nicht mehr ausgetragen werden. Die Nationalsozialisten lösten nach und nach alle missliebigen Verbände auf. Dazu gehörte auch der von den Sozialdemokraten betriebene Arbeiterturn- und Sportbund.

## 1. Klasse Gruppe 1

| | Vereine | Sp | S | U | N | Tore | Punkte |
|---|---|---|---|---|---|---|---|
| 1. | Fichte Bielefeld | 12 | 9 | 2 | 1 | 38:11 | 20 |
| 2. | FTSV Bielefeld-Nord | 12 | 9 | 1 | 2 | 64:15 | 19 |
| 3. | Eintracht Bielefeld | 12 | 5 | 4 | 3 | 32:21 | 14 |
| 4. | Berlebeck | 12 | 5 | 2 | 5 | 24:33 | 12 |
| 5. | TV DE Schötmar | 12 | 4 | 1 | 7 | 21:40 | 9 |
| 6. | FTSV Sudbrack | 12 | 3 | 0 | 9 | 21:43 | 6 |
| 7. | FTSV Einigkeit Stieghorst | 12 | 1 | 2 | 9 | 10:47 | 4 |
| | | | 36 | 12 | 36 | 210:210 | |

## 1. Klasse Gruppe 2

| | Vereine | Sp | S | U | N | Tore | Punkte |
|---|---|---|---|---|---|---|---|
| 1. | FTSV Brackwede | 12 | 8 | 2 | 2 | 31:19 | 18 |
| 2. | Union Bielefeld | 12 | 8 | 0 | 4 | 49:20 | 16 |
| 3. | FTSV Bielefeld-Ost | 12 | 7 | 0 | 5 | 27:21 | 14 |
| 4. | VfL Herford | 12 | 5 | 2 | 5 | 29:28 | 12 |
| 5. | FTSV Bielefeld-West | 12 | 5 | 2 | 5 | 25:35 | 12 |
| 6. | Brake | 12 | 2 | 3 | 7 | 26:37 | 7 |
| 7. | Ennigloh | 12 | 1 | 3 | 8 | 20:47 | 5 |
| | | | 36 | 12 | 36 | 207:207 | |

### Endnoten

1   www.vfb-fichte.de

**Fußball im Schnee**
**Der neue Kreismeister heißt: Porta-Neesen**

Am Vorsonntag der großen Wahlschlacht traten so ziemlich alle Erste-Klasse-Mannschaften auf den Plan, um noch einmal für den Arbeitersport zu demonstrieren. Die Ergebnisse fielen erwartungsgemäß aus. Die alten Gegner Fichte — Brackwede trennten sich 1:1. Union schlug nach mäßigem Spiel Ost 4:1. Nach tapferer Gegenwehr wurde der Löhner von Nord 5:1 geschlagen. Wenig überzeugend schlug Eintracht — West 3:2. Einen Bombensieg feierte der Neuling Oldentrup über Schötmar 8:4.

**Porta-Neesen war besser**

AGSV. Bremen — Porta Neesen 3:4.

Vor annähernd 1500 Zuschauern führte Porta Neesen ein selten gutes Spiel vor. Zwar lagen die Bremer stets in Führung, doch verstand es Porta Neesen, die Torgelegenheiten besser auszunutzen. Das Resultat stand schon beim Seitenwechsel fest. Die zweite Hälfte verlief torlos.

in das Spiel. Doch Eintrachts starke Hintermannschaft und auch das schlechte Schuhwerk mögen von West ließen einen Erfolg nicht zu.

VfL. Herford I — Stadthagen I 7:3.

Trotz der schlechten Spielfläche gab es ein schönes Spiel, das keineswegs einseitig war, besonders nicht in der zweiten Spielhälfte. Schnelligkeit und gute Technik zeichneten beide Mannschaften aus. Die Lebendigkeit des VfL.-Sturmes machte den Gästen aus Stadthagen schwer zu schaffen. Vier Tore waren für VfL. die Ausbeute der ersten Halbzeit. Stadthagen ist bis zur Pause nur einmal erfolgreich. Nach dem Wechsel kam Stadthagen immer mehr auf und erzwang zwei gute Tore. Ihr Mittelläufer war es immer wieder, der seine Fünferreihe in die Gefahrenzone von VfL. brachte. An der gut arbeitenden Hintermannschaft konnte sich Stadthagen jedoch nicht durchsetzen. Die VfL.er verstanden es, in gleichen Abständen auf 7:3 zu erhöhen.

Abb.: VW 27.2.1933

„Jack" Holtkamp.
Abb.: www.vfb-fichte.de

# Das Verbot

Nach dem Reichstagsbrand ließen sich die Nationalsozialisten die notwendigen Ermächtigungen erteilen, um alle Gegner innerhalb kürzester Zeit auszuschalten. Dazu gehörte auch der Arbeiterturn- und Sportbund. Bis zum Sommer 1933 war ein komplettes Betätigungsverbot in ganz Deutschland ausgesprochen und wurde auf lokaler Ebene umgesetzt. Etliche Spiele des ATSB konnten bereits im Frühjahr nicht mehr durchgeführt werden (siehe oben). Die Vereine wurden vor die Wahl gestellt, sich entweder aufzulösen oder ihre Mitglieder in andere, vor Ort bestehende Vereine zu überführen.

Neugründungen wurden nur ausnahmsweise dort zugelassen, wo es sonst keine Sportvereine gab. Dieses ist verstärkt im westlichen Lippe der Fall gewesen, weil hier der Arbeitersport in vielen Ortschaften die einzigen Sportvereine stellte. In der Regel aber mussten sich die Arbeitersportvereine komplett auflösen und ihr Vermögen wurde beschlagnahmt. Dieses wurde schließlich per Verfügung vom 19.12.1933 endgültig an andere (gleichgeschaltete) Vereine weitergegeben. Nach 40 Jahren hatte der Arbeitersport aufgehört zu existieren.

# Die deutsche Jugendkraft (DJK)

# Die Deutsche Jugendkraft (DJK)

*„Deutsche Jugendkraft, ein stolzes Wort, in welchem von Kraft, Jugend und Deutschtum die Rede ist. In diesem Worte liegt ein ganzes Programm, das des Strebens der Edelsten wert ist, liegen die Ideale, für die ein Verband mit 775.000 Mitgliedern stolz das Panier führt. Seit dem 18.September 1920, dem Gründungstag, geht der Siegeszug der DJK durch ganz Deutschland, der junge Eichensproß ist bereits zu einem Baume angewachsen und breitet seine Äste auch bis zu den Grenzpfählen des Reiches."*
Aufruf der DJK zum Werbetag, Beverunger Zeitung 26.04.1926[1]

In diesem Aufruf zur Teilnahme an einem Werbetag der Deutschen Jugendkraft (DJK) aus dem Jahr 1926 wird schon viel vom Selbstverständnis der DJK vermittelt. Man sieht sich selbst im bürgerlichen Lager, will zur „Volksgesundung" beitragen und die Jugend für sich gewinnen. Und dabei wird vor allem Wert auf den Charakter, auf die „Seele" gelegt, wie es im gleichen Aufruf heißt. Körper und Geist sollten also in der DJK gleichzeitig geschult, christliche Werte verinnerlicht werden. Dafür wurden Spielregeln entwickelt. Die Mitgliederzahl ist interpretationsbedürftig. Denn in dieser Zahl werden auch die Mitglieder anderer katholischer Verbände mitgezählt, die zwar der DJK und den in ihr organisierten Vereinen nahestanden, in denen aber nicht explizit Sport betrieben wurde. 1932, zur Hochphase, geht man von rund 250.000 in der DJK organisierten Sportlern aus.[2] Damit zählte die DJK zwar zu den großen Sportorganisationen der Weimarer Republik, lag aber weit hinter dem DT, dem DFB und auch dem ATSB.

Schon vor der eigentlichen Gründung 1920 in Würzburg gab es Sport im katholischen Milieu. In Gesellen- und Jungmännervereinen wurde seit der Jahrhundertwende Sport betrieben. Erste rein katholische Vereine gründeten sich vor allem im Rheinland und erste Sportfeste wurden noch vor dem 1.Weltkrieg organisiert. 1913 wurde die Zentralkommission der katholischen Jünglingsverbände Deutschlands ins Leben gerufen, die das Turn-, Spiel- und Wanderwesen regeln sollte.

Schwerpunkte der DJK lagen folgerichtig in den katholischen Regionen in Deutschland,

Abb.: WV 31.1.1920

also im Rheinland, Münsterland, teilweise im Ruhrgebiet, in Franken, Bayern, Schlesien, dem Moselgebiet, der Pfalz, Baden und in Hessen, vereinzelte Gründungen waren aber auch in den norddeutschen Gebieten zu verzeichnen. Und zu einer starken Bastion der DJK entwickelte sich auch das frühere Hochstift Paderborn mit den angrenzenden Gebieten des Sauerlandes und des Wiedenbrücker Landes sowie des Kreises Lippstadt. In der Chronik des Jungmännervereins der Dompfarre Paderborn wird von ersten Fuß- und Schleuderballspielen bereits aus dem Jahr 1904 berichtet. Vorrangig wurde aber in den insgesamt 5 Paderborner katholischen Turn- und Sportabteilungen geturnt.[3]

Bereits vor der reichsweiten DJK-Gründung hatten sich am 21.01.1920 in Essen Vertreter der katholischen Jünglings- und Gesellenvereine zusammengefunden, um für ihren Bereich, dem Kreis Ruhr-Weser, die DJK-Gründung vorzubereiten. Aus den angeschlossenen Bezirken und Gauen waren Delegierte entsandt worden, die sich in der Zielrichtung einig waren und von Essen die Idee zur Gründung von DJK-Vereinen mit nach Hause nahmen. In Paderborn wurde für den 01.02.1920 zur Gründungsversammlung des Bezirks Paderborn-Lippstadt eingeladen (siehe Anzeige). Zum Bezirksvorsitzenden wurde Kaplan Clemens Hellweg von der Herz-Jesu-Kirche Paderborn gewählt. Er führte sowohl den Bezirk Paderborn als auch anschließend den Gau Ostfalen bis 1932 äußerst erfolgreich. Bereits am 13.03.1920 wird von der Gründung eines DJK-Sportvereins in Anreppen berichtet[4] und im Juni trafen sich in Anreppen Vereinsvertreter aus Anreppen, Bentfeld, Delbrück, Scharmede und Thüle, um den Beitritt zur DJK zu besprechen.[5] In Paderborn gingen zur gleichen Zeit die DJK-Abteilungen Dom, Gaukirche, Markkirche, Herz-Jesu-Kirche und Elsen an den Start.

Am 18.06.1920 wurde bereits das erste Bezirks-turn- und sporfest in Delbrück durchgeführt und ein erster Rechenschaftsbericht veröffentlicht.[6] Damit gehörte der Paderborn-Lippstädter Bezirk zu den ersten DJK-Bezirken überhaupt.

Abb.: WV 26.02.21

**Deutsche Meister der DJK**

| | |
|---|---|
| 1921 | DJK Essen-Katernberg |
| 1924 | DJK Essen-Katernberg |
| 1927 | DJK Sparta Nürnberg |
| 1932 | DJK Sparta Nürnberg |

Während das Wandern leicht zu organisieren war und auch erste Turnwettkämpfe stattfanden, bedurfte es für die Ballspiele (in erster Linie Fußball und Handball) des Aufbaus fester Strukturen. Vor allem die Frage der Mobilität war dabei zu lösen und Spielklassen entsprechend zusammenzustellen. So beschränkte man sich in der Anfangszeit auf Spiele innerhalb sogenannter Spielringe.

Im Spielring 12 traten folgende 6 Mannschaften an: Gaukirche Paderborn, Neuhaus, Herz-Jesu-Kirche Paderborn, Marktkirche Paderborn, Nikolaikirche Lippstadt, St. Joseph-Kirche Lippstadt.

Die Jünglings-Solidität Gaukirche Paderborn setzte sich durch und spielte gegen den Sieger des Spielringes Ahlen, dem dortigen Gesellenverein, um die Kreismeisterschaft. Damit war eine erste Spielzeit erfolgreich absolviert. 1921 umfasste der Bezirk Paderborn-Lippstadt bereits 21 Vereine mit 770 Aktiven. Neu hinzugekommen waren Altenbeken, Benhausen, Brenken, Büren, Dahl, Neuenbeken, Salzkotten, Scharmede, Thüle, Upsprunge und Wewelsburg.[7]

Neben den Paderborner, Bürener und Lippstädter Vereinigungen gab es bereits frühzeitig Bestrebungen im Kreis Warburg, sich der DJK anzuschließen. So kritisierten Vereine aus dem Warburger Land zur Jahreswende 1921/22, dass noch immer kein geordneter Spielbetrieb der DJK aufgebaut worden sei. Der Gauvorstand reagierte hierauf sofort und umfassend, stellte in einem Artikel die Bedingungen für die Aufnahme des Spielbetriebes dar und lud interessierte Vereine zum nächsten Gautag

**Gaumeister Ostfalen**

| | |
|---|---|
| 1921 | Gaukirche Paderborn |
| 1922 | DJK Beckum |
| 1923 | DJK GW Tudorf |
| 1924 | DJK GW Tudorf |
| 1925 | DJK Paderborn-Ost |
| 1926 | DJK Paderborn-Ost |
| 1927 | DJK VfK Bielefeld |
| 1928 | DJK SpVgg. Paderborn |
| 1929 | DJK GW Tudorf |
| 1930 | DJK GW Tudorf |
| 1931 | DJK GW Tudorf |
| 1932 | DJK SUS Störmede |
| 1933 | DJK Olympia Lippstadt |

### Turnen, Sport und Spiel.
### Deutsche Jugendkraft.
#### Reichsverband für Leibesübungen in katholischen Vereinen.

Es war am 13. Juni 1920 in Würzburg, als unter lautem, nicht endenwollendem Jubel die Deutsche Jugendkraft (D. J. K.), Reichsverband für Leibesübungen in katholischen Vereinen, als Glied der großen Jugend- und Männerverbände aus der Taufe gehoben wurde.

Vier Jahre sind nunmehr ins Land gegangen. Die D. J. K. umfaßt heute das ganze Reich. Aus der alten Verfassung der Diözesanverbände wuchsen Kreis- und Gauverfassung und überall erblühte die neue Organisation. Kein neuer Verband entstand, dem einseitige Körperpflege als Ziel vorgeschwebt hätte, sondern Leib und Seele zu fördern, den Körper zuerst, aber die Seele zu allererst; das ist das Ziel der D. J. K. Deshalb mußte auch der Deutsche Jugendverband das Haus sein, in dem die D. J. K. ihre Räume angewiesen bekam, und so wurde es auch und so muß es bleiben. Das Verbandshaus des Reiches ist die Reichszentrale der D. J. K. und einheitlich pflanzt sich dieser Grundgedanke fort bis zum Kreis, Gau, Bezirk und Verein, so daß auch die Sportabteilung im Verein ein Mittel der gesamten Jugendpflege, eine fördernde Kraft für die Jugendbewegung ist.

Abb.: WV 11.7.1924

nach Lippstadt ein. Aus dem „Bezirk Paderborn-Lippstadt" war im September 1921 bereits aufgrund des starken Zuwachses der Gau „Ostwestfalen" (später Ostfalen) entstanden und 1921/22 die erste Gaumeisterschaft ausgespielt. Zum Gau zählten auch die Vereine aus den Kreisen Beckum und Wiedenbrück. Im Endspiel standen sich die DJK Paderborn-Ost und die DJK Beckum gegenüber (erstes Spiel endete 2:2, weiteres Ergebnis nicht bekannt). Die Gaumeister spielten anschließend um die Kreismeisterschaft des Kreises Rhein-Weser (wie er jetzt hieß). Erster Kreismeister wurde 1921 die DJK Essen-Katernberg, die sich damit auch gleichzeitig für die Spiele um die Deutsche Meisterschaft der DJK qualifizierte und sich auch dort durchsetzen konnte. Der Deutsche Meistertitel wurde bei der DJK allerdings nur viermal ausgespielt (siehe oben). Die Kreismeisterschaften dagegen wurden jedes Jahr durchgeführt.

Mit dem Zulauf weiterer Vereine wurde die DJK immer attraktiver. Durch aktive Werbung mit Unterstützung der örtlichen Pfarrer, die sich in die DJK-Organisation einbrachten und teilweise als Vereinsvorsitzende agierten, gelang es gerade in kleineren Orten, Fußballmannschaften zu rekrutieren und der DJK zuzuführen. In den ländlichen Gegenden des Hochstifts spielte die konfessionelle Ausrichtung eine erhebliche Rolle, was die stets guten Wahlergebnisse des Zentrums unterstrichen. Hinzu kam die Frage der Erreichbarkeit der Gegner. Wenn der Nachbarverein schon bei der DJK war, lag es nahe, sich auch dort anzumelden, statt zum WSV und den damit verbundenen weiteren Fahrten zu gehen. Diese Überlegungen leiteten vor allem Vereine aus dem Warburger und auch dem Bürener Land, sich bei der DJK anzumelden.

Allerdings waren für die DJK-Vereine die gleichen Hindernisse zu überwinden wie für die unter einem anderen Dach organisierten Vereine. Mit der Stabilisierung der Verhältnisse in der jungen Weimarer Republik zur Mitte der 1920er Jahre kamen immer mehr junge Männer zu den Fußballvereinen. Das zwang die DJK-Gauführung zur Erweiterung der Bezirke bzw. Neueinteilungen. Schon der Verbandstag 1924 hatte hierfür rechtzeitig die Weichen gestellt.[8] Gab es 1920 reichsweit nur zwei Kreise, war die DJK inzwischen auf 12 Kreise und einen selbständigen Gau angewachsen. Unterhalb der Kreise gab es die einzelnen Gaue. Für den ostwestfälischen Raum gab es den Gau „Ostwestfalen", der sich schließlich in „Ostfalen" umbenannte. Innerhalb des Gaues gab es verschiedene Bezirke und Bezirke konnten noch einmal in Spielringe unterteilt werden. Oberste Spielklasse war die Gauklasse, in der die besten Mannschaften eines Gaus zusammenspielten. Der Gaumeister spielte um die Kreismeisterschaft mit und die Kreismeister ermitteln in den Jahren 1921, 1924, 1927 und 1932 den Deutschen Meister der DJK. Unterhalb der Gauligen wurden in jedem Bezirk A-, B- und gegebenenfalls C-Klassen ins Leben gerufen. Die A-Klasse spielte den Bezirksmeister aus. Hatte es im ostwestfälischen Gau zunächst nur den Bezirk Paderborn-Lippstadt gegeben, so existierten 1933 dagegen 10 Bezirke. 1930/31 wird erstmals im Bezirk Paderborn von verschiedenen Spielringen gesprochen, im Bezirk Nethe (Kreis Höxter) gab es ab dieser Spielzeit die Spielringe Höxter und Steinheim, 1933 wird zudem der Spielring Beverungen ins Leben gerufen.

Zu den erfolgreichsten Fußballvereinen im Ostfalengau gehörte DJK GW Tudorf. Die erste Gaumeisterschaft wurde gleich im Jahr nach dem Aufstieg 1922/23 errungen und auch 1923/24 erfolgreich verteidigt. Daneben gab DJK Paderborn-Ost den Ton an. In dieser Abteilung hatten sich Dompfarre und Gaukirche zusammengeschlossen, während DJK Paderborn-West von Marktkirche und Herz-Jesu-Kirche gebildet wurde und sich den Zunamen „Elmar" gab. 1925 und 1926 konnte Paderborn-Ost jeweils die Gaumeisterschaft gewinnen. Danach vereinigte man sich mit Paderborn-West zur DJK SpVg. Paderborn und war 1928 erneut erfolgreich als Gaumeister.

Von der Gautagung am 5.7.1925 wird berichtet, dass sich der Bezirk Paderborn sehr gut entwickelt habe, der Bezirk Wiedenbrück neu organisiert sei und auch im Bezirk Soest die Werbetätigkeit großen Erfolg gehabt habe.[9] (Soest=Bezirk Haar-Möhne? (Bürner Zeitung 28.11.25)

Die Zunahme der Vereinstätigkeit führte 1927 zur Gründung des Bezirks Nethe.[10]

Abb.: WV 20.1.1925

Abb.: WV 15.12.1925

159

**22 Mannschaften im Bezirk Pb-Lippstadt 1927**
(Bürener Zeitung vom 9.2.27) – einfügen?

Zu Beginn des Jahres 1929 hat der Gau Ostfalen bereits 5 Bezirke mit Brilon-Möhne, Paderborn, Nethe, Warburg und Wiedenbrück-Bielefeld und ist damit größter Gau im Rhein-Weser-Kreis.[11] Doch damit war die Entwicklung noch nicht zu Ende. Am 29.08.1930 wird von der Gründung des Bezirkes Büren berichtet. An der Gründung waren die DJK-Vereine aus Borchen, Alfen, Tudorf, Wewelsburg, Ahden, Brenken, Büren, Siddinghausen, Harth, Weiberg und Steinhausen beteiligt.[12]

Und zum Ende der letzten DJK-Spielzeit standen Überlegungen zur Teilung des Gaus Ostfalen im Raum, da der Gau einfach zu groß geworden war. Neben den bereits bestehenden Bezirken Möhne, Büren, Sintfeld, Warburg-Börde, Warburg-Egge (seit 1.3.1933), Paderborn, Nethe und Wiedenbrück-Bielefeld waren noch Lippstadt und Diemeltal neu hinzugekommen. Diskutiert wurde eine Teilung in einen Nord- und einen Südbereich.[13] Im Mai wurde schließlich noch der Bezirk Astenberg (Winterberg) als 11. Bezirk im Gau Ostfalen benannt.[14]

Bereits 1925 wurde das Verhältnis der DJK zum Westdeutschen Spielverband (WSV) geklärt und in einem 10 Paragraphen umfassenden Vertragswerk fixiert.[15] Mit den Deutschen Turnern (D.T.) kam dagegen trotz intensiver Gespräche kein Vertrag zustande.[16] Und auch das Verhältnis zum ATSB war auf gegenseiti-

ge Ablehnung begründet und blieb es auch. Immer wieder kam es zwischen den konkurrierenden Verbänden zu gegenseitigen Vorwürfen. Je weiter sich die Weimarer Republik ihrem Ende näherte, desto härter wurde dieser Kampf geführt. Zwar verständigte man sich immer wieder neu auf die Regularien zum Spielerwechsel, aber die Ressentiments der örtlichen Vereine gegeneinander konnten dadurch kaum entschärft werden. Schließlich war das Spielerreservoir begrenzt und der zunehmende Erfolg der DJK-Vereine gerade im Hochstift Paderborn führte hier zu einem Niedergang der Vereine unter dem Dach des WSV. Die DJK verstand es zudem, sich über alle verfügbaren Kanäle bekannt zu machen und aktiv die Jugendlichen für sich zu gewinnen. Selbst der Erzbischof war sich dabei nicht zu schade, die Werbetrommel zu rühren und persönlich dem Bezirkssportfest der DJK beizuwohnen.[17]

Hinzu kamen aber auch unerfreuliche Begleitumstände, die über ihre örtlichen Grenzen hinaus ein Echo fanden. So rief der DJK-Gauvorstand über die Zeitungen ihre Mitgliedsvereine auf, den VfB Beverungen als Spielpartner zu meiden. Der VfB hatte in einem Vorbereitungsspiel auf die Saison 1928/29 seine Gäste von der DJK Brakel nicht nur im Spiel hart bekämpft, sondern Zuschauer hatten die Brakeler schließlich sogar körperlich attackiert.[18]

Aber zum 10jährigen Bestehen der DJK 1930 fasste die DJK-Leitung ein rundherum positives Resümee. Besonders hervorgehoben wurde die Tatsache, dass man sich im Wettlauf mit anderen Sportorganisationen behauptet und sich einen würdigen Platz erobert hatte.

**Deutsche Jugendkraft.**
**Gausportfest der Ostfalen-DJK.**

Nun gehört auch das diesjährige Gausportfest der „Deutschen Jugendkraft" im Ostfalen-Gau des Rhein-Weserkreises der Vergangenheit an. Am letzten Sonntag, den 19. Juni, fand es auf dem Militärstadion der Stadtheide in Paderborn statt, das von der Militärverwaltung freundlichst zur Verfügung gestellt worden war. Leider war uns der Wettergott nicht hold gesinnt, sondern machte mit seinen zahlreichen naßkalten Regengüssen den Teilnehmern wenig Freude.

Abb.: WV 22.6.1927

Die Reichstreffen sowie zahlreiche Sonderveranstaltungen wurden als eindrucksvolle Beispiele herausragender DJK-Arbeit im zurückliegenden Jahrzehnt angesprochen. Aber auch der kontinuierliche Ausbau der Bezirke in die entferntesten Regionen des Reichsgebietes machten die DJK-Verantwortlichen stolz. Die DJK hatte sich 1930 etabliert und noch große Ziele vor Augen zum Wohle der Jugendlichen, die in immer größeren Massen in den katholischen Kerngebieten der DJK zuströmten. Dass eine andere Macht sich der Jugend mit aller Konsequenz und Härte bemächtigen würde, war zu diesem Zeitpunkt nicht vorhersehbar.

Immer wieder stellte man auch die Werte der DJK in den Mittelpunkt der Berichterstattung. Da konnte es die verantwortlichen Bezirks- oder Gauvorsitzenden nicht erfreuen, wenn auch von DJK-Spielen Berichte kamen, dass sich die Mannschaften weit über den Rand des Erlaubten bekämpften. Schon 1922 gab es erste Bestrebungen, hiergegen nicht nur mit drakonischen Strafen vorzugehen, sondern grundlegend den unschönen Seiten des Fußballs zu begegnen. Ein Vorschlag gipfelte darin, die Meisterschaftsspiele abzuschaffen und nur noch – vom DJK-Verband fest organisierte – Gesellschaftsspiele durchzuführen. Die nur alle drei (später sogar fünf) Jahre durchgeführte Deutsche Meisterschaft ging in diese Richtung, doch auf Kreis- und Bezirksebene sollte es weiter Meisterschaftsspiele und damit Wettbewerb geben. Vor der Saison 1932/33 wurde schließlich eingeführt, dass jede Mannschaft für gutes Betragen durch den Schiedsrichter noch einen Führungspunkt zusätzlich erhalten konnte. So musste neben dem eigentlichen Ergebnis auch noch die Spielwertung (z.B. Paderborn-Tudorf 3:1 Tore und 3:1 Punkte) mitgeteilt werden. Zudem legte die DJK großen Wert darauf, dass ihre sportlichen Veranstaltungen nicht in Konkurrenz zu hohen christlichen Feiertagen traten. So gab es für die Pfingstfeiertage genauso ein Spielverbot wie für die anstehenden Kommunionfeiern im Bistum.[19] Und auch an Wahlsonntagen wurde nicht gespielt.[20] Um den Sonntag nicht über Gebühr für den Sport zu beanspruchen, wurde bei der zunehmenden Spielaktivität trotzdem darauf geachtet, dass nur an jedem 2. Sonntag

Abb.: WV 4.11.1927

Abb.: Beverunger Zeitung 10.2.1933

Meisterschaftsspiele angesetzt wurden.[21]

Bis zum Sommer 1933 ging die DJK von ihrem Fortbestand aus und plante die neue Spielzeit wie gewohnt. Man hatte große Hoffnungen zunächst in die Verhandlungen und schließlich in den Abschluss des Reichskonkordats gesetzt, das die Naziregierung mit dem Vatikan am

20.07.1933 abgeschlossen hatte. Darin war die Eigenständigkeit der katholischen Organisationen von Hitler garantiert worden. Allerdings blieb den Katholiken die Vehemenz nicht verborgen, mit der die Nationalsozialisten die Gleichschaltung oder gar das Verbot anderer Organisationen sowohl des Sports als auch anderer gesellschaftlicher Verbände betrieben. Und im Mai 1933 häuften sich auch die Berichte, dass örtliche Nazi-Größen immer häufiger in DJK-Vereine eingriffen, sich der Kasse bemächtigten, Vorstände neu besetzen ließen oder Vereine auflösten. In einer Bekanntmachung des DJK-Reichsvorsitzenden Ludwig Wolker wurde auf Verhandlungen verwiesen, welche die DJK-Führung mit dem Reichsinnenminister (Frick, NSDAP) zur Neuaufstellung der Jugendorganisationen in Deutschland führten und dass man das Ergebnis abwarten sollte.

Dabei machte Wolker unmissverständlich deutlich, dass die DJK ein Teil der katholischen Jugendorganisation unter dem Dach der katholischen Kirche sei. Eine Gleichschaltung käme nicht infrage. Während andere Sportverbände (vor allem DFB und D.T.) die Gleichschaltung längst und zum Teil aus innerer Überzeugung vollzogen hatten und der ATSB und der kommunistische Ableger längst verboten waren, kämpfte die DJK noch um ihre Daseinsberechtigung. Aufgrund des Reichskonkordates scheute Hitler (noch) die offene Auseinandersetzung mit der katholischen Kirche. Doch durch die Gründung des Deutschen Reichsbundes für Leibesübungen (DRL) und der Gliederung der Sportarten in sogenannte „Reichsfachschaften" im Sommer 1933 wurde ein eigenständiges Sportleben in der DJK nahezu ausgeschlossen. Die weitere Ausübung des Fußballspiels war den DJK-Vereinen nur noch unter dem Dach des DFB möglich. So wurden die DJK-Vereine vor die Entscheidung gestellt, sich entweder für den Spielbetrieb beim DFB bzw. ihrem noch weiter bestehendem Regionalverband, dem WSV, anzumelden oder den Fußballspielbetrieb einzustellen.

In der Saison 1932/33 hatten ... Mannschaften im Gau Ostfalen am Seniorenspielbetrieb teilgenommen. Hiervon wechselten im Spätsommer 1933 gerade einmal ... Mannschaften zum WSV. Die Saison überstanden nur noch ... Mannschaften. Am 25.11.1933 vermeldete bereits die Höxtersche Zeitung, dass der DJK-Gau Ostfalen per Verfügung des DJK-Gauleiters Arnold Klocke aufgelöst sei. Die endgültige DJK-Auflösung kam dann 1934 mit dem Verbot der Betätigung (siehe Ausschnitt) und 1935 mit der endgültigen Auflösung (siehe auch Sonderkapitel Gleichschaltung).

# Jungmännerverband u. DJK.

Die Reichsleitung des Katholischen Jungmännerverbandes meldet: Die Schließung der Geschäftsstellen des Katholischen Jungmännerverbandes und der Deutschen Jugendkraft ist durch das preußische Innenministerium aufgehoben worden. Die Hauptgeschäftsstelle ist ab Mittwoch, 5. Juli wieder geöffnet und der Betrieb wird in vollem Umfange unter Ueberwachung eines Kommissars weitergeführt. Die Nachricht von einer Auflösung des Verbandes, die durch einen großen Teil der Presse gegangen ist, beruht auf Irrtum. Verband und Vereine

Abb.: Beverunger Zeitung 7.7.1933

**Betrifft: DJK.-Vereine**

Den DJK.-Abteilungen, ganz gleich, ob diese einem Fachverband angegliedert sind oder nicht, ist jegliche sportliche Betätigung untersagt. Wir weisen daher alle dem Reichsbund für Leibesübungen angegliederten Vereine an, keine sportlichen Beziehungen mit DJK.-Vereinen mehr zu unterhalten.

Erwitzen und Thüle, den 1. Juni 1934.

Die Vertrauensmänner des Bezirksbeauftragten des Reichssportführers für die Kreise Paderborn, Höxter und Büren.

gez.: Frese, Wezeling.

Abb.: Beverunger Zeitung 6.6.1934

**Endnoten**

1 Siehe auch WV Pb vom 12.5.1922 (Bericht vom DJK-Bezirkstag in Paderborn: Sinn der kath. Sportbewegung)

2 Sport um der Menschen Willen; Geschichte der DJK, S. 20

3 Festschrift 30 Jahre DJK Paderborn, S.5 ff

4 WV Pb 13.03.1920

5 WV Pb 8.6.1920

6 WV Pb 11.06.1920

7 Festschrift 30 Jahre DJK Paderborn

8 WV Pb 25.4.1924

9 WV Pb 9.7.1925

10 WV Pb 04.11.1927

11 WV Pb 25.01.1929

12 WV Pb 29.08.1931

13 WV 13.04.1933

14 WV Pb 5.5.1933

15 WV Pb 25.12.1925

16 WV Pb 10.02.1926

17 Beverunger Zeitung 8.6.1932

18 70 Jahre Fußball in Beverungen, S.18

19 WV Pb 12. und 26.05.1928

20 WV Pb 7.5.1928

21 WV Pb 17.10.1928

# Kampfgemeinschaft für Rote-Sporteinheit

Als sich 1928/29 die Kampfgemeinschaft für Rote Sporteinheit vom ATSB löste, war der Arbeitersport gespalten. In Bielefeld, Minden und im Freistaat Lippe lösten sich einige Vereine aus dem ATSB und wechselten zum kommunistischen Verband. Während für den Kreis Minden die Spaltung „keine Rolle" gespielt habe[1], gab es in Bielefeld, Herford und Lippe einige Vereine, die sich den Kommunisten anschlossen. Trotz fehlender Unterlagen und mangelnder Quellen hat Florian Lueke in seiner „Geschichte des Sports in Lippe" folgende Vereine für Lippe identifiziert, die dem Rot-Sport zuzuordnen sind:

Fichte Lemgo, Rotsport Hochheide (später umbenannt in Einigkeit Pivitsheide), Blau-Weiß Lage, Schwarz-Weiß Blomberg, Einigkeit Detmold und Grün-Weiß Schötmar

Eventuell gab es noch weitere Vereine in Oerlinghausen, Kirchheide und Waddenhausen.[2] In diesen Vereinen soll vornehmlich Fußball gespielt worden sein. Ergebnisse oder gar Tabellen sind nicht überliefert, zumal sämtliche Vereinsunterlagen sowie Verbandsorgane durch die Nationalsozialisten vernichtet wurden. Somit kann eine Rekonstruktion der sportlichen Aktivitäten der Kampfgemeinschaft für Rote Sporteinheit nur bruchstückhaft bleiben und nur einseitig aus Sicht ihrer Gegner bewertet werden. Die Volkswacht in Bielefeld als Organ des ATSB jedenfalls hat mit deutlichen Worten diese Spaltung begleitet und wollte sie vor allem als Stärkung des bürgerlichen Sports verstanden wissen.[3]

Abb.: WNN 17.1.1925

**Fußball im DT**

Auch wenn die deutschen Turner lange den Fußball als „englische Sportart" bekämpften, so wussten sie spätestens nach dem I.Weltkrieg, dass sie sich dieser Sportart stellen mussten. So ließen sie zunächst Fußballabteilungen in ihren Vereinen zu, die dann aber zumeist unter dem Dach des DFB und seiner Regionalverbände Fußball spielten. Das widersprach aber ihrem Alleinvertretungsanspruch und führte in schöner Regelmäßigkeit auch zur Abwanderung der Fußballer in den DFB. Dem wollte man nicht tatenlos zusehen und so kam es zur „reinlichen Scheidung" (siehe Sonderkapitel). Das bedeutete aber schließlich, dass der DT eigene Meisterschaften im Fußball anbieten musste, was zwischen 1924 und 1930 bis hin zu den Deutschen Meisterschaften auch geschah. Erst danach verständigte man sich erneut mit dem DFB und verzichtete auf die Durchführung eigener Wettbewerbe. In Ostwestfalen sind für diesen Zeitraum nur wenige Fußballmeisterschaftsspiele der DT überliefert. So wird der TV Einigkeit Jöllenbeck am 17.I.1925 in den Westfälischen Neuesten Nachrichten als Meister im Gau Minden-Ravensberg genannt.

Der Fußball im DT bedarf noch einer gesonderten Untersuchung.

**Eichenkreuz**

Neben der katholischen Kirche mit dem DJK-Verband hatte auch die evangelische Kirche einen eigenen Sportverband, der sich „Eichenkreuz" nannte. „Eichenkreuz" hatte sich in Minden-Ravensberg-Lippe bereits 1905 gegründet und zunächst vor allem Turnen angeboten.[4] Da das gesamte nördliche Ostwestfalen mit den Kreisen Minden, Herford, Bielefeld und Halle sowie dem Freistaat Lippe überwiegend protestantisch war, hätte man auch hier vermuten können, dass es einen starken „Eichenkreuz"-Spielbetrieb in den Mannschaftssportarten gegeben hätte. Im Fußball war das aber nicht so. Lediglich im Handball sowie den „Sommersportarten" Faust- und Schlagball bot Eichenkreuz Spiele an. Das man im Fußball nicht zum Zuge kam, lag sicher auch daran, dass bereits die Arbeitersportler gut vertreten waren. Ein dritter Fußballverband hätte es schwer gehabt, die erforderliche Anzahl an Spielern und Vereinen zu rekrutieren.

**Endnoten**

1   Die Arbeitersportbewegung in der Region Minden während der Weimarer Republik in Turn- und Sportgeschichte in Westfalen und Lippe, 2.Jahrgang, S. 60

2   Die Geschichte des Sports in Lippe, S. 222

3   Volkswacht 21.10., 28.10. und 11.11.1929

4   WZ Bi 21. und 23.6.1930 zum 25jährigen Bestehen des Eichenkreuz-Verbandes

# Der jüdische Fußball

**Vintus**

Die enge Verbindung, die jüdische Mitbürger bei der Entstehung und Entwicklung des Fußballs in Deutschland hatten, ist inzwischen gut recherchiert und dokumentiert. Dabei war es nie das Bestreben der jüdischen Fußballer, eigene Organisationen aufzubauen, sondern im Gegenteil: sie sahen sich als Teil der Gesellschaft und es gehörte zum jüdischen Selbstverständnis, Fußballvereine mitzugründen, ihnen anzugehören, Funktionen zu übernehmen und in ihnen dem geliebten Sport nachzugehen. Es gibt hierfür viele Beispiele und bis 1924 auch keinen Grund, an einen eigenen Verband zu denken. Zwar gab es auch einige wenige rein jüdische Vereine, die jedoch in den Regionalverbänden des DFB oder auch des ATSB ohne Probleme mitspielten.

Mit dem zionistischen Deutschen Maccabikreis existierte ein jüdischer Sportverband, in dem jüdische Vereine zusammengeschlossen waren. Zudem wurde Sport im Reichsverband jüdischer Frontsoldaten (RjF) angeboten. Doch beide Verbände hatten vor 1933 für den Fußball keinerlei Bedeutung. Erst als die Ausgrenzung erste Formen annahm, wurden Juden dazu gezwungen, sich im Fußball selbst zu organisieren. Anlass dazu gab ausgerechnet der WSV, als der Verbandsvorstand 1924 dem jüdischen Verein Hakoah Essen die Aufnahme in den Verband verweigerte. Recht fadenscheinig wurde das damit begründet, dass die Spielklassen überfüllt seien und weitere Vereine

nicht aufgenommen werden könnten. Dabei hatte Hakoah Essen gar nicht beabsichtigt, Fußball zu spielen, sondern wollte zunächst nur Leichtathletik im WSV betreiben.

Wenn man sieht, dass zeitgleich zum Aufnahmegesuch Dr. Klein, im Verbandsvorstand des WSV zu dieser Zeit Jugendobmann (und ab April 1933 WSV-Vorsitzender), seinen berüchtigten Artikel „Die drei scharfen „T" des WSV" veröffentliche dann kann man gut einordnen, woher der Wind im WSV wehte.

Die Nichtaufnahme von Hakoah Essen führte dazu, dass sich die Essener um eine Alternative bemühten. Als Ergebnis daraus gründeten sich wietere rein jüdische Vereine im Ruhrgebiet und Rheinland. Am 26.04.1926 rief man schließlich mit dem „Verband jüdischneutraler Turn- und Sportvereine" (kurz: Vintus) einen eigenen Verband ins Leben. Bereits am 22.11.1925 war eine eigene Meisterschaftsrunde mit sieben Vereinen gestartet worden.[1] Erster Meister des Vintus wurde JVT 02 Köln. Im zweiten Spieljahr teilte man die Meisterschaft bereits in zwei Gruppen, den Ruhrkreis mit 7 Teams und den Rheinkreis mit 5 Teams auf, um die Fahrtstrapazen und -kosten in Grenzen zu halten. 1927/28 kam sogar eine Runde der Reservemannschaften hinzu. Bis 1933 wurden die Vintus-Meisterschaften ausgetragen, die allerdings auf die Region Rhein/Ruhr begrenzt blieben. Aus Ostwestfalen gab es keinen Teilnehmer und auch keinen anderen rein jüdischen Verein.[2]

Die „drei scharfen T" des Dr. Klein. Abb.: FuL 1.4.1924

### Makkabi und Schild

Reichsweit bestanden vor der Gründung von Vintus schon zwei jüdische Verbände, in denen auch Sport angeboten wurde, der zionistische Deutsche Makkabikreis und der Sportbund Schild im Reichsbund jüdischer Frontsoldaten (RjF). Während die Makkabim ihre Zukunft in einem alle Juden vereinigenden Staat Israel in Palästina sahen, kämpfte der Sportbund weiterhin für eine Gleichberechtigung der Juden in Deutschland und sah die Auswanderung nur als letztes Mittel.

Im Makkabikreis wurde zwar ab 1928/29 jährlich ein Reichsmeister im Fußball ausgespielt, aber das geschah in Form eines Turniers mit wenigen Mannschaften an einem Wochenende. Reguläre ganzjährige Meisterschaftsspiele gab es vor 1933 nicht.[3] Der RjF sah die Juden in erster Linie als deutsche Staatsbürger, die sich im Krieg für ihr Vaterland eingesetzt hatten.

Jüdische Sportler sollten daher in christlichen Vereinen verbleiben und gleichzeitig nur deshalb in jüdischen Vereinen mitwirken, um ihre Leistungen zu verbessern, um mit nichtjüdischen Vereinsmitgliedern mithalten zu können.[4] So spielten einige rein jüdische Vereine um die Meisterschaft im DFB und im ATSB mit. Belegt ist dieses zum Beispiel für Bar Kochba Duisburg.[5]

Dann kam die Machtübernahme der Nationalsozialisten, die dazu führte, dass der Fußball im DFB zentriert wurde. Mit einer Ausnahme: die jüdischen Spieler wurden frühzeitig ab April/Mai 1933 aus den Vereinen entfernt, so dass sie zwangsläufig eigene Vereine aufbauen mussten, was ihnen gewährt wurde. Es ist viel darüber nachgedacht worden, warum die neuen Machthaber trotz ihres öffentlichen Antisemitismus den Juden eigene, neue Vereine zugestanden. Die plausibelste Begründung ist sicher in der Vergabe der Olympischen Spiele nach Berlin für das Jahr 1936 zu suchen. Denn unmittelbar nach den Spielen wurde die sportliche Betätigung für jüdische Mitbürger deutlich erschwert bis unmöglich gemacht. Allerdings gestanden die Nationalsozialisten den Juden nur zwei Sportverbände zu, den Makkabikreis und den Sportverband Schild. Die bisher im Vintus organisierten Vereine

Abb.: Zeitschrift Schild am 6.11.1925

mussten sich für einen der beiden Verbände entscheiden. Ab 1933 wurden dann reichsweit von beiden Verbänden eigene Meisterschaften im Fußball organisiert und sogar teilweise Deutsche Meister ermittelt.

### Makkabikreis

Der Makkabikreis war der nach der Anzahl der Vereine gesehen kleinere der beiden Verbände. Er begann eine Meisterschaftsrunde im Frühjahr 1934, nachdem sich dem Verband erste Vereine im Herbst 1933 angeschlossen und schon untereinander Freundschaftsspiele ausgetragen hatten. Insgesamt haben im Westen lediglich 7 Vereine kontinuierlich bis 1937/38 an Meisterschaftsspielen mit ihren ersten oder teilweise auch zweiten Mannschaften teilgenommen.

Es waren dies: Jtus Duisburg, Makkabi Düsseldorf, Hakoah Essen, Hakoah Köln, Hakoah Dortmund, Makkabi M.-Gladbach und Hakoah Wuppertal. Makkabi Moers ist nur in der ersten Spielzeit nachweisbar. Punktuell haben sich zudem folgende Vereine beteiligt, von denen aber nur Hinweise auf Freundschaftsspiele vorliegen: Makkabi Hagen, Makkabi Bielefeld, Makkabi Hazair Brakel, Hakoah Jülich und Hakoah Oberhausen. Makkabi Hochneukirch-Jüchen nahm wohl an den westdeutschen Meisterschaftsspielen 1933/34 teil, zog sich dann aber aus unbekannten Gründen zurück.

**Tabelle 1933/1934**

| | Vereine | Sp | S | U | N | Tore | Punkte |
|---|---|---|---|---|---|---|---|
| 1. | JTUS Duisburg I | 10 | 8 | 1 | 1 | 37:16 | 17:3 |
| 2. | JTUS Duisburg II | 11 | 6 | 2 | 3 | 30:23 | 14:8 |
| 3. | Hakoah Essen | 12 | 6 | 2 | 4 | 56:27 | 14:10 |
| 4. | Makkabi Düsseldorf | 11 | 5 | 3 | 3 | 47:27 | 13:9 |
| 5. | Hakoah Dortmund* | 5 | 1 | 2 | 2 | 16:28 | 4:6 |
| 6. | Hakoah Köln I | 10 | 2 | 2 | 6 | 17:34 | 6:14 |
| 7. | Hakoah Köln II | 7 | 1 | 0 | 6 | 14:38 | 2:12 |
| 8. | Makkabi Moers | 4 | 0 | 0 | 4 | 0:24 | 0:8 |
| | | 29 | 12 | 29 | | 217:217 | 70:70 |

1937/38 waren mit Makkabi Düsseldorf, Haoah Essen, Makkabi Mönchen-Gladbach und Hakoah Köln nur noch vier Vereine aktiv. Im Makkabikreis konnten für diese Spielzeit nur noch vereinzelte Spiele nachgewiesen werden.

Tabelle 1934/35. Abb.: Zeitschrift Schild, Beilage „Die Kraft" 15.02.1935

**Tabelle 1935/1936**

| | Vereine | Sp | S | U | N | Punkte |
|---|---|---|---|---|---|---|
| 1. | Paderborn | 3 | 2 | 1 | 0 | 5:1 |
| 2. | Wiedenbrück | 3 | 1 | 1 | 1 | 3:3 |
| 3. | Meschede | 2 | 1 | 0 | 1 | 2:2 |
| 4. | Soest | 2 | 0 | 0 | 2 | 0:4 |
| | | 4 | 2 | 4 | | 10:10 |

## Schild

Der Sportbund Schild im Reichsbund jüdischer Frontsoldaten (RjF) sah sich 1933 gezwungen, eine eigene Fußballmeisterschaft aufzubauen. Im Westen spielten 10 Mannschaften in der Gruppe Mittelrhein und 4 Teams aus Bochum, Gelsenkirchen, Münster und Witten in der Gruppe Ruhr-Westfalen. Die Sportgruppe Schild Bochum setzte sich nicht nur in seiner Gruppe, sondern schließlich auch im Endspiel um die Westdeutsche Meisterschaft mit 6:2 gegen Schild Bonn durch.

Im Folgejahr 1934/35 nahmen in Westfalen schon 8 Mannschaften teil, im Rheinbezirk sogar 12, die sich in die Gruppen Nord und Süd aufteilten. Zudem gab es eine B-Klasse mit Duisburg und 6 weiteren Reservemannschaften. Westdeutscher Meister wurde Schild Bonn im Endspiel gegen Schild Gelsenkirchen mit 5:4. Aus Ostwestfalen war erstmals eine Mannschaft aus Paderborn vertreten.

In der vorolympischen Saison erreichte der jüdische Fußball im Schildverband seinen Höhepunkt. Im Rheinbezirk spielten 11 Mannschaften in zwei Gruppen der A-Klasse und 6 Mannschaften in der B-Klasse. Im Bezirk Westfalen gab es einige Neuanmeldungen (u.a. Wiedenbrück), so dass hier zunächst 6 Teams um Punkte spielten. Doch Münster und Fürstenau (Niedersachsen) meldeten sich im Laufe der Spielzeit wieder ab. Zudem wurde der neue Industriebezirk gebildet, in dem sich vier Mannschaften aus sechs Städten beteiligten. Am Ende standen sich wieder Bochum und Bonn im Endspiel gegenüber, wobei in diesem Jahr Bonn mit 3:0 das bessere Ende für sich hatte. Bei den Spielen um die Deutsche Schildmeisterschaft scheiterten die Bonner aber an Hamburg mit 2:3.

1936/37 reduzierte sich bereits die Anzahl der Mannschaften wieder. Die Fahrten zu den Gegnern waren weit und kostspielig. Gleichzeitig verschlechterte sich die wirtschaftliche Situation der Juden in Deutschland dramatisch. Da auch immer mehr Juden auswanderten, dünnten die Mannschaften aus und die Vereine hatten Mühe, noch 11 spielfähige Akteure auf den Platz zu bringen. Am Mittelrhein nahmen nur noch 7 Teams in einer Gruppe sowie einige Reservemannschaften teil. Im Industriebezirk hatten sich vier Mannschaften angemeldet und in Westfalen zunächst sechs. Meister wurde Schild Bochum durch ein 4:1 gegen den JTV Köln. Die Bochumer scheiterten dann im Halbfinale der Deutschen Meisterschaft des Schildverbandes an Schild Hamburg mit 2:6.

1937/38 beteiligten sich schließlich noch 8 Mannschaften im Rheinbezirk und 5 Mannschaften im Westfalenbezirk. Letzter Westdeutscher Meister wurde Schild Bochum durch einen 2:0-Sieg gegen Schild Dortmund.

Nach den Olympischen Spielen erfuhren die jüdischen Verbände und Vereine immer größer werdende Einschränkungen und Behinderungen. Vor allem die Sportplatzfrage wurde zu einem kaum noch zu lösenden Problem. Nur wenige Vereine verfügten über eigene Anlagen und waren darauf angewiesen, dass ihnen die Gemeinden einen Platz zur Verfügung stellten. Das geschah aber immer seltener, so dass sich die Austragung der Spiele auf wenige Plätze konzentrierte, was wiederum enorme organisatorische Schwierigkeiten mit sich brachte. Das endgültige Ende für die jüdische Fußballbewegung kam mit der Reichspogromnacht am 9.November 1938. Danach sind keine Spiele mehr überliefert, zumal die Herausgabe jüdischer Zeitungen, die hierüber in den Vorjahren berichtet hatten, eingestellt werden musste.

## Vor einem Entscheidungsspiel In Westfalen

In Bielefeld mußte sich Dortmund 5:3 (3:0) geschlagen bekennen und' hat nun seinen Vorsprung eingebüßt. Beide Mannschaften sind nun punktgleich, da Dortmund sein letztes Spiel gegen Minden wohl sicher gewinnen wird, und müssen in einem Entscheidungsspiel den Bezirksmeister ermitteln. Die Bielefelder zeigten die bessere Gesamtleistung, doch war ihr Sieg mehrmals in Gefahr. Aber die Dortmunder verschossen sogar einen Elfmeter und kamen um das Unentschieden, das ihnen zur Meisterschaft genügt hätte. Bielefelds Mittelstürmer Falkenstein schoß alle 5 Tore und war natürlich der Held des Tages. Der Kampf war jederzeit fair, so daß Schiedsrichter Meyer (Bochum) wenig Arbeit hatte. Go.

Zeitschrift Schild, Beilage „Die Kraft" 18.02.38

| | Vereine |
|---|---|
| 1. | Schild Dortmund |
| 2. | Schild Bielefeld |
| 3. | Schild Münster |
| 4. | Schild Gelsenkirchen |
| 5. | Schild Minden |

Entscheidungsspiel um die Bezirksmeisterschaft: Schild Bielefeld – Schild Dortmund (Ergebnis nicht überliefert, Dortmund aber Meister, da sie im E-Spiel gegen Bochum stehen)

Endspiel um die Westdeutsche Meisterschaft: Bochum – Dortmund **2:0** in Köln am 27.3.38 (Schild 1.4.38)

Westdeutscher Meister: Schild Bochum

## Endnoten

1 Zeitschrift Schild vom 4.12.1925

2 siehe Liste der jüdischen Vereine vor 1933 bei Pfeiffer/Wahlig „Jüd. Fußballvereine im Nat. Dt., S. 15

3 Pfeiffer/Wahlig: Jüd. Fußballvereine; S. 35, Anmerkung 35

4 siehe Artikel aus Zeitschrift Schild am 6.1.1925

5 Pfeiffer/Wahlig, Jüdische Fußballvereine, S. 335

# Literaturverzeichnis

**Zeitungen**
- FuL-Fußball und Leichtathletik, Verbandsorgan des WSV 1912-1933
- Sturm und Steuer; Verbandzeitung der DJK

**Tageszeitungen in OWL**
- Westfälische Zeitung Bielefeld (WB Bi)
- Westfälisches Volksblatt Paderborn (WV)
- Bielefelder Generalanzeiger
- Westfälische Neueste Nachrichten Bielefeld (WNN)
- Die Glocke
- Bad Lippspringer Anzeiger
- WAZ Gütersloh
- Bürener Zeitung
- Der Patriot Büren
- Höxtersche Zeitung
- Beverunger Zeitung
- Warburger Kreisblatt
- Herforder Kreisblatt
- Mindener Tageblatt
- Bündener Tageblatt
- Bündener Genralanzeiger
- Volkswacht Bielefeld (VW)
- Volkswacht Lippe (VW)
- Zeitschrift Schild
- Jüdische Rundschau
- Central-Verein-Zeitung
- Israelitisches Familienblatt
- Der Makkabi
- Zeitspiel 18

**Bücher**
- Anschriftenverzeichnis des Westdeutschen Spielverbandes 1921
- Jubiläumsschrift des Westdt. Spielverbandes e.V. 1899 -1924
- Westdeutscher Spielverband, Adressverzeichnis 1927
- Jahrbuch des Norddeutschen Fußballverbandes 1924/25
- Jahrbuch des Norddeutschen Fußballverbandes 1925/26
- NFV-Jahrbuch 1926
- NFV-Fußballhandbuch 1926/27
- NFV-Jahrbuch 1927
- NSV-Jahrbuch 1928
- Jahrbuch des Süddeutschen Fußballverbandes 1927/28
- Carl Koppehel: Geschichte des Deutschen Fußballsports; Frankfurt a.M., 1954
- W.Erbach: 65 Jahre Westdeutscher Fußballverband, 1965
- Markus Fiesseler: Westdeutschlands tabellarische Fußballgeschichte von 1898-1995; Wuppertal 1995/96
- Markus Fiesseler: 100 Jahre Fußball in NRW – Eine Chronik in Tabellen; Kassel 1997
- Westdeutscher Fußballverband: 100 Jahre Fußball im Westen, Kassel 1998
- Deutscher Sportclub für Fußballstatistiken: Fußball in Westdeutschland 1902/03-1932/33; 2009
- 100 Jahre DFB – Die Geschichte des Deutschen Fußballbundes; 1999
- Dr.Lothar Skorning: Fußball in Vergangenheit und Gegenwart, Band I, Berlin, 1978
- Karl-Heinz Huba, Fußballweltgeschichte, München, 1988
- Gilbert Brinkmann: Fußball-Almanach 1900-1943, Kassel 1992
- Hardy Grüne: Vom Kronprinzen bis zur Bundesliga; Kassel, 1996
- Hardy Grüne: 90 Jahre deutscher Liga-Fußball,
- Christiane Eisenberg: Fußball, soccer, calcio – Ein englischer Sport auf dem Weg in die Welt; München 1997
- Stefan Goch, Ralf Piorr; Wo das Fußballherz schlägt. Fußballland NRW; Essen, 2006
- Markwart Herzog: Die Gleichschaltung des Fußballs im nationalsozialistischen Deutschland; 2016
- Nils Havemann: Fußball unterm Hakenkreuz; 2005
- Lorenz Pfeiffer/Dietrich Schulze-Marmeling: Hakenkreuz und rundes Leder; Göttingen, 2008
- Gerhard Fischer/Ulrich Lindner: Stürmer für Hitler – Vom Zusammenspiel zwischen Fußball und Nationalsozialismus, Göttingen, 1999
- Lorenz Pfeiffer/Artur Heinrich: Juden im Sport in der Weimarer Republik und im Nationalsozialismus; Göttingen 2019

- Lorenz Pfeiffer/Henry Wahlig: Jüdische Fußballvereine im nationalsozialistischen Deutschland, Göttingen 2015
- Artur Heinrich: Ideologisch anfällig: Der DFB vor 1933
- Heinz-Egon Rösch: Sport um der Menschen Willen; 75 Jahre DJK-Sportverband „Deutsche Jugendkraft" 1920-1995; Aachen 1995
- Wolfgang Schäfer: „Wir spielten nur auf Sieg" – Die Geschichte des Fußballsports im Solling, Holzminden 2001
- Rolf Frommhagen: Im Fußballhimmel?-Blick in eine andere Fußballwelt; Göttingen 2019
- Hardy Grüne: Zwischen Hochburg und Provinz-100 Jahre Fußball in Göttingen; Göttingen 1998
- Ulf Leineweber: 50 Jahre Hessenfußball, Kassel 1997
- Udo Luy: Fußball in Norddeutschland 1888-1914; Bände 1 und 2; Kleinriederfeld 2018
- Hubertus Grimm: 70 Jahre Fußball in Beverungen, Beverungen 1990
- Hubertus Grimm: Fußballgeschichte des Kreises Höxter, Beverungen 1994
- Hubertus Grimm: Jugendfußballgeschichte des Kreises Höxter, Beverungen 2001
- Stadtarchiv München: München und der Fußball – Von den Anfängen 1896 bis zur Gegenwart, München 1997
- Erik Eggers: Fußball in der Weimarer Republik; Neuauflage 2018, Kellinghusen
- Hartmut Hering: Im Land der tausend Derbys-Die Fußballgeschichte des Ruhrgebietes, Göttingen 2017
- Gerd Kolbe: Der BVB in der NS-Zeit, Göttingen, 2004
- Florian Lueke, Geschichte des Sports in Lippe,
- Rolf Schwegmann, Arbeitersport in Lippe,
- Chronik des deutschen Fußballs,Chronik-Verlag, 2008
- Hardy Grüne/Christian Karn: Das große Buch der Deutschen Fußballvereine, Kassel 2009
- Wolfram Pyta: Der lange Weg zur Bundesliga,
- Diverse Vereinschroniken aus OWL

## Aufsätze

- Florian Lueke:, Lippische Sportler im Jahrhundert der Lager
- Reinhard Killing: Das sportliche Dorf – Chronik von Veltheim, Arbeitersport in Minden
- Philipp Koch: Vom Eichenkreuz zum Hakenkreuz? In NISH-Jahrbuch 1998, S. 75-92

- Philipp Koch: Eine Revolution „in völliger Ordnung"?! – aus Westfälische Zeitschrift, Band 170, S.211 (2020)

## Internet
- Arbeiterfussball.de

## Archivbestände
- Akten des Erzbischöflichen Generalvikariats Paderborn zur DJK 1922 – 1934
- Festschrift 30 Jahre DJK Paderborn, 1950

## Bildnachweis
- Alle Abbildungen sind im Text gekennzeichnet. Der Großteil stammt aus der Verbandszeitschrift des Westdeutschen Spielverbandes „Fußball und Leichtathletik" – FuL.
- Das Titelbild zeigt einen jungen Fußballer der DJK Nieheim aus dem Jahre 1926. Das Bild befindet sich im Archiv des Autors und wurde ihm 1994 für eine Artikelserie zur Fußballgeschichte des Kreises Höxter zur Verfügung gestellt.
- Darüber hinaus wurden Artikel und Tabellen aus ostwestfälischen Zeitungen entnommen, die über das Portal https://zeitpunkt.nrw/ digital verfügbar sind. Das Zeitungsportal stellt eine Datenbank im Sinne der §§ 87a ff. Urheberrechtsgesetz dar. Datenbankhersteller sind die ULB Bonn für die enthaltenen rheinischen Zeitungen und die ULB Münster für die enthaltenen westfälischen Zeitungen.
- Schließlich wurden drei Artikel aus der jüdischen Zeitung „Schild" entnommen. Diesen wurden digitalisiert durch die Universitätsbibliothek J.C. Senckenberg, Frankfurt am Main.

## Einzelnachweise:
1. Artikel von Leo Gumpert vom 6.11.1925: Zeitschrift Schild; Reproduktionsjahr 2014: https://hessenbox-a10.rz.uni-frankfurt.de/getlink/fiBrrF7Dwe5VKLm0FcfPSX/Fussball_Schild_Kraft
2. Tabelle vom 15.2.1935: Zeitschrift Schild; Beilage „Die Kraft", Reproduktionsjahr 2021: https://sammlungen.ub.uni-frankfurt.de/cm/periodical/titleinfo/5449467
3. Spielbericht 18.2.1938: Zeitschrift Schild; Beilage „Die Kraft"; Reproduktionsjahr 2021: https://sammlungen.ub.uni-frankfurt.de/id/4916539

# Danksagung

Ich danke allen Vereinen, die mir ihre Chroniken, die nicht im Internet abrufbar waren, zur Verfügung gestellt sowie die Erlaubnis zur Nutzung von historischen Fotos aus ihren Vereinen erteilt haben. Ein besonderer Dank gilt Bernhard Wiemers aus Dalhausen, der dieses Buchprojekt von Beginn an begleitet und wieder die Erstkorrektur übernommen hat.

*Hubertus Grimm*
*Email: hubertusgrimm@t-online.de*